新时代·管理新思维

CORPORATE FINANCING

企业融资 II

股权债权+并购重组+IPO上市

廖连中 著

清华大学出版社
北京

内 容 简 介

本书立足于作者在融资领域的多年实践经验，通过系统性、可操作的理论及技巧，并辅以具体的案例进行分析说明，帮助创业者达到轻松实现融资的目的。本书详细介绍了企业上市前的股权设计、合伙人选择、并购重组的基本流程等相关知识，为创业者融资铺垫好道路。同时，本书对企业上市之前的机构安排及制度设计、企业上市的三种方式、上市流程及上市需要了解的红线和被否原因等都做了详细的讲解，以帮助创业者成功通往 IPO 之路。另外，本书对企业上市后的治理工作也有所涉及，帮助创业者在公司上市后依然可以稳定公司的发展。

本书既适用于创业融资者、中小企业家及企业管理人员，又适用于高校金融相关专业师生及对企业融资感兴趣的其他人员。

本书封面贴有清华大学出版社防伪标签，无标签者不得销售。
版权所有，侵权必究。举报：010-62782989，beiqinquan@tup.tsinghua.edu.cn。

图书在版编目(CIP)数据

企业融资. Ⅱ，股权债权+并购重组+IPO上市 / 廖连中著. —北京：清华大学出版社，2020.1
（2025.3重印）
（新时代·管理新思维）
ISBN 978-7-302-53468-6

Ⅰ.①企⋯　Ⅱ.①廖⋯　Ⅲ.①企业融资　Ⅳ.①F275.1

中国版本图书馆 CIP 数据核字（2019）第 179485 号

责任编辑：刘　洋
封面设计：徐　超
版式设计：方加青
责任校对：宋玉莲
责任印制：杨　艳

出版发行：清华大学出版社
网　　址：https://www.tup.com.cn，https://www.wqxuetang.com
地　　址：北京清华大学学研大厦 A 座　　邮　　编：100084
社 总 机：010-83470000　　邮　　购：010-62786544
投稿与读者服务：010-62776969，c-service@tup.tsinghua.edu.cn
质 量 反 馈：010-62772015，zhiliang@tup.tsinghua.edu.cn

印 装 者：小森印刷霸州有限公司
经　　销：全国新华书店
开　　本：170mm×240mm　　印　　张：18.5　　字　　数：289 千字
版　　次：2020 年 1 月第 1 版　　印　　次：2025 年 3 月第10次印刷
定　　价：69.00 元

产品编号：083227-01

前　言

对于大多数企业来说，要快速发展就要进行融资，尤其是对初创企业而言，融资差不多成了初创企业生存的唯一出路，这也是企业发展的自然规律。事实上，融资的过程是复杂又艰难的，且充满了荆棘曲折，许多企业由于没有及时得到融资的资金支援，还未来得及成长便倒在了发展的路上。

2016年，我国的"大众创业，万众创新"蓬勃发展，平均每天新增注册公司1.2万家。当这些新增的创业者怀着对未来的希冀时，也有无数的中小企业因为融资失败而倒闭。许多圈内人士表示，中小企业融资难已经成为全世界普遍的难题。因此，创业者只有学习更多有关融资的知识，掌握更多的融资技巧，才能在创业的路上走得更远。

阿里巴巴创始人马云曾经说过："你一定要在你很赚钱的时候去融资，在你不需要钱的时候去融资，要在阳光灿烂的日子修理屋顶，而不是等到需要钱的时候再去融资，那你就麻烦了。"所以，在你不需要钱的时候去融资，这就是融资的最佳时间。如果等到公司撑不下去的时候再着手准备融资事项，那么此时你会很难再获得融资。

为了让企业融资更高效，创业者需要了解股权设计的要点，在自己准备转让股权获得融资的同时，把握公司的控制权。许多创业公司在创业初期由于不重视股权设计的必要性，以致在公司发展壮大的同时失去公司的控制权。比如1号店由于股权稀释严重，创始人不得不沦为打工者；山水水泥深陷控制权旋涡，复牌股价近乎腰斩；真功夫创始人的反目成仇；等等。

当然，也有一些公司在创业初期的股权设计十分合理，使得其创始人在历经几轮融资后依然可以牢牢把握公司的控制权。比如京东刘强东与Facebook扎克伯格所采取的AB股制度，使得其可以以少量的股份在股东大会上取得惊人的表决权。此外，许多公司也通过采用委托投票协议、一致行动人协议等方式获得额外的表决权。

了解完股权设计的知识后，创业者还需要了解融资双方的估值方式以及股权激励的方式，如现金流折现法、账面价值法、市盈率倍数法、交易类比法，等等。对于同一个企业，如果用不同的估值方法进行评估，其评估出来的企业价值也会有所不同。

上述内容在本书的前四章进行了详细介绍。创业者可以依据自身的实际情况选择合适的股权设计方式，提前做好应对准备，防止公司的控制权被夺走，或避免公司的决策陷入困难，从而让公司稳定发展。

关于融资过程中遇到的一系列难题，本书进行了系统的讲述。比如创业期的合伙人选择，阶段性股权稀释方案，企业并购的基本流程，法律尽职调查的相关内容，还有IPO上市流程及红线以及公司上市后的公司治理，等等。无论你的公司刚刚成立，还是已经有了初步发展，或是已经发展成为中小型企业，都可以在本书中找到适合你的融资方式及融资方法。

本书特色

1. 系统性强、内容全面

本书系统性强、内容全面，详细讲述了股权设计战略、合伙人选择、融资双方估值方法、法律尽职调查等多种股权融资过程中需要了解的相关知识。同时，重点介绍了IPO的三大方式、流程以及红线，对于计划IPO的各大企业领导者具有很强的借鉴意义。而上市之后的公司治理方式为企业发展提供了明确的路线规划。

2. 图和表多，条理清楚

大量的理论读起来不仅枯燥，而且会产生视觉疲劳感。因此，本书加入了大量的图表，对晦涩难懂的理论知识有辅助性的说服作用。另外，本书的图表直观清晰地梳理了内容的逻辑关系，目的就是帮助读者理解与记忆。

3. 案例丰富，实战性强

本书所使用的案例都是最新发生的具有代表性的案例，使得内容生动形象，让融资知识不再枯燥无味。另外，本书的理论性与实战性相结合，非常适合刚刚接触融资的创业者及管理者阅读，内容具有很强的借鉴意义。

本书内容及体系结构

第1～7章：讲述股权债权的相关知识，从股权设计战略着手，帮助创业者掌控公司的控制权，了解相关估值方法及要点，找到融资过程中投资方可以接受的底线，选择合适的合伙人，学习阶段性股权稀释方案，认识融资过程中的债权设计。

第8～12章：讲述并购重组的相关知识，主要有企业并购的基本流程，并购方案的策划，付款方式及税务筹划，并购执行中遇到的相关问题，如合同签署、股权变更、股权交割等内容，给创业者提供可操作的内容。

第13～16章：讲述企业上市之前的机构安排及制度设计，并介绍了企业上市的三种方式、上市流程以及上市需要了解的红线和被否原因，帮助创业者成功通往IPO之路。同时，介绍企业上市后的治理工作，包括公司治理规则、上市再融资及信息披露等相关知识，让企业在上市后依然可以稳定发展，直至成为行业巨头。

本书读者对象

- 创业融资人群
- 中小企业家及企业管理人员
- 高校金融相关专业师生
- 对企业融资感兴趣的其他人群

目 录

上篇 股权债权篇

第1章 股权结构与设计核心 / 2

1.1 股权结构概述 / 3

1.2 股权设计的战略必要性 / 5

1.2.1 1号店：股权稀释严重，创始人沦为打工者 / 5

1.2.2 山水水泥：控制权诈旋涡，复牌股价近乎腰斩 / 7

1.2.3 雷士照明：兄弟式合伙，仇人式散伙 / 11

1.2.4 真功夫联合创始人蔡达标：50%—47%—入狱 / 14

1.2.5 华为任正非不到2%的股权，掌握622亿美元的华为 / 14

1.3 股权设计三大核心问题 / 16

1.3.1 控制权问题：决策机制 / 17

1.3.2 价值问题：股权价值认定、股权对价物价值认定 / 19

1.3.3 博弈问题：交易方股权结构底线及期望 / 20

第2章 控制权问题：控制方式 / 24

2.1 通过股权比例控制 / 25

2.1.1 通过股权比例行使表决权 / 25

2.1.2 刘强东以15.5%股权，掌握80%的话语权 / 26

2.2 通过股权结构控制 / 27

2.2.1 通过法人持股加杠杆 / 28

2.2.2 通过股权锁定控制公司 / 28

2.3 通过协议控制 / 31

2.3.1 委托投票协议 / 31

2.3.2 一致行动人协议 / 32

2.3.3 投票权委托协议范本 / 33

2.3.4 一致行动人协议范本 / 34

2.3.5 柳传志以0.28%的股权，掌握联想 / 36

2.4 治理结构控制 / 38

2.4.1 董事会席位及权限安排 / 38

2.4.2 ofo：滴滴与创始人控制权之争，错失生存机遇 / 39

2.5 股权九条生命线 / 40

2.5.1 67%：绝对控制权 / 41

2.5.2 51%：相对控制权 / 41

2.5.3 34%：一票否决权 / 41

2.5.4 30%：上市公司要约收购线 / 41

2.5.5 20%：重大同业竞争警示线 / 42

2.5.6 10%：临时会议权 / 42

2.5.7 5%：重大股权变动警示线 / 42

2.5.8 3%：临时提案权 / 42

2.5.9 1%：代位诉讼权 / 43

目 录

第3章 价值问题：如何对交易双方进行估值式 / 44

3.1 被估值的六大元素 / 45
3.1.1 现金 / 45
3.1.2 股权 / 45
3.1.3 劳务 / 46
3.1.4 技术 / 46
3.1.5 资源 / 46
3.1.6 知识产权 / 47

3.2 估值法 / 48
3.2.1 科学法：现金流折现法 / 48
3.2.2 保守法：账面价值法 / 48
3.2.3 简单法：市盈率倍数法 / 49
3.2.4 差异法：评估法 / 49
3.2.5 互联网常见法：用户数、流水 / 49
3.2.6 其他相关法：交易类比法 / 50

第4章 博弈问题：如何找到平衡点 / 51

4.1 投入要素 / 52
4.1.1 延期：延迟给予或交付 / 52
4.1.2 对赌：动态股权绑定 / 54

4.2 股权激励 / 54
4.2.1 实施方法：渐进掌握核心高管需求 / 55
4.2.2 股权激励防范：把握控制权，保持公平性 / 56
4.2.3 股权激励工具：股票期权＋期股＋业绩股票 / 57

4.3 股权演变图 / 59

4.3.1 股权结构整体布局图 / 59

4.3.2 股权结构设计图 / 60

4.3.3 常见股权结构演变图 / 61

4.3.4 创业期股权结构设计图 / 65

第 5 章 创业期的合伙人选择：原则 + 标准 / 67

5.1 合伙人选择原则 / 68

5.1.1 团队有核心，核心人物股份最大 / 68

5.1.2 重视契约，服从协议 / 69

5.1.3 明确分配规则及退出机制 / 72

5.1.4 新加入合伙人分期兑现 / 74

5.2 合伙人选择标准 / 75

5.2.1 价值观一致 / 76

5.2.2 事业方向认同 / 76

5.2.3 能力资源互补 / 77

5.2.4 有信任关系或有第三方背书的人 / 77

5.2.5 新东方早期股权设计 / 78

第 6 章 阶段性股权稀释方案 / 81

6.1 用法律厘清有关融资问题 / 82

6.1.1 融资不等于股权转让 / 82

6.1.2 融资稀释股权 / 82

6.1.3 股权转让只影响转让股东 / 83

6.1.4 融资对股权的稀释 / 83

目 录

6.1.5 从天使到 D 轮股权稀释演化历程 / 84

6.1.6 股权稀释与反稀释 / 85

6.2 内部团队股权分配 / 86

6.2.1 骨干团队股权分配案例 / 86

6.2.2 期权池设立详解 / 88

6.3 股权被稀释，创始人如何掌握公司控制权 / 88

6.3.1 有限合伙 / 89

6.3.2 双重股权结构 / 89

6.3.3 一票否决权 / 92

6.3.4 董事会成员提名权 / 93

第 7 章 融资过程中的债权设计 / 96

7.1 债权设计要素 / 97

7.1.1 企业评级授信 / 97

7.1.2 抵押担保 / 99

7.1.3 项目本身现金流充沛 / 101

7.1.4 团队专业 / 101

7.2 债权融资类型及债权设计 / 103

7.2.1 银行融资 / 103

7.2.2 民间借贷 / 104

7.2.3 信用担保 / 104

7.2.4 融资租赁 / 105

7.2.5 票据贴现融资 / 106

7.2.6 信用证融资 / 108

7.2.7 保理融资 / 109

7.2.8 基金融资 / 110

7.2.9 资产证券化融资 / 110

7.2.10 项目融资 / 112

7.2.11 企业债券融资 / 113

中篇 并购重组篇

第 8 章 企业并购的基础流程 / 116

8.1 企业并购的基本知识 / 117

8.1.1 企业并购重组的概念及分类 / 117

8.1.2 协议并购 / 118

8.1.3 要约并购 / 119

8.1.4 竞价并购 / 120

8.1.5 托管重组 / 121

8.1.6 债务重组 / 122

8.1.7 股权重组 / 123

8.2 企业并购基本流程 / 124

8.2.1 并购决策阶段 / 124

8.2.2 并购目标选择 / 124

8.2.3 并购时机选择 / 124

8.2.4 并购初期工作 / 125

8.2.5 并购实施阶段 / 125

8.2.6 并购后的整合 / 126

第 9 章　并购方案策划 / 127

9.1　并购价值分析 / 128
9.1.1　战略价值分析 / 128
9.1.2　重置成本和市值比较 / 128
9.1.3　行业情况分析 / 129
9.1.4　股东和股权结构 / 129

9.2　项目评估定价方法 / 130
9.2.1　收益法 / 130
9.2.2　成本法 / 134
9.2.3　市场法 / 134
9.2.4　宇通客车并购精益达 / 135

9.3　影响估值的因素 / 137
9.3.1　并购动机 / 137
9.3.2　目标企业行业成熟度 / 138
9.3.3　目标企业发展前景 / 138
9.3.4　评估人员专业程度 / 138
9.3.5　其他不可控因素 / 139

第 10 章　付款方式及税务筹划 / 140

10.1　支付方式 / 141
10.1.1　现金支付方式 / 141
10.1.2　股权支付方式 / 141
10.1.3　资产置换支付方式 / 142
10.1.4　承债式支付方式 / 143

10.1.5 无偿划拨支付方式 / 143

10.1.6 综合证券支付方式 / 143

10.2 税收筹划 / 143

10.2.1 不同的并购融资方式税务成本不同 / 144

10.2.2 并购存在大量关联交易的企业，税务风险核心 / 144

10.2.3 被收购企业存在股权激励计划应考虑哪些税务风险 / 145

10.2.4 海外并购的税务筹划需要考虑的问题 / 145

10.2.5 交易的架构设计需要注意的问题 / 146

第 11 章　法律尽职调查：阶段、渠道、内容 / 147

11.1 尽职调查的三个阶段 / 148

11.1.1 准备阶段 / 148

11.1.2 实施阶段 / 149

11.1.3 报告阶段 / 149

11.2 调查渠道和方法 / 150

11.2.1 收集书面资料并核对 / 150

11.2.2 访谈 / 150

11.2.3 向政府部门调查 / 150

11.2.4 现场考察 / 151

11.2.5 网络查询 / 151

11.2.6 与其他中介机构沟通 / 152

11.2.7 函证 / 152

11.2.8 非公开调查 / 152

11.3 调查范围和内容 / 153

11.3.1 目标公司现状及历史沿革 / 153

11.3.2 股东股权调查、对外投资情况 / 154

11.3.3 公司治理和运作规范 / 154

11.3.4 企业经营、供销渠道 / 155

11.3.5 土地使用权等主要财产权 / 155

11.3.6 财务状况、重大债权债务情况、重大合同 / 155

11.3.7 关联交易和同业竞争 / 157

11.3.8 税收及补贴、人力资源、知识产权 / 159

11.3.9 诉讼、仲裁和行政处罚 / 159

11.3.10 投资项目、交易授权合法性 / 159

第12章 并购执行：合同签署、股权变更、交割 / 160

12.1 签署法律文件 / 161

12.1.1 并购意向书 / 161

12.1.2 股权转让协议 / 164

12.1.3 增资协议 / 167

12.2 股权变更流程 / 170

12.2.1 股东会表决 / 171

12.2.2 股权交割 / 171

12.2.3 修改公司章程 / 171

12.2.4 公司变更登记 / 172

12.2.5 转让股权公告 / 172

12.3 股权交割事宜 / 172

12.3.1 股权交割的法律规定 / 172

12.3.2 股权交割应注意问题 / 173

企业融资Ⅱ
股权债权＋并购重组＋IPO上市

下篇　IPO上市篇

第13章　上市前的机构安排及制度设计 / 176

13.1　中介机构 / 177
13.1.1　会计师事务所 / 177
13.1.2　券商 / 177
13.1.3　律师事务所 / 178

13.2　公司改制制度设计 / 178
13.2.1　股权激励制度设计 / 178
13.2.2　收购与反收购制度设计 / 183
13.2.3　上市前的建章立制 / 186

第14章　三大上市形式及案例攻略 / 188

14.1　境内上市 / 189
14.1.1　制度改革：审批制—核准制—注册制 / 189
14.1.2　交易币种：A股和B股 / 193
14.1.3　两大证券交易所：上海证券交易所和深圳证券交易所 / 194
14.1.4　上海证券交易所上市攻略附案例 / 195
14.1.5　新三板、科创板上市规则核心摘要 / 198

14.2　境外上市 / 203
14.2.1　H股：注册在内地，上市在香港 / 203
14.2.2　N股：注册在国内，上市在纽约 / 206
14.2.3　S股：注册在国内，上市在新加坡 / 208

14.2.4 纳斯达克上市攻略附案例 / 210

14.3 直接境外上市 / 213

14.3.1 境外买壳：收购海外上市公司 / 213

14.3.2 境外造壳：海外注册中资控股公司 / 215

14.3.3 香港买壳上市攻略附案例 / 216

第15章　IPO上市流程及红线 / 219

15.1 筹备期 / 220

15.1.1 成立上市工作小组 / 220

15.1.2 中介机构及尽职调查 / 220

15.1.3 制订上市工作方案 / 222

15.1.4 召开董事会、监事会会议 / 222

15.1.5 申请登记注册 / 223

15.2 辅导期 / 224

15.2.1 上市辅导程序 / 224

15.2.2 上市辅导内容 / 226

15.3 申报与核准 / 227

15.3.1 制作申报材料 / 228

15.3.2 申请报批 / 229

15.4 发行上市 / 230

15.4.1 刊登招股说明书 / 230

15.4.2 进行询价与路演 / 231

15.4.3 刊登上市公告书并上市交易 / 232

15.5 IPO红线及被否原因 / 233

15.5.1 财务指标异常 / 234

15.5.2　信息披露不充分 / 235

15.5.3　独立性存在疑问 / 235

15.5.4　虚假财务报表、瞒报内控事故 / 237

15.5.5　设置关联交易、隐藏实际控制人 / 237

第16章　公司上市后的公司治理 / 239

16.1　公司治理规则 / 240

16.1.1　董事会议事规则 / 240

16.1.2　股东大会议事规则 / 241

16.1.3　监事会议事规则 / 243

16.1.4　内部控制管理 / 244

16.1.5　独立董事设置 / 246

16.2　上市公司再融资方案 / 248

16.2.1　发行新股 / 248

16.2.2　发行可转换公司债券 / 249

16.2.3　公司债券发行 / 250

16.2.4　金融债券的发行 / 250

16.2.5　企业短期融资券发行 / 252

16.2.6　证券公司债券发行 / 253

16.2.7　互联网金融 / 254

16.3　信息披露 / 256

16.3.1　关于首次公开发行股票信息披露 / 256

16.3.2　关于对未履行信息披露义务的处罚 / 257

16.3.3　应当重点披露的事项及提交的文件 / 259

16.4　年报解读与编制 / 259

16.4.1　年报的基本要素与披露规则　/　260

16.4.2　财务报表及案例分析　/　260

16.4.3　合并会计报表及案例分析　/　263

16.4.4　审计报告及案例分析　/　265

16.5　风险警示、停牌和复牌、终止和重新上市　/　267

16.5.1　风险警示　/　268

16.5.2　停牌和复牌　/　269

16.5.3　暂停、恢复、终止和重新上市　/　269

16.5.4　申请复核　/　273

16.5.5　日常监管和违规处理　/　273

上篇　股权债权篇

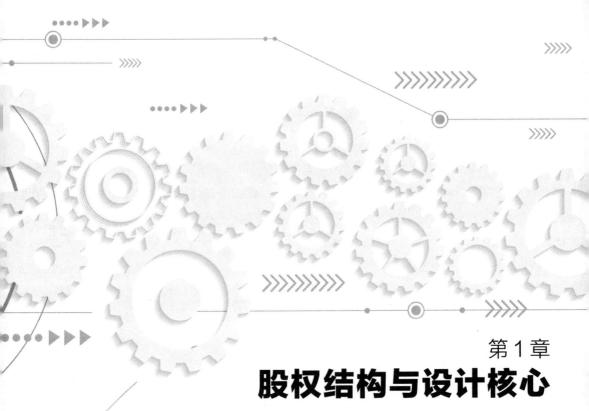

第1章
股权结构与设计核心

企业初创阶段,很多人由于创业压力、兄弟情义等原因,忽视股权结构和股权设计,等到企业步入正轨,并实现盈利之后,各种问题、矛盾就都出现了。因为利益分配不合理而出现不欢而散的事情屡屡发生,兄弟反目成仇、合伙人散伙等悲剧也是历历在目。所以,为了不对企业未来埋下隐患,合理的股权机构是非常有必要,而且也是必不可少的。那么,如何设计最合理的股权结构呢,股权设计的核心问题有哪些呢?本章就对其相关问题做简单的论述。

1.1 股权结构概述

简单来说,股权结构就是股份公司对不同性质的股份如何分配,以及占不同比例股份的股东之间有什么样的关系。股权结构是公司治理结构的基础,它决定了企业的组织结构,当然,不同的股权结构其企业的组织结构也会有所不同。

从股权集中度方面来看,股权结构有以下三种类型。

(1)股权高度集中

绝对控股股东对公司拥有绝对的控制权,其股份一般占总股本的50%以上。

(2)股权高度分散

股份公司没有大股东,单个股东所持股份一般占总股本的10%以下,这就导致所有权与经营权基本完全分离。

(3)较大股东和其他股东相结合

公司拥有较大的相对控股股东,同时还拥有其他的大股东,这些股东所持股份一般占总股本的10%～50%。

上述三种股权结构中,股权高度集中和股权高度分散对公司未来的发展都不太有利。如果高度集中就很容易出现一家独大的局面;如果高度分散就又会出现"内部人控制"现象,以上两种情况都属于股权结构畸形。

所谓"内部人控制"是指由于公司的股权分散,占有股份小的出资人都有"搭便车"的心理,他们不愿意花大力气去、监管经理人员的行为,只想让

其他人费心费力去做，自己坐享其成，这就使得对经理人员的监督没有多大的意义，出资人不能对经理人员的行为进行最终控制，这就出现了"内部人控制"问题。

然而，如果公司的股权分配相当集中，这时大股东就会丧失由于股权分散而降低风险的好处，企业经营好坏的风险则集中到大股东身上。这时大股东就会想方设法催促和监督经营者行为，从而避免出现"内部人控制"问题。

另外，在进行公司股权结构设计时，还要避免出现"平衡股权"结构，这种结构是指公司大股东之间的股权比例十分接近，而且只有大股东或者小股东的股权比例非常低。"平衡股权"结构很容易产生两种问题：第一种是让股东陷入僵局；第二种是形成公司控制权和利益索取权失衡的局面。

而且在"平衡股权"结构中均等（即5∶5分账）是最差的股权结构，比如真功夫这则失败案例，由于均等股权无法形成有效的股东会决议，最后很可能造成申请解散的悲剧。

股权结构设计的好坏，通常会在很大程度上决定着企业的生死存亡。然而很多创业者，或者大量非专业机构的投资人，由于缺乏基本的股权常识，导致前期的股权结构设计不合理，最后堵住了优秀合伙人或者后续让机构投资人进公司的通道。

例如，有些股权分配是按照简单的资金多少来划分股权，比如，创始人投入100万，投资人投入300万，之后的股权结构分配比例按照创始人∶投资人=1∶3。等到企业正常运营之后，创始人觉得不公平，之后闹分家，因为自己既出钱又出力，却成了公司的小股东；投资人只出钱不出力，却是公司大股东。而且投资机构看到这样的股权结构，也不会有人敢进入的。

所以，为了公司未来的发展，也为了公司后期不会因股权分配有隐患，如何设计一套行之有效的股权结构设计方案是股份公司最先要解决的问题。

1.2 股权设计的战略必要性

股权设计就是公司组织的顶层设计,它是解决谁投资、谁来做、谁收益的问题。只有一个出色的股权设计,才可以将创始人、合伙人、投资人的利益绑定在一起。

只有一个出色的股权设计,才可以将合伙模式、创客模式、众筹模式落地。

只有一个出色的股权设计,才可以建立竞争优势,使公司获得指数级增长。

总之,有公司的地方就有股权的出现,有股权出现的公司就需要进行股权设计。

1号店由于股权稀释严重,创始人不得不沦为打工者;山水水泥深陷控制权旋涡,复牌股价近乎腰斩;雷士照明的兄弟式合伙,仇人式散伙;真功夫创始人的反目成仇等遭遇的出现都与其股权设计的不合理息息相关。因此,创业者在创立公司之初就需要设计一个合理的股权结构,确保公司的稳定发展。

1.2.1 1号店:股权稀释严重,创始人沦为打工者

2015年年初,以首席技术官(Chief Technology Officer,CTO)韩军为首的老员工相继离职,关于1号店董事长于刚将要离职的消息再次甚嚣尘上。树欲静而风不止,尽管1号店进行相关方面的辟谣,但在几个月后,沃尔玛与1号店同时发表声明,1号店创始人于刚、刘峻岭决定离开1号店。

接下来,我们将通过对1号店股权变化情况的回顾,解读1号店创始人团队丧失控制权的全过程,希望借此能给创业者一些启示。

2008年

于刚与伙伴刘峻岭创立了1号店,当时的启动资金只有几百万元,不久后他们又获得了2 000万元的融资资金。

2009 年

受金融危机影响，投资人放弃电商市场。截至 2009 年 10 月，1 号店资金面临严重危机。困境中的 1 号店决定与平安集团接洽。

2010 年

5 月，平安集团出资 8 000 万元，购得 1 号店 80% 股权。据说，原本平安集团董事长想要全资收购，但 1 号店的创始人团队经过讨价还价后，才得以保留 20% 的股权。

这次收购，平安董事长看中的是 1 号店的医药资源，他预想借助 1 号店的电商渠道推动其健康险的发展，同时将平安药网与平安医网纳入 1 号店实现渠道整合。不过，随着整合的进行，平安集团发现收购 1 号店的效果低于预期目标。

2011 年

5 月，沃尔玛入股 1 号店，占股 17.7%。在该消息宣布前，沃尔玛的第一目标是与京东谈判，双方已经谈判半年多，估值也洽谈完成，唯一无法达成的意见是沃尔玛要求完全控股京东商城，京东管理层和股东取得一大笔现金后退出公司决策。

2012 年

10 月，沃尔玛在 1 号店的股份增至 51.3%，接替平安集团成为 1 号店的大股东。当时外界传言，沃尔玛增资后，平安集团的控股降为 36.9%，而于刚等管理层降低至 11.8%。对于这则传言，于刚曾表示，"我们占股没有这么少"。

另外，人事变动：1 号店原财务副总郭冬东、原人力资源副总梁勇由沃尔玛电子商务成员宋侑文和戴青接任。这时，沃尔玛电商团队已有几十人进入 1 号店。

2014 年

1 号店开展大量新业务，如跨境电商、O2O、互联网医药等。在当年的业务发布会上，于刚表示，今年 1 号店的在线销售商品突破 800 万种，注册用户接近 9 000 万人。

2015 年

人事变动：年初，以 CTO 韩军为首的老员工相继离开 1 号店，据传言，当时财务部门已被架空。4 月 30 日，沃尔玛全球总裁兼 CEO 董明伦访问 1 号店,1号店总裁于刚陪同,破解此前离职传闻。7月14日,1号店创始人于刚、刘峻岭正式离职。

1号店高层纷纷离职的启示:

平安集团与沃尔玛,实际上一开始就将目标放在1号店的控制权上,而这也是1号店的两位创始人所忽略的事实。于刚团队在弹尽粮绝时决定进行融资解决困境,作为投资方的平安集团也有自己的打算,它想通过1号店的医药渠道与资源加快健康险的发展。而于刚团队选择用80%的股权换取平安集团的资金,实质是出让了公司的实际控制权。

在获得资金的同时,于刚团队也由公司掌控者变为没有决策大权的合伙人。当平安集团发现资源整合后未能实现预期的效果时,转让其控制权给沃尔玛也就是必然结果。所以,这场博弈从刚开始已经注定1号店是输家。

市场里的投资人一般分为财务投资人与战略投资人两种。风险投资人属于典型的财务投资人,他们的目标是以股权投资溢价获取财务收益,对于公司的经营管理并不参与,也不会要求取得控股权。

而战略投资人投资的主要目的是加强自身产业链的布局。因此,战略投资人会对被投资公司的董事会进行控制,同时深度介入被投资公司的管理。平安集团与沃尔玛便是属于战略投资人。

事实上,创始人即便不控股,也能够通过技术手段来控制公司,比如可以通过一致行动人协议、有限合伙、AB股计划等来掌握控制权。但是,这些技术手段生效的前提是双方目的一致。比如,平安集团与沃尔玛作为战略投资人,从一开始就是瞄准1号店控制权来的。

资本与人一样,都具有不同的脾气与性格。创业者融资时,要了解资本背后的意图,只拿适合自己的钱。千万别等到羊亡了才想起补牢,这样既失去了控制权,又会陷入被动地位。

1.2.2 山水水泥:控制权诈旋涡,复牌股价近乎腰斩

2018年10月31日,因公众持股量低于25%,停牌三年之久的山水水泥(山东山水水泥集团有限公司)宣布复牌。然而,让人意外的是,在复牌当日,山

水水泥股价接近腰斩。截至当天下午4点，山水水泥跌幅达47.69%。

资料显示，山水水泥的前身是亏损多年的国企山东水泥试验厂，之后在厂长张才奎的带领下扭亏为盈，并于2005年改制成为民企后，于2008年在香港上市。张才奎等股东通过设立山水投资，对山水水泥控股，而他本人作为3 000多名员工持股信托的受托人，拥有山水投资81.74%投票权，是公司的实际控制人。

但由于公众持股量低于25%，山水水泥自2015年4月16日起停牌。依据港交所上市委员会相关决议，截至2018年10月31日，如果山水水泥的公众持股量依旧不达标准，公司可能将被取消上市地位。

停牌三年后，山水水泥于10月30日晚间发布公告称，公司将发行9.748亿股新股，完成新股发行后，新股份占已发行股份约22.39%，新股份连同公众股东所持股份超过25%。因此，得益于前一天完成改革的山水水泥在10月31日正式复牌。

尽管股价遭遇腰斩，但山水水泥的业绩其实并不差。2018年上半年的业绩显示，山水水泥营业额约为66.5亿元人民币，同比增长5.3%；净利润突破7.5亿元，而2017年同期亏损4 369.5万元。即便创造了如此的佳绩，但由于公司股东之间关于控制权的争斗一直无法平息，以至于造成股价几乎被腰斩。

山水水泥控制权的争斗过程：

早在山水水泥停牌之前，公司内部就发生过一场争夺控制权的事件。在2013年，山水水泥多名高管并不支持张才奎、张斌父子推行的改革，集体辞职，从而引发处置山水投资股权的问题。2014年，多名高管联合持股职工，主张解除信托关系。

由于张才奎在山水投资的持股仅有13.18%，一旦关系解除，他对山水水泥的控制权将遭到动摇。于是，张氏父子决定以增发的方式挽救危局，此次增发使得山水投资的持股比例被稀释至25.09%，而中国建材则以16.67%的持股比例晋升为第二大股东。

由于此次增发使得山水投资在山水水泥的持股比例从30.11%降至25.09%，低于30%的收购红线，这意味着其他投资者可以在不达到要约前就成为第一大股东。

亚洲水泥（亚洲水泥股份有限公司）斥资 9.05 亿港币，于 2014 年 12 月 1 日达到 20.90%的持股比例，直逼山水投资在山水水泥的持有股权比例。不过，迈入 2015 年后，天瑞集团（天瑞国际控股有限公司）半路截胡，在短短四个月内，天瑞集团斥资 50 多亿港元购得山水水泥 10 亿股，持股比例增至 28.16%，成为山水水泥的第一大股东。至此，山水水泥股权结构如图 1-1 所示。

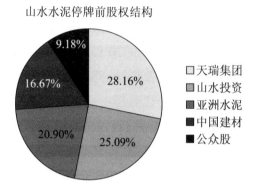

图 1-1　山水水泥股权结构

此后，天瑞集团、中国建材、山水投资等股东围绕着山水水泥的控制权，不断爆发权力争夺大戏。

这场控制权的纠纷导致管理层不稳定，致使山水水泥的董事会一直处于飘摇状态，历经数次洗礼后才得以洗牌。

2018 年 3 月 20 日，天瑞集团完成新一轮的董事会大换血，新的董事会组建完毕，其成员为 3 名执行董事（天瑞集团李留法、锦天诚律师事务所朱林海、安永会计师事务所华国威）与 5 名独立董事，李留法担任山水水泥董事会主席。

但两个月后，董事会再一次大换血，2018 年 5 月 23 日山水水泥发布公告称，董事会的执行董事变更为常张利、吴玲绫，而独立董事变更为张铭政、林学渊、李建伟，常张利担任新一任董事会主席。

2018 年 9 月 4 日新一轮的董事会变动公告发布：许祐渊担任公司独立非执行董事、董事会审核委员会及薪酬委员会成员，董事会主席常张利担任董事会提名委员会主席；罢免张铭政、李建伟董事会的执行委员会成员身份。

2018 年 9 月 4 日，各大股东间的冲突进一步升级，山水水泥发布公告称，

公司第一大股东天瑞集团向开曼群岛大法院提呈公司清盘的呈请。

据公告信息,这次天瑞集团提交清盘呈请是由2015年12月1日的股东特别大会决定的,理由是天瑞集团与山水投资投票罢免山水集团的董事会集体成员,但当新董事会接任时,未能对山水水泥的所有资产进行实质与法定的控制,也没有查明山水水泥的财务状况。

山水水泥的公告指出,早在8月31日,本公司就收到天瑞集团向香港特别行政区高等法院提交的有关对山水水泥清盘的呈请。相关资料显示,清盘是一种法律程序,一旦生效,公司的生产工作停止,所有资产(机械、工厂、办公室及物业)在短期内出售,转化成现金,然后按先后次序偿还未付的债项,之后按法律程序,宣布公司解散。

事实上,这并不是山水水泥第一次被申请清盘。早在三年前,山水水泥就曾发布公告称,由于子公司山东山水20亿元超短融"15山水SCP001"的偿付存在不确定性,构成实质性违约。2015年11月10日,山水水泥正式向开曼群岛法院提交了申请,要求对公司进行清盘。开曼法院将于当地时间11日上午10点对此聆讯,当时留给各大股东反应的时间只有15个小时。

天瑞集团、山水投资及时做出应对,一边向开曼法院提交撤销清盘的申请,另一边成功争取将聆讯日期延后。与此同时,天瑞集团、山水投资与香港、北京、济南等地的债权人会面以稳住局势。这次游说取得的效果显著,众多债权人无一支持此次山水水泥清盘。

2015年11月23日,在经过两次延后聆讯之后,开曼法院宣布,公司董事会无权代替公司提交清盘呈请,除非有债权人亲自提交清盘申请。法院将判决延期至11月25日,以供债权人提交清盘呈请。最终并无债权人要求清盘,因此,开曼群岛法院最终否决了山水水泥的清盘呈请。

这里需要说明的是,当时对于山水水泥董事会提交的清盘申请,天瑞集团是坚决反对的。然而,谁也想不到当年反对清盘的天瑞集团,却在三年后率先提出清盘申请。

有专业人士分析指出,这场纷争的源头是由于天瑞集团虽然贵为第一大股东,但董事会的席位却与自身地位不匹配,由此引发股东控制权的持续纷争。究其原因是由于2015年停牌至今,山水水泥董事会并未对董事成员的选举以及董事会议事规则进行修改,因此,现有董事的产生与决策方式仍遵守张才奎掌权时制定的规则。这种情况下,天瑞集团即便当上第一大股东,也难以获得足够多的董事席位,来影响董事会的正常运作。

山水水泥之所以陷入如今被动的局面与公司控制权的一再变化相关。而从各方竭尽全力的博弈中,足见山水水泥仍有非常大的盈利空间。多位山水员工与高管在采访中均表示,山水水泥本身是个非常好的公司,只是因为争斗不断,才最终落到这一地步。

从最初控制人与职工的矛盾,到陌生人的悄然入主,最后再到彼此之间的明争暗斗,在这一场争斗中,天瑞集团、张氏父子、亚洲水泥、员工等各方势力难以达成一致,如同囚徒困境一样。纵使每个人都有最优的选择,但却都选择了忽视,而这又有可能导致整体上的失败。①

1.2.3 雷士照明:兄弟式合伙,仇人式散伙

雷士照明的创始人吴长江生于 1965 年。1985 年,吴长江因高考发挥失利,与清华大学失之交臂,最终这位天赋异禀的才子被西北工业大学录取,学的是飞机制造专业。毕业后他被分配到陕西汉中航空公司工作。不过,这一份"金饭碗"的工作,始终难以满足吴长江的"创业梦"。

1992 年,在被提拔为副处长的前夕,吴长江提出辞职,当时的老领导临别时对他说:"小吴,你太重义气,这种性格既是你的优点,也是你最大的缺点。以后你若成功与这性格分不开,倘若栽跟头也是在这性格上面。"今日回想起这句话,竟一语成谶。

---

① 囚徒困境是 1950 年美国兰德公司的梅里尔·弗勒德与梅尔文·德雷希尔提出的理论,后来由顾问艾伯特·塔克以囚徒方式阐述,并命名为"囚徒困境"。它是指两个共谋犯罪的人被抓进监狱,在不能交流的情况下,假如两个人互不揭发对方,则由于证据不确定,每个人将被判一年;若一人揭发,而另一人沉默,则揭发者因为立功而立即获释,沉默者因不合作而入狱十年;若互相揭发,则因证据确实,二者都将判刑八年。

由于在无法交流的情况下,囚徒双方都不信任对方,在他们各自的判断中都以自己的利益为先,这时的囚徒双方都会下意识地放弃同守沉默的选项。因此,倘若保持沉默,则更有可能被对方指证,从而面临十年的惩罚;相反如果选择揭发,则有可能无罪释放,即便互相揭发也只有八年,比起被人指证时还要少两年的刑罚。最终导致囚徒的选项仅能落在非合作领域内的博弈模型。

随后,吴长江开始闯荡广东的生活。他先是在一家台资自行车厂工作,中途临时做过半年的公司保安。之后,吴长江来到番禺,进入雅耀电器工作,这是一家七十人规模的灯具厂。企业的高速发展,让吴长江看到照明行业的光辉前景。而在灯具厂的磨炼中,他得出"老板定律":能吃苦,胆子大,有风险意识,有商业意识。而他觉得自己以上几点都具备,另外,自己读的书比很多老板多。

他再次提交辞职信,尽管老板极力挽留,甚至开出给吴长江买房的优越条件,但吴长江依旧不为所动,他直截了当地告诉老板:"我来到这里就是为了创业。"

1998年,吴长江与高中同学杜刚、胡永宏在一次喝酒聊天中,聊到未来的规划,三人决定共同创业,在照明行业闯出一片天。吴长江举杯表示:"我出45万,占股45%,你们合出55万,各占股27.5%。"

吴长江并不是不清楚股权结构的重要性,更何况当时他的经济实力也优于杜、胡,假如他当时多拿出6万元,获得51%的占股,并不是难事。但在吴长江的观念中,控股权不如兄弟义气,既然大家一起创业,就不能亏待兄弟。

此后,吴长江与雷士照明十余年的磨难都源自这个路边摊上的约定。

1998年年底,惠州雷士照明有限公司正式成立。当时,飞利浦、欧司朗等照明行业的跨国巨头已先后进入中国市场,珠三角一带的照明企业突破3 000家。雷士照明在外有猛虎,内有强敌的情况下,先是实行产品召回制度,赢得了市场信誉,又率先推行专卖店模式,从而赢得了市场信誉,逐渐有越来越多的经销商主动找上门要求加盟。到2000年年底,雷士照明的销售额突破7 000万元。

吴长江曾说过:"你要真心对兄弟们,就不要施舍小恩小惠。大家都不是傻瓜,你用心对他,他自然感觉得出来。"这种义气为先的性格,让吴长江做事考虑的永远是兄弟们的利益,他向来推崇将经销商当员工一样关怀。

当然,吴长江这种做法也没少遭董事会批评,但他往往坚持:"给别人多少奖金,董事会不同意,我给。"创业初期,兄弟式合伙创业可以快速凝聚力量,但到了公司发展期,如果继续实行兄弟式的管理,则会阻碍公司发展。

2002年,三位创始人进行一次股权调整。由雷士照明向吴长江支付1 000万元,吴长江的股份降低至33.4%,其余两位创始人的股份提升至33.3%。对于此次股权调整,吴长江的解释是公司分红时,他拿得最多,另外两个人心里不舒服,于是他决定主动稀释自己的股权,维持这份兄弟情。

但自此三分天下后,业内依然将雷士与吴长江画等号。2002年,吴长江无奈提议,自己担任董事长,由胡永宏接任自己做总经理,"创业初期股东争斗,最受伤害的是企业,我没办法,只有用这种方式,才能解决眼下的问题,否则这个企业就真会出问题"。

然而,失去了吴长江的雷士照明由原来每年100%的增长,降低至50%。同时,公司开始人心涣散,离职的、跳槽的员工不断增加。于是,2003年年底,吴长江又重新担任雷士照明的总经理。

电影《中国合伙人》中有一句经典台词:"千万别跟最好的朋友合伙开公司",若是当时的吴长江看到这部电影或许也会有相同的感悟吧。

2005年,吴长江准备成立各省运营中心,而这件事最终导致三人产生严重的分歧。杜、胡两个股东认为,前几年已经投入不少,如今赚了钱就应该分红;而吴长江认为,企业目前还不够大,赚的钱应该再投入,继续将雷士照明做大做强。

双方寸步不让,直至最后摊牌。由于其他两个股东的股份超过吴长江。他被要求拿8 000万元彻底退出雷士照明。

然而,就在吴长江签订协议后的第3天,事情出现了戏剧性的一幕。吴长江刚离开惠州,就接到电话,要他赶紧回公司,电话的另一方是他以前接触过的供应商。

一回到惠州,他就被带到公司大会议厅。厅内,挤满了来自全国各地的200多个供应商与经销商,以及公司的中高层干部。现场还挂起了"雷士战略研讨会"的横幅,经过会议举手表决,在场所有人举手同意吴长江留下,而另两个股东退出雷士照明。由供应商、经销商"反水",决定企业高层人事变动的案例惊叹业界。

如今,复盘那场变局,唯一能看清的是,在选择供应商、运营商的策略上,吴长江棋高数着。经销商在生意上依赖雷士照明,情感上只认白手起家的吴长江,这种微妙的捆绑方式,让吴长江牢牢把控公司的核心竞争力。但兄弟式合伙,仇人式散伙却让人不胜感慨。

1.2.4 真功夫联合创始人蔡达标：50%—47%—入狱

真功夫是国内规模最大的中式快餐企业，也是国内五大快餐企业中唯一一家本土企业。公司股份分配是创始人蔡达标夫妇与潘宇海各占50%。

最初，潘宇海掌握着公司的主导权，姐姐潘敏峰管收银，姐夫蔡达标负责店面扩张。后来，蔡达标与潘敏峰离婚，潘敏峰持有的25%股权转归蔡达标所有。

于是，真功夫就只剩下两个股东，且各占50%。后来，真功夫引入PE投资基金，两人的股权比例依然是47%对47%。

随着股东的后续加入，真功夫的控制权逐渐倾向蔡达标，而另一大股东潘宇海则逐步被边缘化。蔡达标听取投资人的建议决定对公司进行"去家族化"的改革，他从众多知名餐饮连锁企业挖来众多职业经理人，代替真功夫中与潘宇海关系密切的中高层。这一举动使得潘宇海被进一步边缘化。于是，两位股东之间的矛盾爆发，冲突由此引爆。

最终，潘宇海将蔡达标告上法庭，蔡达标被警方以"涉嫌经济犯罪"的名义带走。此后，潘宇海独掌真功夫。

很多人认为真功夫内斗是因为家族企业导致的，其实，真功夫的问题根源不在于家族企业，而在于股权结构。家族矛盾只是加剧了股权结构不合理所导致的矛盾。真功夫的股权结构是股东各占50%，一旦股东意见不一致，公司的决策就难以进行。这种不合理的股权设计，不断引发股东间的信任危机，最终导致真功夫联合创始人之间爆发出激烈冲突。

事实上，每个股东对公司的贡献肯定是不同的，如果公司缺乏核心股东，各股东间的股权比例对等，就意味着股东贡献与股权比例不匹配。这种不匹配到了一定程度，就会引起股东之间的矛盾。

1.2.5 华为任正非不到2%的股权，掌握622亿美元的华为

华为的近8万名员工拥有98.6%的股票，任正非本人所持有的股票不到2%。但任正非正是凭借这不到2%的股份，掌握622亿美元的华为。

华为的股权设计是以虚拟股权激励为基础。这种股权会授予目标员工，是一种"虚拟"的股票，假如公司达到业绩目标，被授予者可以享受一定价值的分红及部分增值收益。但虚拟股票没有所有权与表决权，而且不能转让和出售股份，一旦被授予者离开公司，股份就会自动失效。

持有虚拟股权的员工因为享有特定公司的"产权"，他们从员工变为股东，当他们带着这种身份去工作时，就会减少道德风险和逆向选择的可能性。同时，由于虚拟股权的激励对象为公司核心员工，所以，核心员工可以感受到企业对自己价值的肯定，从而产生巨大的荣誉感和动力。

当然，华为的股权制度并非一开始就是以虚拟股权激励为主的，它也是经过数次变化后，才发展成如今的模式。

1990年，华为实行内部融资、员工持股的制度。内部融资无须支付利息，同时还可以激励员工更加努力工作。当时，华为员工以每股1元的价格购买公司股票。

1998年，华为公司决定修改员工的持股方案，于是派高层前往美国考察期权激励与员工持股制度，考察期间华为高层深入了解了虚拟股的激励制度。

2001年，深圳市政府颁布《深圳市公司内部员工持股规定》，它规定员工持股会管理员工股份的托管与日常运作，且员工持股会能够以社团法人登记为公司股东。

2001年7月，华为决定实行股票期权计划，并推出《华为技术有限公司虚拟股票期权计划暂行管理办法》。此后，华为员工持有的股票被逐步转化成虚拟股。在虚拟股制度下，持股员工仅有分红与收益权，而没有所有权与表决权。而且虚拟股票不必通过证券行业监督管理部门审批程序，它避免了公开市场所造成的股价波动影响。

2008年，华为对虚拟股制度进行调整，实行岗位饱和配股。这是由于公司内部的老员工积累的虚拟股份过多，造成新老员工收入明显失衡。

于是，华为依据岗位设置配股上限，达到配股上限后，就无法继续参与新的配股。比如13级的员工可以持股2万股，14级员工为5万股。这一规定虽然限制了华为老员工的配股数量，但其有利于激励新员工们的激情。

随着公司的壮大，华为外籍员工的数量越来越多，但他们无法享有虚拟股权激励。再加上由于股票价格逐步增长，入职时间短的员工没有资金购买股份，无法与华为形成利益捆绑。最终造成华为员工的离职率节节攀升。为了解决这一困境，华为在2013年推出TUP——时间单位计划，让外籍员工也可以参与华为的利润分享；2014年，在国内员工中正式实行。

TUP类似于分期付款：通过先给员工一个获取收益的权利，但该权益需在未来几年内逐步兑现。华为采取的模式如下。

假如2014年授予员工10 000股，当期股票价值为5.11元。

2014年（第一年），没有分红权。

2015年（第二年），可以拥有10 000×1/3分红权。

2016年（第三年），可以拥有10 000×2/3分红权。

2017年（第四年），可以拥有10 000股的分红权。

2018年（第五年），在全额得到分红权的同时，员工可以对股票值进行结算，假如当年股价升值到6.32元，则第五年员工可以得到的回报是：2018年分红+10 000×（6.32-5.11）。同时，对这10 000股进行权益清零。

可以看出，华为采取的是五年期（N=5）的TUP，前四年递增分红权收益，最后一年除了获得全额分红收益之外，还可能获得5年中股本增值的收益。

TUP的实施，可以解决不同国籍员工的激励模式统一问题。同时，也解决了新员工激励不足的问题，也防止出现过高的离职率。

自2004年以来，华为员工通过购买虚拟股的方式为华为增资超过260亿元。更重要的是，华为的股权激励机制通过数次调整其分配方式，从而维系整个公司的活力，这是华为近二十多年来持续高速发展的原因之一。

1.3
股权设计三大核心问题

上一节的五个案例个个都能令人深思，其中的失败者都是由于没有充分

第 1 章
股权结构与设计核心

认识到股权的重要性所导致,而成功者则是牢牢掌控企业的控制权。所以,股权设计的重要性不言而喻。本节将从股权设计的控制权问题、价值问题、博弈问题三个方面,剖析其中的奥秘。

1.3.1 控制权问题:决策机制

在创业过程中,创业者遭遇的最大风险并不是公司运营问题,而是失去公司的控制权。例如,乔布斯也曾经离开过苹果,直到1997年苹果出现危机,他才重新回归苹果。如果苹果没有出现危机,那么乔布斯也就没有机会再次回苹果,创造出令世人惊叹的 iPhone 手机。

创业者也是人,是人就会犯错误,但只要牢牢把控公司的控制权,就有了改正的机会。大部分的创业者只知道投资人可以给公司带来资金,但往往容易忽视投资背后所潜藏的危机,以至于对投资人没有丝毫防备,最终失去公司控制权,被迫离开自己一手创办的公司。

有这样一个案例,一位创始人拥有公司51%的股份,另外两个股东分别占有20%、29%。公司成立三人董事会后,三个股东各占董事会一席。其中一个小股东提议让自己的弟弟担任监事,该创始人同意了。

很显然,这位创始人还没有意识到自己已经失去了对公司的控制权。在股东会上,这位创始人虽然拥有51%的投票权,但董事会上,他只占三分之一的投票权,无形之中,这位创始人的实际控制权从51%降低至33%。

其实,公司的控制权主要通过决策体现,而公司的决策常常通过两个层面完成,一个是股东会层面,另一个是董事会层面。

1. 股东会层面

掌控企业控制权的最佳方法就是把握企业的控股权,因为公司最重大的事项通常是由股东会决定的,如公司章程修改、董事任命、公司分立合并或清算等。所以,谁能掌握控股权,基本上就能影响股东会的决策,进而控制公司。

股东会层面维持控制权主要有以下几种措施。

(1)归集表决权。将小股东的表决权汇集到创始人手上,增加创始人表

17

决权的数量。例如，创始人只有20%的股权，也就只有20%的表决权，但他可以通过授权代理的方式，取得其他几个小股东的表决权，从而拥有超过半数的表决权，如山水水泥的张才奎。

（2）多倍表决权。创始股东的股权小于50%，但公司章程里约定创始人的每一股股权拥有多个表决权（如A/B股制度，B股拥有的表决权是A股的十倍），增加创始股东在股东会的表决权利。

前面这两种方式都是积极主动地增加创始人在公司控制权的方式和策略。

（3）创始人的否决权。创始人的否决权可以视为一种防御性策略，当创始人股权低于50%时，创始人的否决权可以影响股东会的决策。这种否决权常常针对公司的重大事项，例如，合并、分立、解散、公司融资、公司的年度预算结算、公司并购、公司的审计、高层人士任免、董事会变更，等等。只要创始人对这些决策持反对意见，这些重大事项的决定就不能通过。如此一来，即便创始人的股权低于50%，也能控制股东会的决策。

2. 董事会层面

在董事会层面，决策权是由人数多少决定的。在董事会的董事席位越多，话语权就越重。所以，最直接控制董事会的方式，就是取得委任董事的权利。例如，阿里的合伙人制度：马云与蔡崇信为永久合伙人，其余的合伙人离开阿里巴巴集团公司时，即脱离阿里巴巴合伙人。每年合伙人可以提名新合伙人的候选人，新合伙人需在阿里巴巴工作5年以上，且对公司发展有积极的贡献等要求。阿里合伙人共28名成员，这些人都是阿里巴巴的管理层。而阿里巴巴董事会的多数席位便是由这28位合伙人商议委派。通过这种机制，阿里巴巴合伙人可以控制董事会的决策，即使马云及其团队在阿里巴巴的股份低于10%依然可以掌控公司的董事会。

在创业初期往往是投资人与创始人的蜜月期，大部分股东都愿意让创始人领导公司。但随着公司壮大，各位股东之间的利益冲突逐渐显现，这时，控制权就成为创始人与投资人之间博弈的关键。

所以，创始人需要防患于未然，提前设计合理的股权结构，避免失去公司控制权，落得黯然离场的结局。

1.3.2 价值问题：股权价值认定、股权对价物价值认定

股权价值所体现的是企业对股东的价值，每家上市公司股份都存在一个明确的市场价格，企业对外发行的股份数×每股的市价＝股权价值，这也就是我们常说的"市值"。

股权价值的认定不仅关系股东利益，而且还影响会计信息的相关性。通过不同方法计量的股权价值，必然会导致不同的结果。所以，依据资产价值属性选择适当的方法计量股权价值尤为关键。一般来说，常用的股权价值评估方法包括收益现值法、成本法和市价法。

1. 收益现值法

收益现值法，即根据被评估资产预期的收益和适当的折现率，计算出资产的现值，并以此评估股权价值。

2. 成本法

用成本法进行评估时，应根据该项资产在全新情况下的成本，减去已使用年限的累积折旧额，并综合资产功能变化、成新率等因素，评估资产价值。

3. 市价法

市价法是参照相同或者类似资产的市场价格，评估股权价值。例如，A公司估价为1亿元，而B公司的规模为A公司3倍，则B公司的估价应该也大约为A公司的3倍。虽然这只是一种理想化的假设，但在实际评估中依然具有一定参考作用。

然而成本法与市价法具有较大的局限性。比如，成本法对于企业的财务数据要求较高，市价法需要获得充足的市场交易价格数据，而这些条件往往难以完全满足。相比之下，收益现值法是国际公认的评估股权价值方法。

假设境外A公司准备将中国的子公司B转让给境外的C公司。A公司经过初步计算，决定按照账面价值200万元进行转让，如此一来，A公司无缴纳转让费用所得税。不过，税务机关在对该公司的转让费进行评估时，会依据收

益现值法进行评估。收益现值法计算公式如下。

$$P = \sum_{t=1}^{n} \frac{F_t}{(1+i)^t}$$

式中：P 为评估价值，F_t 为将来第 t 个收益期的预期收益额，i 为折现率，t 为收益预测年期，n 为收益预测期限。

税务机关对股权价值的分析计算过程如下：预期收益年期为 5 年（$t=5$），将来每个收益期的预期收益额为 100 万元（F_t=100 万元），折现率为 10%（$i=10\%$），将来 5 年内的预期收益现值分别为 90.91 万元、82.64 万元、75.13 万元、68.30 万元、62.09 万元。其总和为 379.07 万元。A 公司应缴纳的所得税为（379.07-200）×10%=17.91（万元）。

这里需要指出的是，上述举例属于理想化的数字模拟过程，只具有参考作用，在实际的计算过程中，转让股权的价值评估还需要考虑更多的因素。

至于股权对价物的估值，则需要了解"对价"的含义。"对价"原本是英美合同法中的概念，它是指一方得到权利、权益或是另一方为了取得对方承诺，所担负的责任或贡献。

"对价"一词在国内最早出现在《关于上市公司股权分置改革的指导意见》第 8 条中，"非流通股股东与流通股股东之间以对价方式平衡股东利益，是股权分置改革的有益尝试，要在改革实践中不断加以完善"。

但之后出台的《上市公司股权分置改革管理办法》与《上市公司股权分置改革业务操作指引》等文件中并未具体明确对价的概念和内涵。在实践中，对价可以解释为非流通股股东为了得到流通权，向流通股股东支付的相应代价，或者解释为非流通股股东与流通股股东取得相同的股份时所付出的成本。因此，股权对价物的估值实际上就是指非流通股股东为取得流通权所付出的成本估值，其价值认定可以参考股权对价的价值认定方法。

1.3.3　博弈问题：交易方股权结构底线及期望

股权架构是公司管理的基础，不同的股权结构对应着不同的企业管理模式。在企业融资过程中，股权结构设计的合理性会直接决定融资的成败，而其

第 1 章
股权结构与设计核心

中就涉及与对手博弈的问题。创业者需要从交易方股权底线及期望出发，考虑股权架构发生变动的可能性，对于股权退出机制更要进行预期管理，避免股权架构变动给公司带来动荡。具体来说，为了在博弈中取胜或者不被动，创业者在设计股权结构时应该考虑的方面如图 1-2 所示。

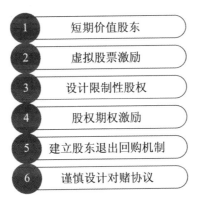

图 1-2 创业者在股权设计中应该考虑的 6 个方面

1. 短期价值股东

公司在进行融资前，股权人数越少越好，5 人左右是上限。股权变动对于公司来说并不是件小事，而股东人数越多，其稳定性越低，股东退出概率越大。另外，股东拥有投票、签字等诸多权利，股东人数越多协调难度大，成本高。所以，尽量不要让没有长期价值的人成为股东。针对短期资源型股东，如果已经是股东层面，则可以与合伙人签订回购方式的协议。

2. 虚拟股票激励

虚拟股票的优缺点已经在上一节 1.2.5 中有所介绍。因为这种股票没有表决权和剩余分配权，所以不会影响公司的决策。而且虚拟股票享有的分红权以及部分增值收益，又可以很好地满足交易方的期望。

3. 设计限制性股权

限制性股权是指依照提前预订的条件授予激励对象股权。只有满足预定条件（股权价格达到一定水平、公司盈利多少、公司上市，等等）时，激励对象才可以出售限制性股权；预定条件未满足时，公司可以收回赠予的限制性股权或者以一定的价格从激励对象手中购买股权。

限制性股权的风险相对较小，对激励对象有较强的约束。这种方法适用于成熟型企业，或对资金投入要求不高的企业。

4. 股权期权激励

股权期权激励是指授予激励对象以预定价格与条件，在一定的期限内，购买本公司一定数量股票的权利，激励对象可以借此获得潜在收益（购买价格和市场价之差）；反之，如果在期限内的股票市场价格低于购买价格，则激励对象有权放弃该权利。这种机制下，激励对象通常没有分红权，其收益主要来自股票价格的上涨，收益高低取决于未来股价的波动情况。

股权期权激励机制可以依据公司的实际情况进行灵活设计。比如成熟期限设为四年，按如下几种模式分别兑现。

模式一：与4年服务期限挂钩，每年兑现25%。

模式二：满2年兑现40%；第3年，兑现30%；第4年，兑现30%。

模式三：第1年兑现10%，第2年兑现20%，第3年兑现30%，第4年兑现40%。

5. 建立股东退出回购机制

创业公司在发展过程中管理层有波动是在所难免的，尤其是公司的合伙人选择退出团队时，会给企业带来极大的不稳定性。那么如何安置合伙人所拥有的股份，才能消除因合伙人退出而导致企业的运营出现问题呢？创业者要提前设定好回购机制，就可以避免这种事情的发生。

建立股东退出回购机制是指提前约定合伙人在退出公司时，大股东以回购的方式，从将要退出企业的合伙人手里买回他们拥有的股份。对于回购价格的确定，需要视公司的发展情况而定，最好做到既让退出的合伙人能够分享企业的收益，又不让公司产生较大的现金流压力，还能拥有一定的调整空间与灵活性。

6. 谨慎设计对赌协议

对赌协议也称"估值调整机制",是指投资方与融资方签订融资协议时,鉴于未来不确定的情况而进行的约定。例如,A 公司接受 B 公司投资时,双方约定,如果 A 公司在未来两年内没有上市,则将该公司 20% 的股权出售给 B 公司。对赌协议实质上是带有附加条件的评估方式。

通常情况下,目标企业的业绩与上市时间是融资双方的对赌内容,在对赌条款中,除了对赌内容以外,还有估值调整条款、股权回购条款等内容。对赌协议对创业者来说是把"双刃剑,设计对赌协议时一定要思虑再三。

陈晓对赌摩根士丹利、鼎晖投资,输掉了永乐电器。

李途纯对赌英联、摩根士丹利、高盛,太子奶易主。

张兰对赌鼎晖,输掉俏江南。

以上这些都是国内曾经的知名企业在对赌过程中失败的例子。

融资时,融资方通过出让股权获得资金,投资方提供资金获得股权。当双方对企业的估值存在异议、对公司的经营管理状况的认知存在不同观点时,便准备签订对赌协议,依据企业经营状况的变化进行具体调整。

如此一来,一旦创始人对于市场判断出现失误、经营不善等导致企业业务的发展不及预期,就可能会失去公司的控制权。因此,企业在签署对赌条款时,应当在全面了解对赌协议的价值与风险的基础上再做决定。

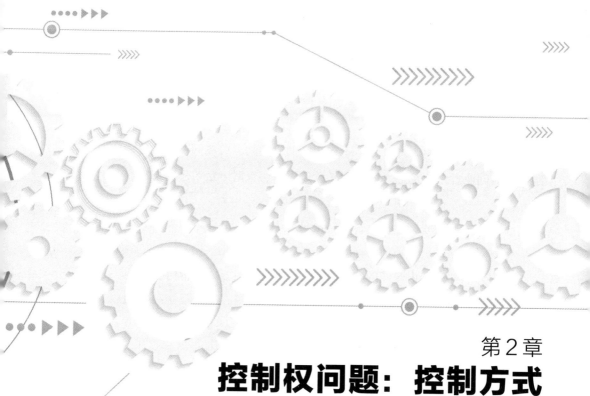

第2章
控制权问题：控制方式

控制权是指拥有公司一定比例以上的股份，或通过协议方式能够对公司实行实际控制的权力，即对公司的一切重大事项拥有实际上的决定权。企业的控制权犹如汽车的方向盘，公司创始人只有把方向盘握在手里，司机才能指挥汽车的行驶方向；同理，公司创始人只有把控制权掌握在手里，才能把握企业的发展方向。

理论上，如果某人或某机构拥有了公司50%以上的股份，就必然能对该公司实行控制。但实际上由于股份的分散，只要拥有一定比例以上的股份就能获得股东会表决权的多数票数，即可取得控制的地位。除以基于股权的占有取得控制权外，还可以通过订立某种特殊契约或协议而获得控制权。

2.1 通过股权比例控制

股权分配关系到企业的发展，怎样分配股权才能确保创业者掌握企业的控制权，这是在创业初期，创始人就需要慎重研究的课题。通过掌握比例较高的股权，从而获得企业的控制权是创始人最直接的控制方式。当然，除了掌握高比例的股权以外，还有其他拥有控制权的方法。本章会对其他方法也有具体介绍。

另外，在探讨股权比例之前，我们需要先了解什么是股权。从《公司法》上讲，出资人因出资而获得参与公司管理获得经济收益的权利叫作股权。也就是说，股权包含两层权利，一方面是经济性的权利，另一方面是公司的管理权力。股权比例是创始人在这个项目中的管理权力以及经济利益的重要体现。

2.1.1 通过股权比例行使表决权

一个健康合理的股权比例有助于创业公司的稳定。如果股权分配不合理的话，公司后期发展就会隐藏着巨大的变数和风险。

不懂股权分配的人会认为真功夫的失败是因为家族内斗，但实际上这是因为创始人在创业初期也不懂股权分配，直接按照合作多年的习惯，与好兄弟直接对半分了股权。直到公司规模越做越大，负责门店扩张的蔡达标对公司的贡献更大，双方因此而产生了很多纷争。当时蔡达标把小舅子潘玉海赶出了核心层，而心有不甘的潘玉海也搬出旧账，控诉蔡达标侵占，直接把姐夫送进监狱14年，至今未出狱。

除此之外，还有西少爷的股权纷争。西少爷的股东孟兵、宋鑫、罗高景、李德忠四人的股权比例分别为37.6%、28.2%、28.2%和6%，其中，孟、宋、罗三人的股权比例也导致这个团队没有一个人能掌握绝对的控制权，从而导致后期发展中团队产生纠纷，进而激化矛盾，导致原始股东宋鑫直接被"踢出门"。

从以上两个案例我们能够看出，股权不管是"五五"均分，还是"四三三"一大两小式均分，除了都造成了兄弟反目的局面，还有一个共同的弊端就是团队里没有一个真正能够在最后拍板定论的老大，合伙人经过一系列的矛盾争执，最后闹得不欢而散。这些事件的导火索就是在创业初期，股权分配比例设计不合理。这些案例也告诫创业者们在股权分配面前，兄弟情义为小，契约和规则为大。

股权分配最重要的原则就是一定要有一个带头人，也就是说一定要有一个拥有公司控制权的大股东。为什么呢？以牧羊人为例，一个牧羊人在放羊的时候只需要牵住头羊，身后数十只自由行动的羊就不会走丢。企业的发展也是同样的道理，有一个说话算数的人带领指挥，团队成员就会往同一个方向前进。

作为带头人必须在公司有绝对的控制权，这样当公司合伙人意见不能统一的时候，带头人一旦下定论，其他合伙人也无权反对，这样能省下很多开会争执的时间用来发展业务。对一般的创业公司来说，创始人最开始的股权比例不应该低于51%，最好在67%以上，这样在公司决策上出现矛盾时就可以拥有绝对控制权。

2.1.2 刘强东以15.5%股权，掌握80%的话语权

随着公司不断发展壮大，股权分散成了无法避免的局面，这时创始人如何保住公司的控制权也是大多数创业者需要思考的问题。信息化的时代我们不难发现，大多数我们熟悉的企业老板，比如京东的刘强东，阿里巴巴的马云，在企业中的实际占有股份并不多。刘强东在京东集团所占股份只有15.5%，从这个股权比例来看，刘强东不仅没有绝对控股权，连一票否决权他都拿不到。

但实际情况是，刘强东掌握着京东79.5%的话语权。腾讯持有京东高达18%的股权，俨然成了京东集团的第一大股东，但实际上腾讯只拥有4.4%的

投票权。沃尔玛持有股份占 10.1%，也只拥有 2.5% 的投票权，如图 2-1 所示。也就是说，虽然刘强东在京东的股权不是最高的，但京东仍然是刘强东一个人的江山。

京东[JD.O]-大股东

2018-02-28

股东名称	股份性质	直接持股数量	占已发行普通股比例(%)	股东类型
Huang River Investment Limited		517,065,413.00	18.00	持股5%以上股东
刘强东		446,707,423.00	15.50	持股5%以上股东
Walmart		289,053,746.00	10.10	持股5%以上股东
合计		1,252,826,582.00	43.60	

图 2-1　京东股东持股比例

从股权比例上看，这是没道理的事情，刘强东又是怎么做到的呢？造成这一结果的原因，是京东的 AB 股规则。以刘强东为主的京东商城的核心人员，所持股票属于 B 类普通股，1 股拥有 20 票的投票权。而以腾讯旗下的黄河投资为主的其他京东股东，所持有的股票属于 A 类普通股，1 股只拥有 1 票投票权。在许多公司中，为了保住公司创始人对企业的控股权，通常会采取"同股不同权"的方式来实现创始人对公司的绝对控制权。正是这种方式让刘强东获取高于其所占股权比例的表决权，使得他的影响力远超其纸面上所持股份的比例。

通过股权比例行使表决权，从而掌握对公司的控制权是创始人在最初掌握控制权的方法，但当公司已经发展到股权分配无法支撑创始人绝对控股权的规模时，创业者则需要寻找其他出路把握住公司的控制权。

2.2 通过股权结构控制

一家创业公司的股权结构是否合理，直接影响这家公司的成败命运。一个合理的股权结构不仅可以明确创业者之间的权利和职责，而且同时对企业融资也具有有利的影响。投资人判断一个企业是否值得投资，值得信赖，也主要看股权结构是否合理。所以说，一个股权结构有问题的公司，比其他同行更有可能灭亡。

2.2.1 通过法人持股加杠杆

在我国上市公司的股权结构中，法人持股是其重要组成部分。法人持股是指企业法人以其依法可支配的资产购买公司的股份，或具有法人资格的事业单位与社会团体以其依法用于经营的资产购买公司的股份。创业者通过法人持股增加他在公司的控制权已经成为一种常态。目前，法人持股的股权类型一般分为以下两种。

1. 按股东权利划分：普通股、优先股

普通股是最常见、最基本的股权形式，它享有经营决策参与权、优先认股权与剩余资产分配权等权利。普通股在公司盈利与剩余财产的分配顺序上次于债权人和优先股股东。

优先股的股东享有一些优先权利，主要表现在两个方面：第一，优先股有固定的股息，且可在普通股股东领取股息之前领取；第二，公司破产时，优先股股东可在普通股股东之前领取剩余财产。但优先股通常不参加公司的红利分配，其股权人无表决权，无法借助表决权参加公司日常的经营管理。

2. 按股权的流通性划分：流通股、非流通股

流通股可以在二级市场自由流通、转让，它主要包括A股、B股、法人股及境外上市股。非流通股无法在二级市场上自由流通、转让。

2.2.2 通过股权锁定控制公司

股权锁定条款是指创始人未经全部或部分特定投资人许可，不能在公司上市前转让自己的股权。对创始人来说，股权锁定可以有效防止其他创始人或投资人抛售股权出走。与股权成熟条款类似，股权锁定条款也是为了稳定住创始人。

一般情况下，创始人都会接受股权锁定条款，而且影响不大。但是少数创始人却被这一条款害苦了。小王是一个游戏公司的创业者，现在却只能做生鲜水果的O2O。

小王与小康是大学同学，两个人毕业于某所国家重点理工大学的计算机系。两人都酷爱游戏，经常一起通宵打《英雄联盟》。毕业后，这两个有着共同梦想的年轻人合创了一家游戏公司，共同进军网游市场。

为了拿到投资人的巨额投资，没有融资经验的小王与小康未经过充分考虑就与投资人小吴签订了投资协议。此后，投资人小吴成为公司的新股东，他持股20%，小王持股30%、小康持股50%。小王与小康的草率行为为之后小王的遭遇埋下了伏笔。

依靠巨额投资，小王和小康的游戏公司先后推出了多款游戏，受到了市场认可。然而随着合作上的矛盾越来越多，小王与小康的关系再也不是亲密无间。最终，小王写了辞职信，决定将自己的股份转让，然后通过二次创业实现自己的梦想。

事情远没有这么简单。融资的时候，小王签字同意的投资协议中包含股权锁定条款。没有投资人的同意，小王根本不能转让自己的股份，除非等到公司上市。然而，这家游戏公司的上市前景可以说是遥遥无期。如果等到这家游戏公司上市以后小王再二次创业，那时已经晚了。也就是说，小王的股票不是想卖就能卖的，必须等到游戏公司实现遥遥无期的上市之后才能转让。

另外，投资协议中还有竞业禁止条款，要求小王从离开公司开始直到不再持有公司股权两年之内不能从事游戏业务和电子商务业务。这对小王的打击是致命的，因为对于每天与互联网为伴，将青春奉献于互联网行业的小王来说，与游戏、电子商务等互联网行业绝缘相当于让小王下岗失业。深知小王实力的小康以及公司新股东小吴不同意小王出售股份，小王不得已只能去做生鲜水果的O2O了。

股权锁定条款通常约定未经全部或部分特定股东许可，创始人在公司股票公开发行上市前不得转让自己的股权。竞业禁止条款，通常约定公司的管理团队和核心技术人员离职后两年内，或在不再持有公司股权之日起两年内，不得从事与创业公司相竞争的业务。

在上述案例中，小王的遭遇虽然让人同情，但不可否认的是，如果没有股权锁定条款，小王轻易转让了自己30%的股份，对当初投入巨额资金成为公司新股东的小吴来说会是很大的损失。另外，小王若是离职后二次创业，依然从事网络游戏业务，对小康和新股东小吴带来的潜在威胁也是非常大的。

但小王离职满两年后，任职期间了解的公司业务已经不对小康和其他投资人构成威胁，或者改行从事与网络游戏无关的电子商务时，小康和其他投资人的利益并没有受到影响。因此，小王因为自己疏忽签下的竞业禁止条款是非常苛刻的，即禁止期限过长而且禁止业务有所拓宽。如果签订投资协议时，小王能咨询一下专业人员的意见，其境况也不至于如此尴尬。

同样是股权转让被限制，庞森商业中郑卫星的遭遇与小王截然不同，他在股权限售期内卖出了自己持有的股份。以下是杭州庞森商业管理股份有限公司创显科教股份有限公司在2017年3月1日发布的《庞森商业：关于股东签署附生效条件的股权转让协议的公告》的主要内容：

"公司于近期得知，杭州庞森商业管理股份有限公司股东郑卫星（身份证号为332624××××10210059），因股东个人意愿于2016年年中与杨明月、范广慧、姚红坚、廖伦万、王东、洪徽、洪凡、王刚、张磊、李胜利等人多次协商，欲将其持有的庞森商业5 337 000股股份转让予对方，每股价格为1.18元，共6 297 660元，由于该股份处于限售期内，郑卫星与各交易对手方签署了股份远期转让协议，同时签署了股份质押合同，郑卫星将持有的5 337 000股股份质押在各交易对方名下，并将于近期在中登办理股权质押手续。由于郑卫星2016年10月20日辞去董事长职务，按公司法规定，其持有的全部股份需半年后方可解除限售，预计2017年4月方能通过股转系统按约定的每股1.18元转至各交易对手方名下。"

其实，股权锁定的条款并非不可解除，只要创始人之间协商沟通，且征得新加入股东的同意，就能够转让股权。股权锁定条款是合理的，但需要创业者做好相应的准备。

2.3 通过协议控制

投资人给一个公司投资的初衷，就是要赚更多的钱；创始人拉投资的初衷，就是用更多的钱发展公司规模，然后赚更多的钱。投资人往往愿意让帮他赚钱的人——创始人拥有更多的话语权。这种情况下，就可以采取投票权委托或者一致行动人协议的方式，把公司股东的投票权以另一种形式集中到核心管理者身上。

2.3.1 委托投票协议

委托投票协议就是通过书面协议，将无法或者不愿出席股东大会进行投票的股东所持股票的投票权委托给某一特定股东代为行使。那么，如何依靠这个协议达成控制公司的目的呢？举个例子，在京东商城发行上市前，曾有11家投资人将投票权委托给刘强东代为行使，让当时个人持股仅占20%的刘强东通过老虎基金、高瓴资本、今日资本以及腾讯等投资人的委托协议掌控了京东上市前超过50%的投票权。

从京东商城的案例来看，委托投票协议让刘强东身为一个股权比例不高的创始人拥有了对公司的绝对控制权，那么委托投票协议还有什么其他的作用呢？

委托投票协议的目的之一就是争夺公司控制权。在美国有一家公司，名叫美国国际联合电脑公司，简称CA。这家公司的董事会在2001年差点被小股东推翻。

CA公司的实际控制人王嘉廉是创始人兼董事长，1999年CA公司开始步入低潮，业务停滞不前，股东们对王嘉廉的不满达到顶点。由此，怀利向股东们发起了重组董事会的提议。

根据美国法律，持有 0.3%CA 公司股份的怀利只需要收集到足够多的股东委托书，就有权力对 CA 董事会进行改组。怀利的行动得到了积怨日久的股东投资机构的支持，与以王嘉廉为代表的董事会实力相当。但最后由于部分小股东们对怀利的方案持怀疑态度，使王嘉廉以微弱的优势保住了 CA 公司的控制权。

虽然怀利并未成功推翻王嘉廉，但对 CA 公司而言，此次行为使公司内部管理者开始自省，敦促公司董事会重视完善股权治理。

委托投票权的根本目的是维护持股者的自身权益，实现自身诉求。通过委托投票的形式争取股东控制权，无论是成功还是失败，都是对控制人或者董事会的决策进行约束的重要机制。

2.3.2　一致行动人协议

一致行动人协议的目的在于保护创始人对公司的控制力。通常由几个没有拿到实际控股权的小股东书面约定在一些事情上保持统一意见。这种协议相当于在股东大会之外又建立一个由部分股东组成的"小股东会"。每一次在股东会表决或者协议约定某一事项时，这个"小股东会"会事先讨论出一个结论作为唯一对外的意见，用以表决或者决定某事项是否进行，以此方法达成扩大控股权的目的。如果有人做出相反的决定，或者违背协议内容，守约的其他签约人则有权在法律允许的范围内根据协议的具体内容来实施惩罚。

比如，2016 年 11 月 17 日，陕西宝光真空电器股份有限公司的两大股东——陕西宝光集团有限公司与陕西省技术进步投资有限责任公司达成协议，签署了《一致行动人协议》。由此，陕西宝光集团有限公司与其一致行动人共同持有公司 5 321.247 万股，占公司总股票的 22.56%。双方协议范围主要包含一致提案和一致投票行动，而双方作为宝光股份股东所享有的其他股票处置权、分红权、查询权等权利则不受本协议影响。

2.3.3 投票权委托协议范本

投票权委托协议

甲方（受托方）：

住所：

联系方式：

身份证号：

乙方（委托方）：

住所：

联系方式：

身份证号：

鉴于：

甲方、乙方均为_____公司（以下简称"公司"）股东，甲方持股比例为__%，乙方持股比例为__%；为明确甲方在本公司控股股东的地位，甲、乙两方依据当前法律法规的规定，遵循自愿公平、协商一致的原则签订以下《投票权委托协议》（以下简称"本协议"），以资遵守。

1. 乙方同意，在处理有关本公司经营发展且依据《公司法》等有关法律法规，以及《公司章程》需由公司股东会做出决议的事项时，将委托授权甲方行使表决权。

2. 采取投票权委托的方式为：根据本公司经营发展的上述相关事项在股东大会上行使表决权时，乙方所持有的表决权均委托甲方行使。

3. 本协议未涉及其他事项，由双方共同签订书面的补充条款或自主协商解决。

4. 本协议自签署之日起生效，本协议长期有效。

甲方（签章）：　　　　　　　乙方（签章）：

年　月　日　　　　　　　　　年　月　日

2.3.4 一致行动人协议范本

××公司股东一致行动人协议

甲方：（身份证号码：   ）

乙方：（身份证号码：   ）

丙方：（身份证号码：   ）

丁方：（身份证号码：   ）

以上称为"各方"。

鉴于：

（1）甲方为__股份有限公司（以下简称"A公司"）的股东，占股__%；乙方为A公司的股东，占股__%；丙方为A公司股东，占股__%；丁方为A公司的股东，占股__%。

（2）为保障公司得到稳定的发展，减少公司因意见不和而浪费的时间、经济资源，提高公司经营、决策的效率，各方协商在公司股东大会中采取"一致行动"，从而达到高效控制公司的目的。

为此，各方经友好协商，对"一致行动"的事宜进一步明确以下条款：

1."一致行动"的目的

各方将在公司股东大会会议中行使表决权时保持目标一致、行为一致，以达成保障各方在公司中的控制地位的目的。

2."一致行动"的内容

各方在公司股东大会会议中保持的"一致行动"指，各方在公司股东大会中在行使下列表决权时保持行为一致：

（1）提案保持一致；

（2）投票表决决定公司的经营企划和投资方案保持一致；

（3）投票表决制订公司的年度财务预算方案、决算方案保持一致；

（4）投票表决制订公司的利润分配方案与弥补亏损方案保持一致；

（5）投票表决制订公司增加或减少注册资本的方案以及发行公司债券的方案保持一致；

（6）投票表决聘任或解聘公司经理，并根据经理的提名，聘任或解聘公司副经理、财务负责人，决定其报酬事项保持一致；

（7）投票表决决定公司内部管理机构的设置保持一致；

（8）投票表决制定公司的基本管理制度保持一致；

（9）假如各方中任意一方无法参加股东大会会议时，须委托另一方参加会议并代为行使投票表决权；若各方均无法参加股东大会会议时，则需共同委托他人参加会议并代为行使投票表决权；

（10）行使在股东大会中的其他职权时保持一致。

3."一致行动"的延伸

（1）若协议内部各方意见无法统一，各方则依据__方的意向行使表决权；

（2）协议各方承诺，若某一方将自己所持本公司的全部或者部分股份对外转让，则受让方需要同意继承本协议所协商的义务并与其余各方重新签署本协议，股权转让方能生效；

（3）如果任何一方违反其做出的以上任意一条承诺，则必须按照其他守约方的要求将其全部的权利与义务转让给其他守约各方中的一方、两方或多方，各守约方也可以一致要求将违约方的全部权利和义务转让给指定的协议外第三方。

4."一致行动"的期限

自____年__月__日起至__年__月__日止。

5.变更或解除协议

（1）本协议自各方在协议上签字盖章之日起生效，各方在协议期限内应按照约定履行协议义务，若要变更本协议条款需经各方协商一致且采取书面形式重新签订协议；

（2）在期限之前解除本协议，需各方协商一致。

以上变更和解除均不得损害各方在公司中的合法权益。

6.争议的解决

本协议出现争议，各方必须通过友好协商解决，协商不成应将争议提交给____仲裁委员会按当时有效的仲裁规则在____解决。

7.管辖的法律

本协议以及协议各方在本协议下的权利与义务由中国法律管辖。

8. 本协议一式__份，各方各执__份，具有同等法律效力。

签署各方：

甲方：（签字）

乙方：（签字）

丙方：（签字）

丁方：（签字）

签约日期：____年__月__日

签约地点：

2.3.5 柳传志以0.28%的股权，掌握联想

央视财经曾推出财经人物纪录片《你从哪里来》，其中有一期专访联想创始人柳传志，节目中针对网络上流传的柳传志在联想持股3.4%，柳传志做出这样的回复："那是瞎扯，哪来的话，那是指联想多少年上市以后的事，现在没上市呢，现在拥有联想集团的股份仅0.28%。"

据说有人问过柳传志，70岁对他来说代表着什么，柳传志脱口而出："创新。"他说作为IT人，创新并非一劳永逸，而是心里难以放下。

2014年1月23日，联想集团召开年会。联想创始人柳传志虽已卸任联想集团的职务，但其仍是母公司联想控股的掌舵人，他的出现，让现场的气氛格外热烈。柳传志之所以出现在年会上，是因为这个日子非同一般。因为联想集团将以23亿美元的价格收购IBM的X86服务器。

早在1984年，40岁的柳传志，就开始下海创办联想。30年来，他坚持做中国人自己的电脑，并生产第一台联想牌286微机；1994年，国际电脑巨头进入中国，在实力远不及的情况下，柳传志带领联想杀出重围，再到2004年联想收购IBM的PC业务，成为年营业额达到150亿美元的国际大公司；他也挺过2009年的金融危机，见证联想销量2014年斩获全球第一。柳传志能完成这一系列伟大的壮举都源自他与联想控股第二大股东——联想职工持股会签订的合并协议。

截至2018年6月30日，联想控股的3大股东为中国科学院国有资产经

营有限责任公司、北京联持志远管理咨询中心（以下简称联持志远）、中国泛海控股集团有限公司。

而早在 2010 年的时候，联想职工持股会拥有 35% 的联想控股股份，且柳传志任法人代表。直到 2011 年 1 月 30 日，联想控股股东会决议后，联持志远合并联想职工持股会。至此，联持志远接收联想职工持股会 35% 的股权，成为联想控股的第二大股东。而该公司的法定代表人为柳传志，因此，柳传志便借助联持志远成功掌控了联想控股的股份，进而掌控了联想控股的控制权。

早在 2010 年 8 月，柳传志与联想高管朱立南、宁旻、李勤、曾茂朝等人共同出资，设立北京联持志同管理咨询有限责任公司（以下简称联持志同），其中柳传志占股 51%，任法人代表。

此后，柳传志将职工持股会的会员拆分为 15 家咨询中心，并与联持志同组建成立联持志远。工商资料显示，联持志远成立于 2010 年 12 月 29 日，其法人代表为联持志同，注册资金 232.303 万元。2011 年 2 月 20 日，联持志远注册资金达到 23 362.416 979 万元。

依据《每日经济新闻》的记者调查，柳传志以联持志远与联想职工持股会双方法定代表人的名义签署合并协议书。2011 年 1 月 10 日，在中国科学院国有资产经营有限责任公司、中国泛海控股集团有限公司等全体股东的表决下，北京联持志远正式合并联想职工持股会，成为联想控股第二大股东。

经过联持志同、联持志远、职工持股会拆分为 15 家咨询中心这样一系列复杂异常的布局后，柳传志成功得到联想控股的掌控权。而在此次变动后，柳传志、朱立南、宁旻、李勤等高管在联想职工持股会的持股比例与之前变化不大。此外，《每日经济新闻》对职工持股会会员被并购进联持志远后的股权进行比较，如杨元庆在变更前的股权为 3.614 315%，变更后为 3.614 748%。其股权变化幅度也十分微小。

上海新望闻达律师事务所合伙人宋一欣在接受《每日经济新闻》记者采访时表示："柳传志此次整合联想职工持股会的真正目的在于话语权的变化。"整合联想职工持股会，让柳传志拥有更多的腾挪空间，掌握联想控股的话语权。

在联持志远的合伙协议中有着这样的规定：联持志同担任联持志远的执行事务合伙人，这意味着，作为联持志同法定代表人的柳传志可以全权负责联持志远投资业务及其他事务管理、控制、决策等全部职权。

柳传志凭借与联想职工持股会签订的合并协议，获得了联想控股管理层的控制权，掌控着企业的操盘决策，为联想日后发展战略的实施奠定了坚实的基础。

2.4 治理结构控制

股份制度已经成为现代企业制度的基本形式，一个投资者只有在确信自己的利益能够受到保护之后才会向一个企业投资。而良好的公司治理结构正是保护投资者利益的重要机制。

在资本市场上，一个公司治理结构健全的企业可以获得更多投资者的青睐，也可以相对容易地用较低的股本获得相对较大数额的投资，从而在市场竞争中占据有利地位。反之，一个治理结构不健全的企业则难以取得投资者的信任，筹资成本也会相对提高，企业也就失去了有利的市场竞争地位。由此可见，公司治理结构对企业之间的竞争也会产生一定影响。

2.4.1 董事会席位及权限安排

在大部分初创企业中，创始人会创立董事会，公司的重大决策由董事会最终负责，比如企业融资、公司收购、经营策略战略转移以及高层人员流动等。随着公司的壮大，其他人也会加入董事会。想要确保公司发展决策的正确性，选择有经验有能力的董事就成了组建董事会至关重要的一项任务。

董事会的构成具有阶段性和多样性，而初创企业则需要根据公司的特性参照不同发展阶段的标准方法而定。一般而言，公司董事会的席位数应设置为奇数，这样可以避免投票出现平局的情况。一个初创企业的董事会将包含创始人席位、投资人席位和一个独立席位,独立席位的董事要具备强大的行业相关能力和高效的人脉资源,而且一般与公司无直接利益关系,所以,独立董事席位在这里主要发挥打破平局的作用。

随着公司的不断发展,创始人的股权在不断地融资稀释后比例越来越低,如何掌控公司的控制权则成了重要的问题。如果创始人不能处理好董事会席位与权限的掌控地位,则很有可能被自己培养起来的董事会免职。2017 年,Facebook 创始人扎克伯格被部分股东要求退出董事会。提出要求的董事会担心扎克伯格带领公司走上他自己认为正确的道路,却忽视公司的其他方面,所以,股东们认为这极有可能会损害其他股东的利益,希望能有一位真正为股东利益着想的 CEO。

与 Facebook 案例相反的企业还有京东。刘强东作为京东的掌舵人,在股权比例仅有 15.5% 的情况下,不仅掌握了全公司 79.5% 的控制权,而且在董事会也拥有绝对的控制权,因为京东董事会九个席位,刘强东就占有五个席位。当董事会进行决策投票时,刘强东一个人就占据了超过半数的投票权。

创始人掌握公司的大比例控制权可以保证创始人的绝对控制地位,但同时容易让公司走向一言堂方向。比如 Facebook 部分股东的担心并非无的放矢,刘强东的绝对控制也让京东没有他股东大会都开不起来,所以,创始人在掌权的同时还要合理放权,让公司在求同存异中向前发展。

2.4.2　ofo:滴滴与创始人控制权之争,错失生存机遇

2018 年 1 月,滴滴打车向自己投资的公司 ofo 发起战争。

滴滴和 ofo 貌合神离日久,已经不是不能说的秘密。这一切源于戴威对 ofo 控制权异乎寻常的坚持。

从 ofo 的股权架构中我们不难看出,戴威股权占比 36.02%、滴滴股权占比 25.32%、经纬股权占比 10.15%、金沙江股权占比 5.83%。一眼看去,戴威的股权权重高于滴滴,但从派系上看,ofo 的股权架构大致可以分为 ofo 系和滴滴系在 ofo 系中,除了戴威占有最高份额股比,其他几名联合创始人薛鼎和张巳丁股权占在均只有 2.39%,于信则只有 1.36%。而其他几名股东,无论是

金沙江、经纬,还是王刚,除了是 ofo 的股东以外,他们的另一层身份全是滴滴的投资人,从本质上就与滴滴属于同一个股权团队。

与此同时,ofo 董事会成员包括十人,其中,陈熙和朱景士分别在滴滴担任战略部高级总监和国际业务事业部负责人职务。

综合来看,滴滴不仅在 ofo 的股权架构中占比高于戴威,而且再加上在董事会上占有的两个席位,完全有能力将身为董事长的戴威架空,自己接手 ofo 的控制权。

ofo 为了获得更快的发展,引进外来资本是无法避免的事情。在多轮融资进程中,股权被不断稀释,加上没有健全合理的股权结构设计,戴威失去公司的控制权只是早晚的事。滴滴从 B+ 轮一直跟投到 D 轮,它在 ofo 内部股权占比较重也是正常现象。此前还在滴滴出行软件上专门为 ofo 设置入口,外界纷纷猜测滴滴在投资伊始便已策划将 ofo 业务布局在自己的商业版图上。

2018 年 8 月,网传滴滴提出以 20 亿美元的估值收购 ofo,随着后续意向书的曝光,也就从侧面证实了这一传言。值得注意的是,此意向书中同时提出,ofo 所有关键岗位必须由滴滴提名、任命、替换或者解雇,包括 CEO。这意味着滴滴将拥有 ofo 的绝对控制权,而作为创始人戴威与团队成员将被踢出局。

此后,ofo 运营一度遭遇困境,发展也一直受阻,错失了生存机遇。而且创始人也被迫离开。可见,资本的力量可以推助企业成功上市,同时也可以把创始人扫地出门,这正是市场的游戏规则。而作为创始人一方,必须做好股权结构设计以确保自己在与资本博弈的过程中掌握住公司的控制权与主动权。

2.5 股权九条生命线

我们经常说股权有九条生命线,但这些生命线到底是给谁定的?放在谁手里?有什么作用?这又是一个话题。接下来本节就讲讲这九条生命线的具体内容。

2.5.1　67%：绝对控制权

67%代表了超过2/3的投票权，只要公司内部章程没有特殊规定，占据这条线说明你能一个人做出修改公司章程、分立、合并、变更主营项目等重大决策。这也是创始人的最佳生命线。本条生命线适用于有限责任公司、股份有限公司。

2.5.2　51%：相对控制权

51%代表了超过一半的投票权，被称为"相对控制权"，这是因为只要公司内部章程中没有特殊规定，在股东按照出资比例行使表决权的情况下，你可以主导一些简单事项的决策，比如聘请独立董事、选举董事、董事长、聘请审议机构、聘请会计师事务所、聘请/解聘总经理。即使后期公司要上市，经过2~3次融资稀释后，还可以控制公司，这是创始人退而求其次的生命线。本条生命线适用于股份有限公司，有限公司也可以自行约定。

2.5.3　34%：一票否决权

如果创始人手中股份不足以维持51%以上的股权，则需要把股权控制在34%以上的安全控制线上。与绝对控制线相反，当创始人拥有34%股权时，则其他股东就不能达成2/3的投票率，这样即使没有绝对的控制权，也拥有一票否决权。但是，一票否决权只是相对于生死存亡的重大决策，对其他需要51%以上票数通过率的事宜，则没有否决权；这是初创企业创始人的安全生命线。本条生命线适用于有限公司、股份有限公司。

2.5.4　30%：上市公司要约收购线

30%被称为"上市公司要约收购线"，顾名思义，这条线只适用于特定条件下的上市公司股权收购。根据《证券法》规定，通过证券交易所的证券交

易，收购人持有一个上市公司的股份达到该公司已发行股份的30%时，如果想继续增持股份的，则应当采取要约方式进行，发出全面要约或者部分要约。收购上市公司分为协议收购和要约收购，要约收购与协议收购相比，需要经过更多的环节，繁杂的操作程序，收购方要付出的收购成本也更高。本条生命线适用于上市的股份有限公司，而不适用于有限责任公司。

2.5.5　20%：重大同业竞争警示线

20%没有确切的法律依据，但根据行业默认规则而定，在一家公司占股超过20%的股东，不能在同行业其他公司工作或任职，因为双方构成或者可能构成直接或间接的竞业关系。本条适用于上市的股份有限公司。

2.5.6　10%：临时会议权

拥有公司10%股权的股东有权提议召开股东临时会议，在董事和监事都不履行召集股东会职责时可以自行召集和主持。本条款适用于股份有限公司，由于股份有限公司的特殊性，10%的临时会议权限带有强制性，而有限责任公司章程根据公司内部的约定，10%的临时会议权并不具备实际意义。拥有10%以上表决权的股东还有诉讼解散权。本条适用于有限公司、股份有限公司。

2.5.7　5%：重大股权变动警示线

持有一个公司5%及以上股份的股东或者实际控制人，其所持该上市公司已发行的股份比例每增加或者减少5%，应当依照规定进行报告和公告，披露权益变动书。本条适用于上市的股份有限公司。

2.5.8　3%：临时提案权

单独或者合计持有公司3%以上股份的股东，可以在股东大会召开十日前提出临时提案并书面提交董事会。本条适用于股份有限公司，不适用于有限责任公司，因为有限责任公司兼具资合性和人合性，没有繁杂的程序性规定。

2.5.9　1%：代位诉讼权

占股 1% 的股东在发现公司股东或者高级管理人员有挪用公司公款等侵犯公司利益的行为时，如果公司董事会没有及时起诉，则有权利自行向人民法院起诉。那么是不是所有人都可以随便告公司了呢？答案是否定的，在给予权利的同时，法律还规定，必须持股超过 180 天，且该公司没有持股时间和持股比例限制的情况下，才能达成条件。在提起诉讼期间，给公司造成的损失需由起诉方承担赔偿责任。本条适用于股份有限公司，不适用于有限责任公司无股权比例要求的。

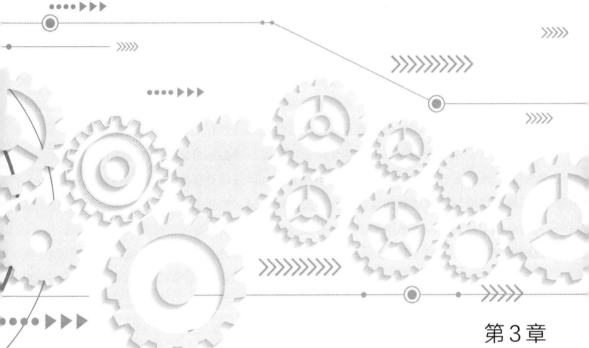

第 3 章
价值问题：如何对交易双方进行估值式

估值需要理智的分析，然而市场往往是最不理智的战场。在创业初期，尤其是还没有固定的经营模式，没有现金流的公司的估值，很难确定出一个合适的公式，非常容易出现估值过高或者估值过低的现象。

国内的创业者在融资时讨价还价已经成常态，无论是创业者还是投资人，通过评估项目的发展潜力用以谈判估值和定价时，需做到客观、理性、适可而止，寸步不让往往容易导致创业者因为错过投资人，从而让融资不利使项目走向失败，或者投资人因此错过一个行业黑马而错失巨额利润。投资人为初创企业提供一个双方认可且合理的估值，对于双方来说，是一门艺术而非科学。

第 3 章
价值问题：如何对交易双方进行估值式

3.1 被估值的六大元素

估值对于创业者有多重要？它决定了创始人在换取资金时需要交给投资者多少股权。说到企业估值我们往往能想到很多种估值方法，但是对于初创公司来说，因为其特性，有很多关键材料数据缺失或者不完全，往往不能直接用现有的方法进行具体的估值，投资人更倾向于选择如根据团队价值、商业模式、核心竞争力等情况来综合评估的估值方式。在公司价值接近于零的早期阶段，创业者该如何计算这个新生儿的价值，需要我们先了解公司被估值的六大元素。

3.1.1 现金

现金作为初创企业最具体的估值要素，又被称为资产。一家初创企业往往没有什么固定资产，换言之就是不值钱。即便如此，也需要把公司的大到房产租金，小到办公用品一起核算进去，这就是这家公司第一部分的估值。

3.1.2 股权

投资人为什么看中股权？因为有价值的股权可以给投资人带来更高的收益。对于创业者而言，他需要关注三点：资金需求、发展规划和股权设计，而投资者只需关注两点：退出时的股权价值，以及可以获得的收益率。因此，相比于创业者而言，投资者更为看重股权的设计。而任何一个企业在发展过程中，不论是战略、品牌，还是管理体制，其根基都在股权结构、顶层设计的变动。

企业的股权架构是否合理，股权出让比例是多少，投资方是否有权参与优先股，律师费用是否自费，等等。假如企业在这些细节上不肯让步，估值自然不容乐观。出让股权并不是一个轻松的决定，但仍然需要找到一个平衡点：在不丧失公司控制权的情况下，出售一部分股权。

3.1.3 劳务

劳务是指以活劳动形式为他人提供服务的劳动。这种服务既可以满足人们物质上的需求，也可以满足人们精神上的需求。如果创业者企业的服务是全新的，且市场空白多，其估值自然会有所提高。反之，如果市场已经充斥着相同的服务，低估值也是正常的。

3.1.4 技术

在早期投资中，由于公司切实的业绩少，投资者们难以对创业者的公司做出全面的判断。这时，如果公司拥有先进的技术，可以使得公司的强大潜力不被低估，如近来火热的虚拟现实 VR 技术、增强现实的 AR 技术、混合现实的 MR 技术等，这些大热门的技术有助于公司的价值被合理地估计。投资人都喜欢看到发展势头，热门先进的技术自然是吸引投资人的重要砝码。

3.1.5 资源

在融资过程中，创业者需要面对各种类型的投资企业，有的钱多，有的经验丰富，有的资源丰富。在挑选的过程中，考虑到项目的发展速度与资源需求，降低估值从而选择更有利于公司发展的投资方也不失为一种策略。

3.1.6 知识产权

投资人在投资前，往往会对投资对象的优势、弱点、资产等状况进行详尽的调查。其中，投资人对目标企业的知识产权状况也要有个大致了解。他们不仅需要通过给知识产权赋予实质价值对企业价值进行评估，而且也需要初创企业意识到知识产权的重要性，为知识产权做好保护措施。

知识产权不仅指技术专利，而且还包括公司的名称、商标等人们智力劳动所得的成果。

随着科学的发展，时代的进步，社会对知识产权的保护意识日渐提升，知识产权的重要性也日益凸显。由此可见，知识产权成了企业的重要资产，初创企业尤甚。因此，创始人更需了解如何对知识产权进行估值。

知识产权的估值方法一般为收益现值法，假设企业在未来持续经营的情况下，以适当的折现率核算知识产权在经济寿命期内预估出的合理预期收益来折算出现值，用以确定其价值。这个方法的核心是产权年限、收益额和折现率。

收益现值法评估注重知识产权的未来收益。作为初创企业，知识产权是增强自身竞争实力的途径，能够充分利用这些无形资源，可以让企业在竞争中立于不败之地。

Quanergy 是一家致力于自动驾驶车辆领域激光雷达设计和研发的科技企业，成立于 2012 年 11 月。在 2013 年 11 月，这家公司就获得了 350 万美元的种子轮投资，三年后又完成了 9 000 万美元的 B 轮融资。在短短四年时间里，这家公司不仅拿到了巨额融资，而且也成为该行业的翘楚。Quanergy 吸引市场资本的重要原因就是它的知识产权，并且着力于市场需求，更加具有针对性地对产品进行大量的技术革新。它不仅达成了目标，而且还获得多种相关专利技术。

3.2 估值法

企业的估值方法有很多种，如现金流折现法、账面价值法、市盈率倍数法、评论法，等等。对于同一个企业而言，如果用不同的估值方法进行评估，其评估出来的企业价值也会有所不同。所以，创业者需要对这些估值方法进行全面的了解，客观地评估自身的资产，防止被投资人的不合理估价所忽悠。

3.2.1 科学法：现金流折现法

现金流折现法是一种对连续经营价值的分析，它通过计算企业未来可能产生的全部现金流折现值，来计算企业价值。

在运用现金流折现法之前，要先了解两个概念：自由现金流和折现。自由现金流是指在企业盈利后，将盈利部分减去为了维持业务周转必须进行的成本投入，余下的为净利润；折现则指根据企业这一年的净利润和一定的折现率，计算这家企业的预期市值。

现金流折现法更适用于即将上市的成熟公司。这种估值方法对初创公司来说具有非常多的不确定性，因为初创公司的现金流预测是不太准确的，在不确定的现金流基础上折现，计算出来的公司估值当然也不可靠。

3.2.2 保守法：账面价值法

账面价值法是指用公司总资产扣除股东权益部分，作为目标公司的价值。账面价值法是对目标公司现有的资产进行估值分析，不能着眼于目标公司的未来价值进行评估。一般会有以下三方面的原因影响账面价值法的准确程度。

（1）通货膨胀使某项资产的价值不等于它的历史价值减折旧。

（2）技术进步使某些资产出现过时贬值的情况。

（3）由于组织资本的存在，使得资产组合超过各单项资产价值之和。

3.2.3 简单法：市盈率倍数法

在使用相对估值法评估企业价值时，最常用的是市盈率倍数法，其计算公式为：公司市值＝公司收益×市盈率倍数。比如一家初创公司上一年的利润是500万元，采取10倍市盈率，投资后的估值就是5 000万元。如果投资人决定投资700万元，则投资人的股份占比就是14%。

市盈率倍数法的优点在于直观简单，容易计算且很容易获取数值，方便在不同股票之间比较。它还能作为公司其他特征的代表，比如风险性与成长性。

市盈率倍数法的缺点在于它有被误用的风险，在企业收益或者初创企业预期收益为负值时，该方法不适用；市盈率倍数法使用短期的收益作为参数，数据不能用来直接类比有不同长期前景的公司；市盈率倍数法不能反映企业运用财务杠杆的水平，容易造成较大误差，从而导致出现错误的结论。

3.2.4 差异法：评估法

通过对不同企业的对比，从而估算出目标企业的价值是一种常见的方法。它的关键是挑选出行业中的非上市公司作为参照对象，并以这家公司的财务数据为根据，计算出主要财务比率，用计算出的比率作为市场价格乘数的手段，以此预测目标公司的价值。

3.2.5 互联网常见法：用户数、流水

目前，互联网企业并购呈现爆炸式增长，但互联网企业估值仍处于探索阶段。对于互联网企业的常见估值方法需要从两个方面着手：用户数和流水。

案例 智明星通游戏营业收入预测方法为：游戏流水＝付费用户数×付费玩家月均消费值＝活跃用户数×付费率。

游戏推出后,付费用户在测试期、成长期增长速度较快,并逐渐将游戏营业收入推到高点,此后若能维持高流水的用户推广量,就能维持相对较平稳的收入,直到游戏进入衰退期,付费用户数量开始下降,并最终退出运营。

互联网产业的创新模式频出,企业发展周期短、更替速度快,且企业变化幅度较大,这使得互联网企业的估值难度大,并使得评估机构难以参与到互联网企业估值的工作之中。因此,与一般企业的估值方法不同,互联网企业的估值方法需要不断摸索与创新,而用户数、流水这种估值方法便是近年来较为完善的互联网企业估值方法之一。

3.2.6 其他相关法:交易类比法

交易类比法与评估法大致相同,它是指在估值过程中,估值人员选择同行业且已被收购的公司,通过对这些已被投资和并购公司的估值分析,计算出相应的融资价格乘数,以此作为目标公司的融资估值。

例如,A公司刚刚获取融资,B公司在业务领域与A公司一样,但经营规模是A公司的两倍,则投资人对B公司的估值大约是A公司估值的两倍。虽然实际融资会出现一定的偏差,但大体上,其估值的结果依然具有一定参考价值。

第 4 章
博弈问题：如何找到平衡点

企业在融资过程中，交易双方的博弈成败决定着谁能占据上风。对于创业者而言，如果在融资博弈中输掉，则有可能会失去公司的控制权，或出现股权结构的变动，从而给公司带来动荡等问题。为此，本章将从博弈中的投入要素、股权激励、股权演变三个方面着手，探究融资博弈中的平衡点。

企业融资 Ⅱ
股权债权+并购重组+IPO 上市

4.1 投入要素

常常有创业者问,如何找到靠谱的投资人?而投资人则常常想,哪个创业者能成为那个潜力巨大的"独角兽"?

创业者与投资人之间有着非常微妙的关系。创业者带着才能与想法寻找资金,投资人则揣着资金以期帮助一个能力卓绝的创业者实现梦想,并让自己从中获利。创业者与投资人之间的关系能够互相成就,也能剑拔弩张,这就看双方如何在二者关系之间找到最合适的平衡点。

4.1.1 延期:延迟给予或交付

创业融资,并非简单地拿钱,找到资金支持就万事大吉了。投资人表面上是给你资金支持,但是作为拿钱的人,你也会背负上巨大的压力。一旦出现延期的情况,如延迟给予或交付产品的情况,导致投资人出现损失,则会影响投资人对你和你公司的信心。

2018 年,蔚来汽车于美国纽约时间 9 月 12 日正式在纽交所挂牌。开盘报价 6 美元,与发行价 6.26 美元相比,下跌 4.15%。开盘后,市场呈下滑趋势,一度跌超 14%。最终收盘时,上涨 5.43%,报 6.60 美元,其市值达到 67.7 亿美元。

此次蔚来汽车的上市是 2018 年以来赴美上市的中国企业中,仅次于爱奇艺与拼多多的公司。此前,蔚来汽车日均"烧钱"1 200 万元人民币,此番上市也难以解决蔚来汽车的资金难题。再加上自建工厂等急需大量资金投入的工程，这笔钱显然无法支撑太久。

蔚来汽车创始人李斌在接受记者采访时，对蔚来汽车此次融资所获取的资金用途做出了答复，他表示："现在我们要用更高的标准要求自己，上市会有更高的要求和责任，研发和用户服务还是我们最主要的投资方向。"

然而，在业界看来，蔚来汽车仅仅交付了1 300余辆车的业绩实在难以支撑起60多亿美元的估值。蔚来汽车招股书显示，2018年上半年蔚来汽车净亏损高达5.026亿美元（约合33.3亿元人民币），加之2016年与2017年共计75.9亿元人民币的亏损，蔚来汽车累计亏损达到109.2亿元人民币。而其2018年上半年的营业收入不足700万美元。

全联车商投资管理有限公司总裁曹鹤在接受记者采访时称，蔚来汽车由于立足国内市场，其销售前景并不乐观。一方面，国内电动车市场竞争激烈；另一方面，蔚来汽车在美国车市的业绩表现也并不出众。更重要的是，产品价格与续航时间是蔚来汽车的产品始终难以解决的难题。不过，在业内人士看来，蔚来汽车通过上市，获得了资本层面的运作腾挪空间。

蔚来汽车造车之初，通过与全球各大知名汽车供应商合作，以组装零部件的方式推出新车。例如，在推出蔚来ES8时，蔚来汽车便是采用各大知名供应商的零部件，此举保证蔚来汽车的产品性能。但此后，蔚来汽车将供应商换成小规模的企业，由于这些企业缺少大零部件的生产能力，导致蔚汽车来无法完成匹配工作。

李斌在接受采访时表示，截至2018年8月31日，蔚来汽车生产2 399台汽车，交付1 602台汽车。但据专业人士透露，蔚来汽车由于过分追求造车进度以及对造车难度的过分低估，使得其正在经历巨大的考验。

创业者与投资人之间的博弈应当明确一条底线，在正式谈判之前，创业者应当做好准备：为了拿到投资人的钱，我可以做出的最大妥协是多少？投资人应当做好准备：为了得到实质的利润或股份，我可以付出的最大妥协是多少？

在融资谈判中这一点非常重要，蔚来汽车之所以出现这样的局面，很大程度上便是由于投资人并未明确实质的底线，以至于蔚来汽车交付时一再出现延迟给予的情况。因此，无论是创业者还是投资人都应该事先明确自己的底线，

对妥协程度做到心中有数，才可以避免因小失大。

4.1.2 对赌：动态股权绑定

所谓对赌协议，英文名称为 Valuation Adjustment Mechanism。它是指收购方或投资方与出让方或融资方在达成协议时，对于将来不确定的情况进行的一种约定。假如约定的条件达到时，投资方或收购方可以行使一种权利；假如约定的条件未达到时，融资方或出让方则行使另一种权利。因此，对赌协议实际上类似于动态股权绑定。

对赌条约主要有以下4种类型。

（1）依据投资方式，对赌条约可以分为：增资的对赌、股权转让的对赌。华谊兄弟收购就属于股权转让。

（2）依据对赌主体，对赌条约可以分为：投资方与目标企业大股东、实际控制人对赌、投资方与目标企业的对赌。

（3）依据对赌标的，对赌条约可以分为："赌业绩""赌上市"和其他对赌。如俏江南因为对赌失败，张兰"净身出户"。

（4）依据对赌筹码，对赌条约可以分为：现金对赌、股权对赌和其他对赌。"赌输"的一方需无偿或以较低的价格向另一方转让一定比例的股权或回购另一方的所有股权，而回购价往往是投资方投资款本金与利息的总和。

4.2 股权激励

创业者在进行股权激励时需要掌握三点：第一点，掌握核心高管的需求；第二点，掌握控制权，保持公平性；第三点，掌握股权激励工具，如股票期权、期股、业绩股票等。

4.2.1 实施方法：渐进掌握核心高管需求

创业者如何做一个合格的"甩手掌柜"？这是很多创业者想要去做但却难以做好的事情。一个合格的"甩手掌柜"，不仅仅是简单地移交权力就完事，而是让核心高管能够与自己一起奋斗，并让这些随自己一起奋斗的核心高管们都能够受益，这才是关键。

想要做到这一点，就需要做好股权激励，让核心高管成为公司的股东，参与公司的经营管理中来。

美国的心理学家马斯洛曾提出需求的五层次理论，后来被人们统称为马斯洛需求层次理论，如图4-1所示。

图4-1 马斯洛需求层次理论

马斯洛需求层次理论能够帮助我们分析用户关心的利益点。按照马斯洛需求层次理论，我们可以把用户的需求分成生理需求、安全需求、爱和归属感需求、尊重需求，以及自我实现需求五类，依次由较低层次到较高层次排列。

对于核心高管而言，尊重需求与自我实现需求更被他们所看重。股权激励也是如此，创业者需要将一部分的权力下放，让核心高管能够掌握公司的部分经营决策权，从而满足他们的后两种需求。

但在这个过程中，不少创业者难以把握实施的节奏，往往一开始就将公司实股给予核心高管，致使一部分得到股份的人员产生坐享其成的想法，失去动力；或者创业者股份被稀释，权力遭受挑战；等等。

因此，创业者必须先拉入一部分核心高管，建立事业共同体、荣誉共同体。然后再通过这部分人去影响其他的核心高管，最后再逐步影响全体员工。

创业者在设计股权激励时，可以先给予股份的收益权，再给予股份的经营权，最后给予股份的所有权。这种循序渐进的分配方式，可以在不知不觉中培养核心高管的积极思维意识，进而让权力实现很好地过渡。

4.2.2 股权激励防范：把握控制权，保持公平性

股权激励的逐步推进，外加投资者的加入，都会让公司创始人的股份被稀释，因此，创始人持股比例会随着投资者的不断加入变得越来越少。在这样的情况下，公司创始人如何牢牢掌控企业控制权，贯彻自己对企业的战略方案，避免权力失控，这是创始人需要掌握的技巧。

通过延缓释放股份的方式，可以避免控制性股东权力的过早丧失，但这种方法治标不治本。创始人想要确保自己以后能牢牢把控企业的控制权，还需要从以下3个方面着手。

1. 防范小股东

在股权激励过程中，可能会出现这么一种情况：虽然激励对象获得的股份比例很少，但是这个企业的决定权却在他们手里。

例如，一家企业的起步阶段只有两个股东，其中一个占股52%，另一个占股48%，后来为了引入一位技术人才，而新加入的技术人才也希望得到企业的股份。这个时候，两个股东私下商议后，决定各拿3%的股份转让给这位技术人才。如此一来，大股东的股份降低至49%，二股东的股份降低至45%，三股东获得6%的股份。

从表面上来说，三股东的股份比较少，话语权会很小。但当大股东与二股东发生矛盾时，情形就会出现反转，二股东45%的股份再加上三股东6%的股份，正好是51%，而大股东的股份是49%，当二股东和三股东的决策与大股东相悖时，投票后，大股东的决策将无法实行。而二股东自己单独一个人却无法掌握公司控制权，这就导致公司控制权转移至小股东手里。这对企业的

危害十分严重，在股权激励时需要提前预防此类情况的发生。

2. 防范股权平分

股权平分是指各个股东占有的股权相等。比如4个股东各占25%；3个股东各占1/3。

"股份平分"式的股权结构，在股权激励时是最需要防范的情况之一，它会使得企业的控制权旁落，且公司会陷入难以决策的情形之中，这将对企业经营造成严重的危害。例如，雷军在创办小米公司以前，曾经创办过一家企业，这家企业的股东有雷军与他的3个同学。当时，大家经过协商确定：每人各占25%，结果是因为股份占比一模一样，公司没有拍板人，企业的总经理陷入被动的局面，最终使得公司倒闭。后来，在建立小米时，雷军持有小米企业67%的股份，从而保证自己对企业的控制权。

创业之初，采用股权激励的过程中，企业里面的股份也一定不能平分。假如给予核心高管股权后，导致企业的股权结构变成平分型，即使这家企业拥有再健全的团队，也没有任何一个投资人愿意给这家企业投钱。

3. 防范非出资股东

一些企业在实现股权激励的时候，通常会采取赠予模式，这部分的股东并未出钱购买企业股份，属于非出资股东。

企业存在非出资股东的后果是非常严重的。试想，对于白白送来的东西谁会珍惜？他们还很有可能会将股份随意出售，获取现金，从而使得外来人员进入企业的股东层，与创始人争夺控制权。

以上就是创始人实现股权激励过程中经常会出现的4种情况，希望创业者在创业过程中科学分配股权。只要在股权顶层设计上做好规划，日后就能避免很多关于股权激励过程中的纠纷和风险，从而确保企业的控制权不会旁落他人。

4.2.3 股权激励工具：股票期权+期股+业绩股票

股权激励工具分为三种：股票期权、期股和业绩股票。

1. 股票期权

股票期权模式是国际上使用最为广泛的股权激励模式。它需经公司股东大会同意,将一部分已发行但未公开上市的普通股股票作为报酬中的一部分,以事先确定的价格有条件地无偿授予或赠予公司核心高管和技术骨干。股票期权的拥有者可在一定时期内做出行权、兑现等选择。

只有公众上市公司,才能设计和实施股票期权模式,且要有合理合法的股票期权来源。香港上市的联想集团和方正科技等企业,采取的就是股票期权激励模式。

2. 期股

期股是企业出资者向经营者提供激励的一种制度,它实行的前提条件是经营者必须购买本企业的相应股份。在实际执行过程中,企业贷款给经营者作为其股份投入,经营者需偿还期权。因此,经营者并不拥有期股的所有权,只有还清期股的贷款才能实际拥有股权;期股的表决权与分红权归经营者所有,但是分得的红利不能拿走,需用来偿还期股。

3. 业绩股票

业绩股票是股权激励的一种模式,是指企业在年初制定一个合理的业绩目标,假如激励对象在年末前达到预期的目标,则公司奖励其一定数量的股票或给予一定的奖励基金购买公司股票。

激励对象在若干年内通过业绩考核后可以兑现规定比例的业绩股票,若是未能通过业绩考核,或者激励对象做出有损公司的行为、非正常离任等情况,其未兑现的业绩股票将被取消。

业绩股票模式有以下几种优点。

(1)激励作用。为了获得股票的收益,激励对象会努力地去达到公司预定的业绩目标;当激励对象成为公司的股东后,与公司形成了共同利益,更会加倍努力地提升公司的业绩。

(2)约束作用。激励对象获得股票的前提是达到一定的业绩目标,如果激励对象未通过业绩考核，或者做出有损公司的行为时，激励对象将受到公司的惩罚或被取消激励股票。

（3）规范作用。业绩股票符合国内现有法律法规，形式比较规范，在股东大会上获得通过即可实行，而且这类股票可操作性强。所以，自2000年以来，我国已有几十家上市公司实施了这种激励模式。

然而业绩股票模式也有以下两种缺点。

（1）容易导致高管人员为获得业绩股票而弄虚作假。

（2）激励成本较高，可能给公司造成支付现金的压力。

4.3 股权演变图

本节将对股权演变的过程以图的形式进行展现，从股权结构整体布局图、股权结构设计图、常见股权结构演变图和创业期股权结构设计图四个方面阐述创业过程中企业股权演变的过程。

4.3.1 股权结构整体布局图

股权结构整体布局图分为四个部分：第一部分为股东与股权激励对象；第二部分为实股股东、实股股票池、虚拟股或期股；第三部分为主体公司；第四部分为其下属分公司、事业部、独立项目等下属机构。具体内容如图4-2所示。

毫无疑问，公司创始人应尽早设计科学合理的股权架构，并进行适当的股权分配。但是，公司一直在不断地发展变化，其不同阶段对人力资本的需求也不同。一方面，早期的创业伙伴可能难以适应公司新的发展阶段，对公司的贡献越来越低；另一方面，公司需要不断引入新的合伙人或员工，满足公司对人才的需求。因此，股权架构的整体布局显然不能一成不变。

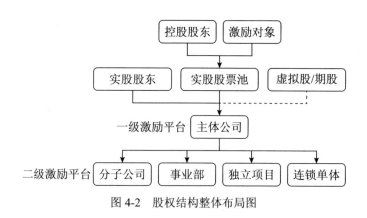

图 4-2 股权结构整体布局图

对于公司的创始人而言，在现有的法律制度框架下，可以借鉴华为虚拟股权制度的思想与原则，同时注意该制度与企业的适应性问题，从而构建出一个创新的股权结构来进行整体布局。比如，通过有限责任公司规避无限责任的风险；以有限合伙制建立公司的收益权与控制权分离的激励平台；引入管理层的监督机制，在公司内实行股权流转设置；引入与华为相似的配股增发机制，改善并创新创业公司监事会治理机制，等等。

通过以上制度的构建，从而打造一个合理的股权结构整体布局，实现利益相关者的激励相容，减少代理问题的影响；同时，又确保公司创始人的控制权，并有相关监督机制进行合理制衡，进而让公司获得内生增长动力。

4.3.2 股权结构设计图

对于创业者而言，无论是绝对控制与超半数控制，都需要牢牢守住控制权，否则就有可能失去对公司的掌控。如图4-3所示，这是一个"经典"的股权结构设计图。

此外，这里有一个经典的股权设计案例。

股权结构：员工10%、高管10%、投资人20%、合伙人60%。

合伙人：合伙人成立持股平台，需要保持控制权。

选择合伙人条件：初期愿意拿低薪水、早期参与创业、愿意为公司无偿贡献来换取股票。

第 4 章
博弈问题：如何找到平衡点

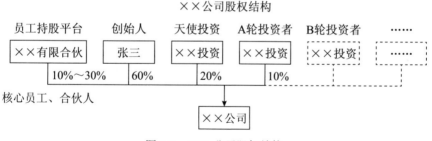

图 4-3　××公司股权结构

非合伙人：天使投资人、兼职人员、普通员工。

公司的股权结构是很难标准化的，在公司的成长过程中可能会产生各种变化。但是，早期的股权结构设计可以确保日后股权调整的过程更加顺利，也会为未来减少隐患。

4.3.3　常见股权结构演变图

企业具有何种类型的股权结构，对企业组织结构的形成具有重大的意义，因此，创业者应该对企业股权结构在不同时期的演变趋势有所了解。接下来，我们将通过阿里巴巴的股权结构演变过程图为大家展示股权结构的演变过程。

阿里巴巴的第一轮融资是在 1999 年 10 月，时任阿里巴巴 CFO 的蔡崇信通过其以前在高盛公司任职的关系网络，引来高盛等 4 家海外一流基金公司高达 500 万美元的投资。这次融资解决了阿里巴巴的资金危机，成功地将阿里巴巴推向海外市场。当时阿里巴巴的股权结构如图 4-4 所示。

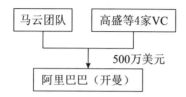

图 4-4　阿里巴巴第一轮融资过程中的股权结构

2000 年，马云为阿里巴巴引入第二笔融资，总计 2 500 万美元的投资来自软银、富达、汇亚资金等 6 家投资企业。其中，软银投入 2 000 万美元。当时，孙正义想投资3 000万美元，获取阿里巴巴30%的股份，但经过一番协商后，阿里巴巴最终接受软银2 000万美元的投资，而阿里巴巴管理团队则保持绝对控股。此时的阿里巴巴股权结构如图4-5所示。

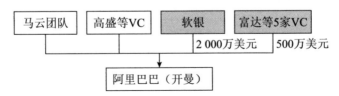

图4-5 阿里巴巴第二轮融资过程中的股权结构

2004年，阿里巴巴得到8 200万美元的第三轮融资，此轮融资中软银出资6 000万美元，而马云及其创业团队仍然是阿里巴巴的第一大股东，持股比例达到47%；第二大股东为软银，持股比例为20%。第三次融资后的阿里巴巴股权结构如图4-6所示。

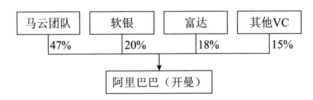

图4-6 阿里巴巴第三轮融资过程中的股权结构

2005年，雅虎以10亿美元加上其在中国的资产换取阿里巴巴39%的股权，这次交易为阿里巴巴提供了强大的资金支持，利用这笔资金阿里巴巴旗下的淘宝、支付宝迅速壮大，并成功度过了2008年的金融危机。但这一交易让马云及其创业团队让出了阿里巴巴第一大股东的地位，这一次融资的股权结构如图4-7所示。

不过，在第四轮融资过程中，雅虎虽然获得阿里巴巴39%的股份，但其需要将5%的投票权委托给马云及创始人团队（31.7%+5%），直到2010年10月，从而保持马云及其创始人团队在股东会的控制权。同时，在2010年10月以后，雅虎可以在董事会中占据两个名额（此前阿里巴巴的董事会有4位董事，马云及创始人团队占据两位，雅虎与软银各占一位），而且在2010年10月以前,董事会不得解除马云在阿里巴巴 CEO 的职位。

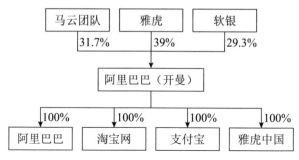

图 4-7 阿里巴巴第四轮融资过程中的股权结构

2007 年,阿里巴巴在香港联交所正式挂牌上市,融资 15 亿美元。在此次全球发售股票的过程中,阿里巴巴共计发行 8.59 亿股,占已发行总股数的 17%。依据当时的收盘价计算,阿里巴巴的市值接近 280 亿美元,成为当时中国市值最大的互联网公司。至此,阿里巴巴进入马云、软银、雅虎的"三足鼎立"时代。第五次融资后的股权结构如图 4-8 所示。

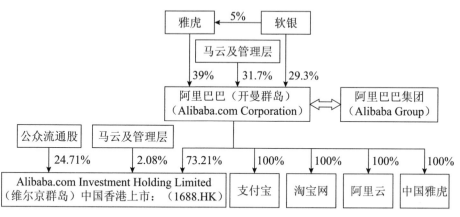

图 4-8 阿里巴巴第五轮融资过程中的股权结构

2011 年 9 月,阿里巴巴得到美国银湖、俄罗斯 DST、中国云锋基金等投资机构近 20 亿美元的融资。依据当时的融资计划,所有符合条件的阿里巴巴集团员工都可以按照自己的意愿以每股 13.5 美元的价格将持有的股权依据一定比例出售,以获取现金收益。

2012年2月21日,阿里巴巴集团与阿里巴巴网络有限公司联合宣布,阿里巴巴集团向其旗下的港股上市公司阿里巴巴网络有限公司董事会提出私有化要求,准备以每股13.5美元的价格回购公司股票。同年6月20日,阿里巴巴网络有限公司正式从港交所退市,阿里巴巴私有化完成。这一次的私有化为回购雅虎股权做好了准备。

2012年5月21日,阿里巴巴与雅虎宣布,阿里巴巴集团将以63亿美元和不超过8亿美元的新增阿里巴巴集团优先股回购雅虎手中的阿里巴巴集团股份(雅虎手中持有的阿里巴巴集团股份的一半)。

此次回购后,阿里巴巴集团董事会中软银与雅虎的投票权将降低至50%以下,而阿里巴巴集团董事会席位依旧会维持在2∶1∶1(马云及其创始人团队、雅虎、软银)的比例。同时,雅虎放弃委任第二名董事会成员的权利,并放弃对阿里巴巴集团战略及经营决策相关的否决权。此次回购成功后,马云将解除雅虎对阿里巴巴控制权的威胁,同时也重新掌握了董事会。

2012年8月,为了支付回购雅虎股份所需的资金,阿里巴巴通过商业贷款的方式,得到国开行(国家开发银行)10亿美元的贷款。同时,阿里巴巴向众多的PE基金及主权财富基金出售价值26亿美元的普通股和16.88亿美元的可转换优先股。普通股的价格为每股15.5美元,可转换优先股的价格为每股1 000美元。这次融资过程中,中投、中信资本、博裕资本等机构成为阿里巴巴的新股东,而银湖、DST、淡马锡增持了阿里巴巴的股份。

2013年9月10日,阿里巴巴董事局主席披露了"合伙人制度",该制度中规定了阿里巴巴的合伙人总计28人,成员为集团高度认同的资深高管,且加入公司至少5年,从而将雅虎和软银两个股东排除在外。此次改革为阿里巴巴在美国上市打下了基础。阿里巴巴在美国上市前的股权结构如图4-9所示。

2014年9月19日,阿里巴巴在美国纽约证券交易所正式挂牌,股票交易代码"BABA",按照其68美元ADS的发行价计算,其融资额约220亿美元,超越VISA上市时的197亿美元,成为美国股票市场有史以来最大的IPO(Initial Public Offerings,首次公开募股)。在首个交易日,阿里巴巴以92.70美元开盘,高出发行价36.32%,总市值达到2 285亿美元。

……

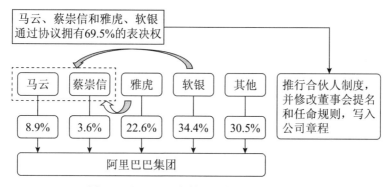

图 4-9 阿里巴巴在美国上市前的股权结构

阿里巴巴的案例提示人们，也许世上根本就不存在最优的股权结构。而股权结构的演化过程受到诸多内部环境与外在因素的影响，即便同样的股权结构，放在不同行业的企业里，也可能产生截然不同的效果。所以，只有适合自己公司的股权结构才是最好的。

4.3.4 创业期股权结构设计图

在"万众创新"的时代，创业所引发的关注正日益高涨。与此同时，创业公司的治理问题也不断困扰着创业者，而这些问题往往是由于公司在创业期的股权结构设计不当所造成的。如图 4-10 所示的西少爷初始股权结构，其不太合理的股权架构设计已经为之后的内斗纷争埋下了伏笔。

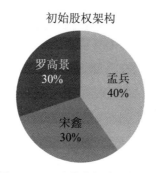

图 4-10 西少爷的初始股权结构

西少爷转做肉夹馍火爆以后，它想要进一步发展，就必然要进行融资。

创始人孟兵对此的意见是，要融资就需要建立一个 VIE 结构（协议控制），所以自己的投票权需扩大到 3 倍。另外两个创始人并不认可其意见，这时就出现意见分歧，而意见分歧就需要执行投票，决定到底听谁的，于是此次决议就陷入了僵局。最终导致西少爷的很多决策都无法执行，新一轮融资也面临困难。

之后，创始人宋鑫去状告公司，要求行使其股东执行权，但后来又撤诉了。而孟兵则起诉宋鑫，他想用 12 万元过户其估值达到 2 400 万元的期权。而这一切的后果都是由于股权架构设计不合理所导致的。

另一个正面的案例则是海底捞。这家著名的火锅连锁店曾经也是股权均等，张勇夫妇和施永宏夫妇各占 50% 股份。

后来，海底捞进行融资后，双方各占 47% 左右的股份，但依然没有一方能够真正得到公司的控制权。好在张勇成功地让施永宏让出 18% 的股权，从而进行了股权架构的调整，并实现了对企业的控制权。而海底捞在此次股权调整后，其他的资本进入变得方便许多，同时内部发展也变得相当健康。

图 4-11 所示为一个比较合理的创业期股权结构。这其中还能总结或者可以给建议的只有一条：创始人获得 50%～60% 股份属于正常的，但联合创始人，也就是合伙人，其加起来的股份最好不要超过 30%。最后，公司还应预留 10%～20% 的期权池。

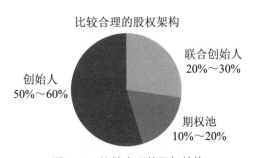

图 4-11　比较合理的股权结构

如果创业期的股权结构设计是先天不足，则有大概率可能性会让公司陷入内斗的境地，或者留下诸多可能爆发的隐患。因此，在创业期提前设计好一个合理的股权结构，对创业者而言十分重要。

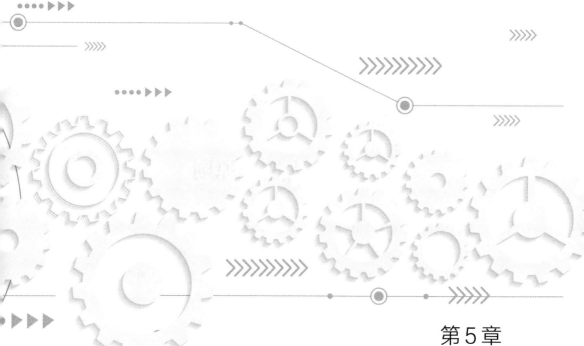

第 5 章
创业期的合伙人选择：原则+标准

如果创业者经过深思熟虑后，决定寻找合伙人一起创业，那么，创业者下一步要做的工作就是选择合伙人。一般来说，合伙人的选择需要遵循核心人物股份最大、重视契约、明确分配规则等原则，同时也要注重选择价值观一致、事业方向认同等条件的合伙人。假如合伙人选择不当，那创业者最终所要面对的，大概率情况下会是散伙的悲剧。

企业融资 II
股权债权+并购重组+IPO上市

5.1 合伙人选择原则

合伙创业可以有效降低创业的风险，还可以在关键时刻寻求可信赖的合伙人帮助。同时，合伙人选择的好坏也关系着公司的前途和发展。下面就给大家介绍合伙人选择时的原则，帮助各位创业者找到适合自己的合伙人。

5.1.1 团队有核心，核心人物股份最大

合伙人团队的股份组成决定着日后公司的基础治理结构，而不同的治理结构，间接影响了企业的行为和绩效。

对于合伙人团队来说，合伙人之间的股权分配是至关重要的。一方面，股权分配得好，股权架构就合理。合理的股权架构可以使创业团队凝聚向心力，提高企业竞争力，从而使每个合伙人利益最大化。另一方面，合伙人之间的股权分配在一定程度上决定了未来融资的难易程度和成败命运。

大多数初创企业还没有形成自己的商业模式，核心团队也没有正式形成。此时，合伙人之间的股权分配应当根据资金入股、技术入股、管理占股为依据，保证创业团队的股权分配是公平的。

Facebook的合伙人之间是这样分配股权的：马克·扎克伯格（Mark Zuckerberg）65%，爱德华多·萨维林（葡萄牙语：Eduardo Saverin）30%，达斯汀·莫斯科维茨（Dustin Moskovitz）5%。

马克·扎克伯格是Facebook的开发者，也是公司的领导者，因此，他占

据了公司的最大股权。爱德华多·萨维林懂得如何通过产品盈利，而达斯汀·莫斯科维茨则懂得如何吸引更多的用户。此后，虽然Facebook合伙人之间的股权分配出现变动，如爱德华多·萨维林由于不愿意放弃学业，他没有将全部精力投入公司，而他又占有30%的股份，因此，随着创业合伙人的不断加入，爱德华多·萨维林的股份开始不断减少。

不过，自始至终，马克·扎克伯格都占据着Facebook大多数的股份。之后，马克·扎克伯格通过朋友关系认识了天使投资人彼得·泰尔，拿到了他的50万美元天使投资。而彼得·泰尔获得了Facebook 10%的股份。不到一年，Facebook拿到了A轮融资——阿克塞尔公司投资的1 270万美元，市场估值1亿美元。2012年，创立8年的Facebook在纳斯达克公开上市。

Facebook在上市时使用了投票权1∶10的AB股模式，创始人马克·扎克伯格一人拥有28.2%的表决权。此外，扎克伯格还和主要股东签订了表决权代理协议，在特定情况下，扎克伯格可代表这些股东行使表决权，这意味着他掌握了56.9%的表决权。可见，Facebook的股权架构确保了创始人掌控公司，保证了公司的长远利益。

综上所述，公司要想稳定经营，必须有一个占据最大股权比例的核心人物。即使在未来融资给投资人分配股权后，核心人物依然应当占有最大比例的股权，拥有绝对控制权。只有这样，才能保证公司核心人物对项目的经营发展有足够的话语权。当然话语权来源于股权。

5.1.2 重视契约，服从协议

在选择合伙人时，需要提前签订创业合伙人协议书，以合同形式将合伙人的义务与权利明确化，并赋予法律效力，确保合伙人重视契约，服从协议。

创业合伙协议书

合伙人：甲　　　　　　身份证号：

合伙人：乙　　　　　　身份证号：

合伙人：丙　　　　　　身份证号：

合伙人需遵循公平、平等、互利的原则订立合伙协议如下。

第一条 组织形式、经营场所、合伙期限、经营范围

（1）组织形式：合伙人根据《合伙企业法》及其相关规定组建合伙企业。

（2）经营场所：全体合伙人的主要经营场所位于_____。

（3）合伙期限：合伙期限从本协议签订之时开始，至_____终止。非因下列原因，不得提前终止：

提前达到本协议预期的目的；

某一合伙人死亡、破产之后，其他合伙人不再维持合伙关系；

全体合伙人一致同意提前终止。

（4）经营范围；全体合伙人共同从事_____等项经营活动，其范围以工商行政管理局核准同意及营业执照所载明的内容为准。

第二条 出资

（1）甲、乙、丙三方自愿合伙创业、经营××公司，甲方出资600万元占××公司60%股份，乙方出资200万元占××公司20%股份，丙方出资200万元占××公司20%股份。

（2）合伙人除参与盈余分配外，不得因出资而索要其他报酬。

（3）合伙人的股权不得转让于本协议当事人以外的其他人。

（4）合伙人退伙时，依据本协议载明的出资比例返还出资。允许折价返还现金。

（5）退伙人出售已返还的财产时，本协议当事人在同等条件下具有优先购买的权利。

第三条 本合伙依法组成××公司，由甲方负责办理工商登记。

第四条 合伙三方共同经营，共担风险，共负盈亏。

第五条 职务及分工

（1）甲方为_____，乙方为_____，丙方为_____。

（2）甲方对_____等业务负责，主管_____；乙方对_____等业务负责，主管_____；丙方对_____等业务负责，主管公司_____。

第六条 合伙事务的经营管理

（1）_____为合伙负责人，负责人依据过半数的意见制订执行方案，负责管理执行过程中的一切事务；负责人可提出经营方案，制订经营计划，交全体合伙人会议讨论通过。

（2）合伙事务由全体合伙人共同参与。若有争议，依半数以上的意见决定。

（3）在合伙事务范围内，任何一方合伙人都能代表全体合伙人对外开展业务，且合伙人在经营业务范围内的活动由全体合伙人负责。

（4）合伙人处理合伙事务时应慎重。

（5）合伙人处理合伙事务的报酬由工作承包合同规定，合伙人不得擅自从经营体内索取回扣。

（6）合伙人有权在_____查阅账簿，主管财务的合伙人不得拒绝。

第七条 保密条款

合伙人从此次合作中获得任何的商业信息或技术信息应严格保密，未经合伙人书面同意不得向合伙人之外的其他单位、其他组织及个人泄露，也不得擅自授权别人使用。违反本条将视为严重违约，应承担相应的违约责任并赔偿一切由此导致的经济损失，情节严重可通过合伙人协商取消其合伙人的资格。

第八条 协议之不可转让性

任何合伙人在未经其他合伙人书面同意前，不得就本协议书部分或全部内容进行转让，且违约者的转让行为无效。

第九条 撤出

任何一方合伙人单方面提出书面撤出时，须等到企业的营业盈余结算清楚，并清偿所有债务，方可撤出。

第十条 争议解决

协议书发生争议或纠纷，应首先协商解决，协商不成任何一方有权向被告方所在地有管辖权的法院提起诉讼。

第十一条 补充协议

本协议未尽事宜，所有合伙人商议后可以补充规定，补充协议与本协议有同等效力。

第十二条 本协议一式3份，合伙人各一份。本协议自合伙人签字（或盖章）之日起生效。

甲方签字：　　　　　　　　　　日期

乙方签字：　　　　　　　　　　日期

丙方签字：　　　　　　　　　　日期

5.1.3　明确分配规则及退出机制

分配规则直接关系到投资人的利益，所以，投资人通常都会重点关注。那么，企业收益分配规则包括哪些内容呢？

1. 可供分配的收益

企业可供分配的收益由以下三部分组成：一是本年实现的净利润，它是可供分配收益中的重要来源，和损益表中披露的年度净利润应保持一致；二是年初未分配利润，它是指截止到上年末累计的未分配利润，构成可供分配利润的重要组成部分；三是其他转入，它主要指盈余公积转入。当企业本年度没有利润，年初未分配利润又不足时，为了让股东对企业保持信心，企业会在遵守法规的前提下，将盈余公积转入可供分配的收益，来参加利润分配。

2. 收益分配的方向与具体方案

根据《公司法》等有关法规的规定，一般企业和股份有限公司当前的收益应按照下列顺序分配：弥补以前年度亏损；提取法定公益金；支付优先股股利；提取任意盈余公积金；支付普通股股利；转作资本的普通股股利。

以上分配顺序是不能颠倒的。换句话说，在企业以前年度的亏损未得到完全弥补前，不得提取法定盈余公积金和公益金；在提取法定盈余公积和公益金以前，不得向投资人支付股利和利润；支付股利的顺序必须是先支付优先股股利，后支付普通股股利。

3. 年末公司的未分配利润

企业本年实现的净利润进行了上述分配后，若仍有余额，即为本年的未分配利润。

以上便是有关企业收益分配规则的内容,接下来将对退出机制的有关内容进行介绍。其实,投资的本质就是一个投资→退出→再投资的循环过程。"退出"是大多数投资人所必经的阶段,它体现了资本循环流动活力的特点。

投资人退出资本的方式主要有四种,其内容如图 5-1 所示。

图 5-1 四种投资人退出方式

1. 企业上市

企业上市是投资人最理想的退出方式,可以实现投资回报最大化。企业上市之后,股票可以在证券交易所自由交易,股东只须卖出股票即可。然而,上市虽好,但是对企业资质要求较严格,手续比较烦琐,成本过大。大部分创业公司都不会向投资人保证企业一定能上市,但是投资人看准项目后更愿意赌一把。

2. 股权转让

股权转让是指投资人将自己持有的股权和股东权益有偿转让给他人,从而实现股权变现的退出方式。根据股权交易的主体不同,股权转让分为离岸股权交易和国内股权交易。

3. 回购

回购是指投资人可以通过股东回购或者管理层收购的方式退出。回购价格的计算方式有以下两种。

一是按投资人持有股权的比例计算,相当于待回购股权对应的投资款加上投资人完成增资出资义务之日起,每年以复利率 8% 计算投资回报,加上每年累积的、应向投资人支付但未支付的所有未分配利润（其中，不满一年的红利按照当年红利的相应部分计算金额）的价格。

二是由投资人和代表公司50%投票权的股东共同认可的独立第三方评估机构评估的待回购股权的公允市场价格。如投资人要求，待回购股权的价格可根据红利派发、资本重组和其他类似情况，经双方协商进行相应的调整。

通常情况下，股东回购的退出方式并不理想，只是保证了当目标公司发展不好时，投资人所投资金可以安全退出。

4. 清算

创业者不会希望自己的公司发生清算，投资人也不希望。因为通过公司清算来退出投资是投资人获益最少的退出方式。但如果公司经营失败或者其他原因导致上市、股权转让等不可能时，投资人就只能通过这种方式退出。

5.1.4　新加入合伙人分期兑现

某个公司的早期启动资金为100万元，其中，一个合伙人出40万元占公司40%股份，但他在公司工作半年后离职。由于此前尚未约定分期兑现与回购机制，导致公司无法依照合理价格回购退出合伙人的股份。这就使得退出的合伙人可以继续享受公司盈利的分红而不用付出任何心力，这对于其他的合伙人既不公平也不合理。

对于大多数创业公司而言，合伙人团队早期的出资并不高，很多公司筹资不到三五十万元就开始运营，早期出资只是解决了公司的启动资金问题，是合伙人团队对公司的次要贡献。合伙人团队对项目的全职投入才是主要贡献。

因此，合伙人团队应该设计分期兑现机制，它与全职服务期限挂钩（通常是4年）。比如，某企业股东钱某，持有公司30%的股权，分4年兑现，其兑现比例分别为20%、25%、25%和30%。假如一年后，钱某就离开公司，那么他最多只能得到6%（20%×30%）的股权。未兑现的股权将会以1元或者最低价格转让给投资人和其余创始人。这种方式可以防止合伙人突然从公司离开而带走大部分股权的情况发生。例如，A、B、C合伙创业，股比是6∶2∶2。

之后，C 觉得公司发展潜力不大，就选择退出。但他手上还有公司 20% 的股份，假如公司发展起来了，他等于坐享其成，这样对其他股东是不公平的。这个时候，就可以实行分期兑现的股权激励制度，依据约定，股权按 4 年达到成熟期来算，每年发展比例 25%。

C 一年后离开，则他可以获得的成熟股权为 20%×25%=5%。剩下的 15% 股权有两种处理方法：第一种，强制分配给 A、B 合伙人；第二种，以不同的价格出售给 A 和 B。

在投资协议里，分期兑现的制度通常表述为"创始人同意，只要创始人持续全职为公司工作，其所持有的全部公司股权自本协议生效之日起分 4 年成熟，每满两年兑换 50% 股权。如果从交割日起 4 年内创始人从公司离职（不包括因为不可抗力离职的情况），创始人应以 1 元人民币的象征性价格或法律允许的最低转让价格将其未释放的股权转让给投资人或投资人指定的主体"。

设立分期兑现的制度对创业公司有两个好处：第一个是公平，毕竟有付出才有收获，坐享其成是不被允许的；第二个是有利于创业公司吸引新的人才。如果你不做高管，公司自然要找别人担任公司的核心高管。如果别人看到公司的股权都已经没有分配余地，而且前 COO 还占有那么多股份，别人也不会愿意进来。所以，这种情况需要由分期兑现的激励制度来把控大局。

5.2 合伙人选择标准

雷军曾在一次演讲中表示，创建小米中最困难的部分就是选择合适的合伙人。选择一个合格的合伙人是创业公司绕不过去的难题。解决好了，就能打造一支超强战斗力的团队，即便创业失败也有东山再起的机会；解决不好，引进合伙人就像引入一个毒瘤，麻烦问题不断，创业项目也会夭折。

从估值上亿到一夜分家的初创公司"泡面吧"，到因股权纠纷散伙的"西少爷",这些中途失败的初创公司就是倒在了合伙人的选择问题上。类似"泡面吧"与"西少爷"这样因为合伙人纷争而散伙的创业团队,以后也绝不会少见。所以,本节将对合伙人的选择标准进行讲解。

5.2.1 价值观一致

股东之间的价值观,决定了公司的发展潜力。部分创业团队散伙是由于创始人价值观不一致或不认同,造成彼此之间对公司的经营管理产生严重分歧。

"我们在此怀着感恩之心与不舍之情向和我们一起走过精彩创业历程的小伙伴们告别!我们把1号店看成我们的孩子,倾注了所有的心血和情感,我们吃饭、走路、做梦都想到1号店,1号店是我们的一切,我们用'心'而不仅是用'脑'做1号店。"

1号店创始人兼董事长于刚与合伙人沃尔玛分道扬镳,引起各方唏嘘感叹。之前,业界猜测沃尔玛入股1号店致使于刚离职的传闻被间接证实。

最初,这两方的关系处于"蜜月期",两者共同努力推动着公司向前发展。随着时间推移,两者之间的价值观逐渐产生了不可调和的矛盾。对创业公司来说,企业文化是王道。独特的企业文化可以给创业公司精神力量,支持公司发展强大。一旦创业者锁定了潜在合伙人,那么就需要确保他们是否与企业文化打成一片。创业者可以考虑这两个问题:合伙人是想要参与到公司的日常运营工作,还是不管不问?合伙人的发展理念与自己是否保持一致?

创业者与合伙人见面时,多数是处于被动的地位。有时候,创业者会被合伙人的各种问题轰炸。实际上,了解合伙人对自己的角色定位,可以有效避免创业者与合伙人在未来产生冲突。

5.2.2 事业方向认同

很多创始人都喜欢选择BAT出身的创业团队作为合作伙伴。如×××公司创始人临时选择了两个BAT背景的合伙人,但创业团队并未经过磨合,也未对各自的事业方向进行讨论。创业团队看似豪华,但适配性很差,后来公司融资时出现些波折,团队便分道扬镳了。另外,创业是个长跑,前期没有对事业大方向的认同,后期很容易散伙。

对此,创业者需要提前调查合伙人的背景,在此基础上,根据资产和资源的需求选择出事业方向相似的合伙人。如果创业者选对了事业方向一致的合伙人,他们不仅能在资金管理上提供帮助,而且还能在公司基础设施建设等很多事情上提供帮助。许多合伙人还会加入到公司董事会,如果投资人与创业者的事业方向相同,他就能成为创业者忠实的臂膀,为公司发展战略指明方向。

判断一个合伙人是不是认同自身的事业方向需要与之沟通,向他们请教问题。当你问一个合伙人"您平时重点关注哪些领域"的时候,大多数合伙人的回答听起来都很机智:"移动互联网啊,O2O啊,大数据啊,智能硬件啊,我都有关注。"总之,他们的回答会尽可能地笼统,防止错失了好机会。这个回答对于合伙人是有利的,但是对创业者就不那么实在了。创业者需要更进一步询问一些该行业方向的精深问题,判断其是否了解该行业。

5.2.3　能力资源互补

参与创业的任何一个合伙人都应是优势互补且不可替代的。例如,你的创业项目需要一个运营人员,你可以找一个运营合伙人。但你的项目并不以运营为主导,那也许你该用一部分资金聘请这方面的专业人才更划算。这种情况下,运营合伙人不是必需的。假如你的创业是运营方向,某人正好是运营方面的专业人才,而且推广渠道等资源很丰富,那么请他来一起合伙就是很有必要的。

对于创业者而言,挑选合伙人尽量要找一个能力资源互补的,如果合伙人可替代,则择优选择。

5.2.4　有信任关系或有第三方背书的人

选择合伙人时,可以寻找有信任关系或有第三方背书的人。例如,你的同学、你信任的朋友,你们彼此之间了解较深,而创业初期的强执行力常常来自创始团队的相互信任。而第三方背书是指借助朋友的信誉，以明示或暗示的方式进行再一次的确认和肯定，这个过程就叫第三方背书。例如，类似于央视广告上出现的品牌，可以受益于央视的影响力和公信力。而选择合伙人时，可以选择一些朋友信任、亲戚信任、父母信任的人。

5.2.5　新东方早期股权设计

一部电影《中国合伙人》又一次炒热了合伙人的概念，如今的时代已经不再是孤胆英雄的时代，绝大部分创业者都无法掌握公司100%的股权。许多合伙人在股权分配的过程中常常由于分配不均导致彼此之间爆发激烈的冲突，直至合伙人之间最终决裂。而新东方可以一直平稳地走到现在，与其创始人俞敏洪早期合理的股权设计分不开。它具体体现在以下3个方面，如图5-2所示。

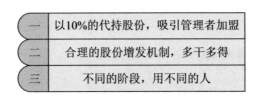

图5-2　新东方早期的股权设计

1. 以10%的代持股份，吸引管理者加盟

俞敏洪在一次演讲中说道："在分股份的时候，我被分到55%。我当时多了一个心眼，比较大度地拿出10%作为我代持股份，为什么？因为我知道新东方必须要有后来人，要有新的管理者进来才行，这个股份就是为新的管理者留的。"

当时俞敏洪已经意识到，假如在内部爆发冲突的话，公司迟早会被自己人干掉。因为合伙人之间构成了一个完整的封闭系统，将其他的优秀人才排除在外，所有的利益都被之前的合伙人占据了，其他的优秀人才进来无法分得利益。因此，当时分股份的时候，俞敏洪虽然分得55%的股份，但他拿出10%作为代持股份，他自己只拿45%的股份。为何俞敏洪要拿出这10%呢？因为他知道新东方将来一定要吸收新的管理者，这个股份就是为他们所留。新东方上市发行1亿股，而10%就相当于1 000万股，凭借这1 000万股，新东方成功吸引到了第二代管理者的加入。

假如当初新东方的创始人给自己分了51%，然后其余两位合伙人分别得到25%、24%的股份，那新东方很可能很快就会出现散架的情况。因为股份占多少，是依据合伙人的贡献来的，除非这个老板拥有公司100%的股份。

2. 合理的股份增发机制，多干多得

俞敏洪认为："如果大家在一起合伙的话，一定要有一个机制，先上来大家分好股份，紧接着设置一个对干得最多的人增发的机制。"

在上市的时候，新东方分发50万股、100万股，就可以招到非常出色的管理者，当时的新东方第二代管理团队，几乎都是由他留出的1 000万股招进来的。此后，新东方设计了一整套对于后加入的管理者更有利的方法，一旦新东方再上市，每年都有期权分发，而且是谁干得多，就发给谁，这些人可以不断地拿到新东方的股权。

此后，俞敏洪也曾帮助他的几个大学同学，设计过类似的增发机制，因此，每到年底的时候，俞敏洪的同学会依据干活多少进行增发股份。例如，其中有一个人刚开始拥有30%的股份，现在已经稀释到了10%，因为虽然他拥有30%股份，但除了投资几乎就没有干过其他的工作。而其他的合伙人在做，那么每年增发的时候，那些干活多的人就得到的更多，原来只有10%股份的合伙人，到后来也能拥有30%的股份。假如创业公司拥有这样一套机制，既可以维持合伙不散，也可以让干活多的合伙人得到的更多，还能维持公司的内部稳定。

3. 不同的阶段，用不同的人

俞敏洪曾说："如果一开始用王强、徐小平这些从海外回来的人，基本上这个公司就会死掉。"

所以，公司要依据不同的阶段，用不同的人。据俞敏洪回忆，早期的新东方之所以可以成功，是因为新东方的员工都是俞敏洪的家族成员，比如俞敏

洪的姐夫、俞敏洪妻子的姐夫，等等。这些成员虽然并没有专业的思维和能力，但成本却非常低，而且干活不需要精确地计算时间，因为都是家族成员。但如果俞敏洪一开始选择王强、徐小平这些"海归"，则会因为付不起给他们的工资，而致使新东方出现资金问题。

但是，当新东方发展到一定阶段的时候，假如继续选择这样的家族模式，则会给公司的发展带来大问题。首先就是家族成员难以管理，企业发展后会招聘外界的新员工加入，假如俞敏洪的家族成员继续在公司任职，由于家族成员的管理经验不够，文化水平不够，甚至出现乱插手的现象，会使员工感到不被尊重。

因此，从1995年以后，俞敏洪意识到，如果家族成员继续留在新东方，会给新东方的发展带来障碍。基于这个前提条件，俞敏洪将自己国外的大学同学、中学同学请回来，这些人从气质到能力上，都超过自己的家族成员。因此，俞敏洪的家族成员就只能退守一边。

这属于一个典型的见势打势做法，俞敏洪自己把家族成员赶不走，便借助同学的力量，将自己的家族成员清理出新东方。虽然当时俞敏洪的母亲也在新东方，但俞敏洪坚决将自己的母亲请出了新东方。因为这些家族成员不走的话，新东方就难以实现更进一步的发展。

当然清理过程要付出的代价也是十分沉重的，例如，俞敏洪请来不少农民兄弟，当他们走的时候给予10万、20万、30万的代价不等，再给予部分股票。

假如一开始就聘请王强、徐小平，新东方这个学校就难以做大。而俞敏洪通过自己的农民亲戚兄弟帮忙，将新东方做大，之后给他们一个好的安置，然后通过海外留学生再搭建一个现代化的结构，从而完成迈向股份制结构的重要一步。

如今的新东方依然在不断地转型，从一开始的家族式到合伙人，再到国内股份公司、国际股份公司，最终到达国际上市公司。对于新东方而言，如果不是经历不断的变革与创新是难以走到今天这一步的。而且在这个过程中，俞敏洪对新东方早期的期权设计给其留下了无限的发展空间。面对什么时代、什么要求，就需要做出相应的股权改变，而这才是企业得以成长的核心动力。

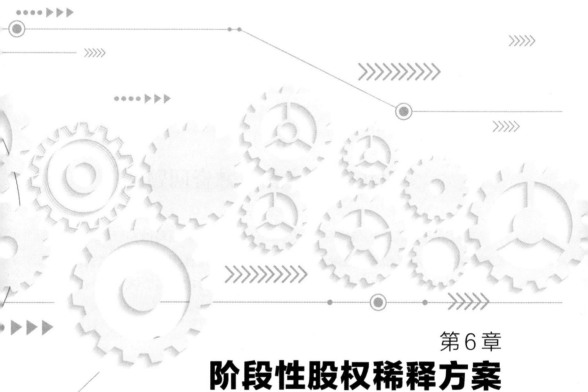

第6章
阶段性股权稀释方案

股权稀释有两个层面上的理解：第一点，企业增发股份，导致原股东的股份占比降低，股权被稀释；第二点，当公司追加投资时，之后的投资者的股票价格低于早期投资者，早期投资者股票的资产值就被稀释了。

对于企业来说，在企业阶段性融资的过程中，股权稀释是必须的。但如果在融资过程中采用一个合理的方案，也可以实现股东和企业的双赢。

6.1 用法律厘清有关融资问题

创业者和投资者的最终目标是一致的，都是赚取更高的利润。如果能够在融资准备阶段就厘清相关融资问题，那么在日后的合作中，创业者就可以有效地避免与投资方爆发矛盾，导致出现"双输"的后果。

6.1.1 融资不等于股权转让

融资通常是指企业融资，它是企业引入资金成为大公司的下属公司，投资人成为公司的新股东的过程（也称"增资入股"）。

增资入股与创始人转让股权最大不同之处在于收益人的不同，股权转让属于股东的套现，股权转让所获得的收益归股东所有，而增资入股的收益对象为整个公司。转让股权股东如果将转让收益重新投入公司，这时就类似于融资，使得公司的股权结构发生变化。

6.1.2 融资稀释股权

投资人增资入股会同比减少原股东的股权比例，这就是所谓的融资导致的股权稀释。例如，天使轮融资 100 万元，让出公司 10% 股权，则原股东的股权都要等比稀释为原来的 90%，假如公司有 3 位创始股东，分别持有 30%、30%、40% 的股权，融资后就变成了 27%、27%、36%，剩余的 10% 为投资人股权。

这里较为麻烦的是有关公司注册资本的计算,假如公司原来的注册资本为 200 万元(三位创始股东分别占 60 万元、60 万元、80 万元),那么,融资后公司的注册资本该如何计算(假定公司融资后的注册资本为 A)?计算方法可通过公司融资后注册资本构成来推算:A = 60 万元 + 60 万元 + 80 万元 + A×10%。可以计算出融资后公司的注册资本 R = 2 222 222,而投资人需投入的注册资本为 222 222,原股东注册资本不变。

当然,以上的计算只考虑了公司的资产状况,融资过程中的股权比例还需考虑其他因素。其中,有自身的因素,如公司近几年的经营状况、技术水平、营销网络、知识产权、发展前景等;也有社会因素,如行业发展情况、市场状况、产业政策等;还有股东自身的因素,如对公司的认可程度、个人的社会地位、对公司的影响等。因此,融资过程中的股权稀释情况还需依据公司的具体情况,由新股东与原股东协商确定。

6.1.3　股权转让只影响转让股东

在前文中讲到股权转让与融资的区别,在融资过程中如果创始股东选择转让公司股权,则融资过程中只对转让股权的股东股权造成影响,例如,前文例子中的第三位股东转让 20% 的股权给投资人,则公司的股权结构就变成了 30%、30%、20%、20%。未转让股权的股东其股权不受影响,公司的注册资本也不会发生变化。

6.1.4　融资对股权的稀释

一家成功上市的公司在它上市前,会经历 4～5 次甚至更多次的融资,如阿里巴巴的 8 次融资,Facebook 的 10 次融资,等等。通常情况下,第一轮融资也称天使融资,主要由天使投资者出资,融资规模在 200 万元到 2 000 万元人民币,而公司则转让 10% 左右的股权。下面一起看看 2016 年中国天使投资人 TOP10 榜单,如表 6-1 所示。

表 6-1　2016 年中国天使投资人 TOP10 榜单（排名不分先后）

序　号	机　构	投 资 人
1	真格基金	徐小平
2	麦腾创投	俞江虹
3	娱乐工厂	张巍
4	丰厚资本	岳弢
5	金沙江创投	朱啸虎
6	戈壁创投	徐晨
7	梅花天使创投	吴世春
8	创新谷	朱波
9	久合创投	王啸
10	创新工场	汪华

如果创业公司在天使融资后发展势头强劲，则会有风险投资（VC）跟进。风险投资起源于 20 世纪六七十年代的美国硅谷，与传统的金融服务有很大的不同。风险投资家的投资决策建立在对创业者手中持有的技术和产品认同的基础之上，不需要任何财产抵押，直接以资金换取创业公司的股权。

2016 年 6 月 1 日，黑龙江省高新技术产业风险投资大会在黑龙江省科技大厦举行。大会当天，黑龙江 350 多位创业公司、科技企业孵化器等代表与紫荆资本等国内 100 余家投资机构进行了交流对接，共实现投融资项目签约总金额 15.85 亿元。另外，8 家投资机构通过现场路演发起募集资金，新成立了 6 只高新技术风险投资基金，规模达 13 亿元。早期的风险投资在 2 000 万元人民币以上，而创业公司则转让 20%～30% 的股权。

之后的后续扩张中，企业融资的金额从 5 000 万元到数亿元人民币不等，每一轮融资创业公司都会让出 10% 左右的股权，直到公司上市。

6.1.5　从天使到 D 轮股权稀释演化历程

对于创始人而言，天使轮融资不宜让出过多股权。尽管转让股权比例与投资方的投资额有关，但一般情况下，在天使阶段创始人让出的股权比例应保持在 10% 左右，否则创始人的股权在 A 轮融资后便有可能失去绝对控制权，而到了 D 轮融资后可能就会丧失公司的控制权。如表 6-2 所示，某公司股东在天使轮融资中转让 20% 股权的情况下，从天使到 D 轮融资过程中的股权稀释演化历程。

表 6-2　某公司股东的股权稀释演化历程

公司股东	融资股比	股权结构				
		天使融资后股比	A 轮融资后股比	B 轮融资后股比	C 轮融资后股比	D 轮融资后股比
A	70%	56%	44.8%	38.0%	34.2%	30.8%
B	30%	24%	19.2%	16.3%	14.6%	13.2%
天使投资	/	20%	16%	13.6%	12.2%	11.0%
A 轮投资	/	/	20%	17%	15.3%	13.7%
B 轮投资	/	/	/	15%	13.5%	12.1%
C 轮投资	/	/	/	/	10%	9%
D 轮投资	/	/	/	/	/	10%

这里需要指出的是，以上（表 6-2）还未考虑员工激励期权池与新加入股东的股权需求。假如再计入 5%～20% 的员工激励期权池，以及新加入股东 5%～15% 的股权，就更能说明一个问题：创始人如果在前几次的融资中让出太多股权，结果会产生严重的股权稀释。

6.1.6　股权稀释与反稀释

反稀释是指公司在后续融资的过程中，为防止由于公司估值下降而给上一轮投资人造成股份贬值，或股份被过分稀释等问题而实行的保护措施。例如，A 轮投资价格为 50 元 / 股，而由于资本市场恶化致使 B 轮投资每股价格降低为 40 元，A 轮投资人便难以接受，因为他们的投资出现贬值，换句话说就是他们投资的价值被稀释了。常见的反稀释机制有两种：完全棘轮法和加权平均法。

1. 完全棘轮法

完全棘轮法是指如果公司此后发行的股份价格比 A 轮投资人发布的股份价格更低，则通过补偿投资人股份，使其每股价格降到新的发行价格。

假定某股份有限公司已发售 200 万份普通股与 200 万份可转换优先股。普通股都为创业者所有，优先股都为投资人所有，并可按每股 2 美元转换成普通股。之后因为公司急需 500 000 美元的现金。投资者通过对董事会的控制，决定将新一轮融资定价在每股 1 美元。于是，该公司以每股 1 美元的价格发行了 500 000 股普通股。

在下一轮融资时，由于优先股的发行价跌为每股 1 美元，则根据完全棘轮条款的规定，A 系列优先股的转换价格也调整为每股 1 美元，则 A 轮投资人的 200 万优先股可以转换为 400 万股普通股，并非原来的 200 万股。这使得创业者的股权从 50% 降到 33.3% 以下。也就是说，完全称棘轮法这种方法对投资人更有利。

2. 加权平均法

加权平均法更有利于公司创始股东，在国际市场上更为常见。当后续发行的股份价格低于上一轮的转换价格，则新的转换价格会降低为上一轮转换价格与后续发行价格的加权平均值。

这两种方法均可保证股权不被稀释，相比较而言，完全棘轮条款对投资人最为有利，但从公平角度来说，加权平均条款更为合理。

6.2 内部团队股权分配

内部团队的股权分配一般有两方面需要注意：一方面，骨干团队的股权如何分配；另一方面，期权池如何设计。本节就对这两方面中需要注意的要点进行介绍。

6.2.1 骨干团队股权分配案例

对于渴望快速发展的创业公司来说，骨干团队的股权架构最能体现一个公司的理念和价值观。事实上，股权分配问题，相比公司遇到的其他难题，更有可能扼杀一家创业公司。因此，对创业公司而言，确定骨干团队的股权如何分配是一件非常重要的事情。

首先，对于骨干团队中的召集人应该给予 5% 的股权。如果某些初创企业的创始人都是由某个召集人牵头集合起来的，凭借着他牵头召集的功劳，就可以获得 5% 左右的股份。

其次，通常情况下，一个好的 CEO 对市场价值的作用会大于一个好的 CTO，所以担任 CEO 职务的成员其股权可以增加 5% 左右。虽然这样会显得有些不公平，因为 CEO 的工作强度不一定比 CTO 更大，但从公司的整体发展上来看，CEO 的作用更大。

再次，"点子毫无价值，执行才是根本"这句话虽然并不一定完全正确，但其也有一定的道理。如果骨干团队成员提供了好的创业点子，则他的股权可以增加 5% 左右。但如果最后这个创业点子没有得到执行，或者无法发挥应有的作用，则该成员不能得到这 5% 的股权。

而假如骨干团队中某些成员为创业项目开辟出一个好的发展方向，或建立起市场的信誉，或为公司争取到投资，或做出一些吸引投资的事情，则这个成员可以得到额外的股权，2.5%～10% 不等。它取决于"成员的贡献为公司争取投资的金额，或作用大小"。

最后，如果创始人是第一次创业，而他的骨干团队里有人曾参与过风险投资的项目，则这个成员比其他人更有投资价值。这种情况下，可以多给予该成员 5% 左右的股份。

综上所述，骨干团队的股权分配中需要非常注重以上这些分配要素，不过这些要素只能起到一个借鉴作用，它无法成为一种准则。因为，骨干团队分配股权其根本是要让这些成员从心眼里感觉到合理、公平，从而集中精力工作。这才是最核心的部分，同时也是创始人容易忽视的部分。

在此提一个醒，精巧绝妙的股权分配分析框架虽然有助于各方达成共识，但无法替代信任的建立。希望创始人公开公正地执行自己的想法与行动，从而赢得你骨干团队成员的由衷认可。

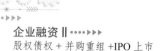

6.2.2 期权池设立详解

创业公司预留的期权池大小一般在 10%～20%，预留期权池具体要设置多大，可以视自己公司还缺多少重要员工而定。缺少的重要员工越多，角色越重要，预留的期权池就应当越大。

一般来说，创业公司越早期融资需要预留的期权池就越大，因为很多重要人员还没有到位。如果公司发展已经相对成熟，公司的人才构架组成接近完备，预留的期权池就可以设置小一点。越是早期的创业公司，由于资金有限，无法用高薪留住重要人才，就只能用股权吸引。而一家资金充裕的成熟公司，完全可以用高薪资高福利吸引人才，根本不会用到太多股权。

确定期权池总量后，再综合考虑每个人的职位、贡献、薪水与公司的发展阶段，就可以确定员工拿到的期权大小。而且同一个职位，进入公司的时间不同，授予期权时也应当区别对待。经纬中国合伙人邵亦波分享过他创办易趣公司时期权发放的标准。例如，对于 VP（副总裁）级别的管理人员，假如是天使轮融资之前进入公司的，发放 2%～5% 期权；如果是 A 轮融资前后进入公司的，发放 1%～2% 期权；如果是 C 轮或接近 IPO 时进入公司的，发放 0.2%～0.5% 期权。对于核心管理人员，包括 CTO（首席信息官）、CFO（首席财务官）等，可以参照 VP 的 2～3 倍发放。如果是总监级别的人员，参照 VP 的 50% 或者 30% 发放。

股权被稀释，创始人如何掌握公司控制权

当企业创始人的股权被稀释时，创始人可以通过有限合伙、双重股权结构、一票否决权、董事会成员提名权等方法重新掌握公司的控制权。

6.3.1 有限合伙

假如股权激励的对象所获得的股权只享受利润分享,并不参与企业的经营管理,就可以实现控制权的把控。而有限合伙企业这种模式也可以帮助创始人实现这一目的。有限合伙企业由普通合伙人与有限合伙人组成,有限合伙人以出资为限,对合伙企业债务承担有限责任,普通合伙人则对合伙企业债务承担无限连带责任。如图 6-1 所示,为某个有限合伙企业的股权结构图。

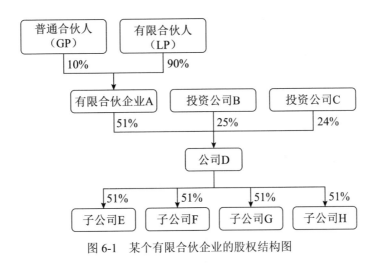

图 6-1 某个有限合伙企业的股权结构图

通过图 6-1 可以看出,普通合伙人(GP)虽然只占有限合伙企业 A10%的股份,但由于有限合伙人无法参与日常经营,所以,有限合伙企业 A 的控制权把控在普通合伙人的手里。然后通过有限合伙企业 A 控制子公司 D,以及旗下众多的子公司。也就是说,普通合伙人 GP 虽然实际只持有子公司 D5.1% 的股份,但却能掌握子公司 D 的控制权以及下游子公司。

6.3.2 双重股权结构

所谓双重股权结构,其实是"同股不同权"的一种表现形式,在 2.1.2 小节中提到的京东股权结构便是采用了这种模式。它通常的做法是将公司的股票分为两类:A 类股和 B 类股,两种股票在利益分配上是对等的,所有者拥有多少股权,就可以享受多少比例的分红;但在股权表决上,A类股1股只能代表1票,而B类股1股可以代表10票——这可以保证即便B类股股东持股比例不足50%也能维持对公司的绝对掌控。

双重股权结构是为了适应现代科技企业发展的一种创新模式。如今的大多数科技企业创立时间都较短,但科技企业常常需要在短期内进行大规模扩张,而这就需要大量资本的注入,但资本的大量进入,很容易稀释创始人及其团队的股权比例,致使控制权旁落他人,最终影响企业未来的发展。而双重股权结构就能避免这一问题的出现,阿里巴巴、京东都有这样的结构,使得马云和刘强东可以继续完全掌控企业的经营。

双重股权结构争议其实比较大,因为它与一般的市场经济理论相违背——大家都是股东,为何你股票的投票权就是我的10倍?对于上市公司来说,这种股权结构,可能会导致企业经营的一系列问题。例如,企业发展高度依赖创始人的决策,其他股东难以制衡,创始人的失误决策无人可以规避,创始人"损公肥私"等情况。

正是为了避免此类情况的发生,香港联交所、上海证券交易所及深圳证券交易所都不同意双重股权结构上市交易。阿里巴巴最开始打算在香港上市,但由于政策限制,让阿里巴巴只能远涉重洋到美国上市了。

但恪守"一股一权"原则已无法适应公司自身发展和国际趋势。双重股权结构可以保持创始人团队对公司的绝对控制权,同时满足公司融资需要,规避恶意收购,有利于公司的长远发展。此外,企业通过对高级投票权进行限定、完善监督机制、保障股东知情权等措施可以化解双重股权结构带来的弊端。下面对采取双重股权结构的可行性进行分析。

1. 法律态度

双重股权结构在世界上很多国家都得到了应用,如加拿大、美国等美洲国家,欧洲很多国家对双重股权结构既不禁止也不支持,对它保持中立灵活的立场。《美国示范公司法》中规定:"公司可以发行不同表决权的股票,但是必须在公司的章程中,写明发行股票的各种类型,以及标明不同股票的权力分配上有何不同。"

我国《公司法》第 103 条规定："股东出席股东大会会议，所持每一股份有一个表决权。"我国《公司法》第 126 条规定："股份的发行，实行公开、公正的原则，同一种类的每一股份应当具有同等权利。"这两条规定表明了股权结构中"一股一权"的原则，而《公司法》第 127 条中又描述了"同种类的每一股份应当具有同等权利"。我国市场坚持的是"法无明文规定即可为"的自治原则，所以从理论上讲，实际上我国并未禁止"无投票权股""超级投票权股"等股票的发行。

另外，《公司法》第 131 条规定："国务院可以对公司发行本法规定以外的其他种类的股份，另行作出规定。"所以，若是国务院出台相关法律，则可以实行双重股权结构。此外，2014 年 3 月 21 日，中国证券监督管理委员会发布的《优先股试点管理办法》中规定："依照《公司法》，在一般规定普通种类股之外，另行规定的其他种类股份，其股份持有人优先于普通股股东分配公司利润和剩余财产，但参与公司决策管理等权利受到限制。"该文件的出台可视为是对"一股一权"的突破。

2. 基于案例对双重股权结构的优势进行分析

（1）通用汽车公司案

1984 年，美国通用汽车公司（GE），发行 20 亿美元的 E 种普通股，用于交换电子资料系统公司（EDS）的普通股。为了防止 EDS 日后被其他公司收购，GE 在发行 E 种普通股时规定其只拥有部分投票权，股利的支付视 EDS 成为 GE 的子公司后的经营绩效而定。

发行 E 种股票的好处有两个：第一，可以限制其他股东的投票权，避免 EDS 被其他公司并购；第二，由于股利的支付视 EDS 的经营绩效而定，遂使 EDS 的员工和股东保持积极的态度参与公司的经营。而如果通用汽车公司采用普通股并购 EDS 的话，就难以达成上述目的了。

GE 的 E 种普通股发行成功的经验，增加了它发布新型普通股的信心。1985 年，GE 又发行不完全投票权、价值 50 亿美元的 H 级普通股，用来并购休斯飞机公司。

（2）扎克伯格的 Facebook

通常情况下，互联网公司在经过 3 轮融资后，公司的创始人就难以完全掌握公司的控制权了。而 Facebook 历经 10 次融资后，扎克伯格依旧牢牢掌控公司，因为他以 28% 的股权掌握 58.9% 的投票权。这背后的功臣便是源于 Facebook 实行的双重股权结构。

依据 Facebook 招股书披露，截至 2011 年 12 月 31 日，Facebook 上市前发行 1.17 亿股 A 级股与 17.59 亿股 B 级股（包含此前已发行优先股转换的 B 级股，这部分 B 级股 5.46 亿股）。其中，公司创始人马克·扎克伯格持有 5.34 亿 B 级股，占 B 级总数的 28.4%。但这个比例无法确保扎克伯格的绝对控制权，因此，Facebook 在其双重股权结构中添加了一个表决权代理协议。

依据 Facebook 招股书披露，此前 10 轮投资 Facebook 的所有投资者，都需与 Facebook 签订表决权代理协议，同意在某些特定的场合，授权扎克伯格代表他们进行表决，且这项协议在公司上市后仍保持效力。这部分代理投票权高达 30.5%，加上扎克伯格本人持有的股份，扎克伯格总计拥有 58.9% 的投票权，实现对 Facebook 的控制。

综合以上两个案例不难看出，企业采用双重股权结构具有如下优点。

（1）能化解创始人与核心管理层争夺控制权的矛盾。

（2）防止恶意收购，如 2015 年的万科公司股权争夺战。

（3）避免外部股东在做决策时过于追求短期利益，给公司带来长远利益的损害。

6.3.3 一票否决权

一票否决权属于投资条款清单中的保护性条款，目的是保护投资人的利益不受到创始人股东的侵害。拥有一票否决权后，投资人可以直接否决那些损害自己利益的公司行为。那么，创业者应当如何对待这一条款呢？

首先，要限制一票否决权的范围。通常情况下，一票否决权的范围包括股东会决策和董事会决策两类，如表 6-3 所示。

表 6-3　一票否决权的范围

项　　目	具　体　内　容
关于公司最重大事项的股东会决策	融资导致的股权结构变化；公司合并、分立或解散；涉及股东利益分配的董事会以及分红；股东会决策通常会涉及公司章程变更等
关于公司日常重大事项的董事会决策	终止或变更公司主要业务；高层管理人员的任命与免职；对外投资等预算外交易；非常规借贷或发债；子公司股权或权益处置等

从整体来看，股东会决策的范围仅限于涉及股东权益的最重大事项，而董事会决策范围则涵盖了公司日常运营中的各种问题。

对一票否决权的范围了解透彻后，你会发现这一条款有很大的谈判空间。比如，接受投资人的一票否决权，但是限定投资人在特定事项上使用一票否决权的条件。例如，当公司以不低于特定估值被收购时，投资人不可以使用一票否决权，避免投资人对回报期望太高，阻止收购的情况发生。更进一步的话，你甚至可以将一票否决权的范围限制在对投资人利益有重大损害的事项上。至于最终的一票否决权条款是什么样子，就看创业者与投资人谈判的结果。

6.3.4　董事会成员提名权

选举董事不仅是股东大会的一项重要权利，也是公司控制权争夺战中最为关键的一役。万科控制权之争后，众多公司纷纷修改公司章程，添加反收购条款，以对抗外来"野蛮人"的入侵。

不过，选举董事的前提便是提名董事。因此，如何设计董事提名权成为各方关注的焦点。创始人如何通过应用董事提名权维护权益？下面通过分析《万科企业股份有限公司章程》，对设计董事提名权的要点提出建议。

《万科企业股份有限公司章程》（2014年6月版）第98条规定："董事、监事候选人名单以提案的方式提请股东大会决议。非独立董事候选人名单由上届董事会或连续一百八十个交易日单独或合计持有公司发行在外有表决权股份总数百分之三以上的股东提出。"

多家上市公司章程中类似的规定也都近似，其类型主要包括以下4种。

（1）仅规定股东提案权，不对董事提名权做出特殊规定。《深圳机场股份有限公司章程》（2016年10月版）第83条规定："董事、监事候选人名单以提案的方式提请股东大会表决。"

（2）规定单独或合计持有公司股份 3% 以上的股东享有提案权。少数公司章程规定的持股比例高于 3%。

《东北制药集团股份有限公司章程》（2016 年 6 月版）第 82 条规定："董事、监事候选人名单以提案的方式提请股东大会表决。董事、监事候选人分别由董事会、监事会提出，合并持有公司股份总额 10% 以上的股东可以书面方式向董事会提名董事、监事候选人，并附所提候选人简历等基本情况。"

（3）规定拥有提名权的股东需持有公司股份一定的期限。

《方大集团股份有限公司章程》（2016 年 9 月版）第 84 条规定："除职工代表董事以外的非独立董事候选人由上届董事会、单独或合并连续 365 日以上持有公司发行在外有表决权股份总数 5% 或以上的股东提出。"

（4）不同持股比例的股东可以提名董事的人数不同。

《徐工集团工程机械股份有限公司章程》（2016 年版）第 82 条规定："董事、监事提名的方式和程序为：董事会、监事会或者单独或合并持有公司 3% 以上股份的股东可以提名董事，提交股东大会选举。单独或合并持有公司 10% 以下股份的股东最多可以提名一名董事，单独或合并持有公司 10% 以上股份的股东提名董事的人数不得超过公司董事会人数的 1/3。"

公司章程对董事会成员提名权进行规定的意义在于：选举董事是获得公司控制权的关键所在。而选举出代表董事的前提是提名董事。对于中小股东来说，借助董事提名权可选举出代表自己利益的董事。对于控股股东及创始人来说，通过公司章程中的董事提名条款，可有效建立收购方进入董事会、获取公司控制权的壁垒，预防公司被恶意收购。

董事会成员提名权的延伸内容：有关股东提名董事、高层管理人员等的案例。

案例 1 湘潭市中级人民法院审理的《上诉人湖南胜利湘钢钢管有限公司与被上诉人湖南盛宇高新材料有限公司公司决议纠纷一案二审民事判决书》【（2015）潭中民三终字第 475 号】认为："本案中，对于被上诉人而言，其通过安排的副总经理和董事各一人，对公司的经营状况进行了解并参加公司经营管理，行使股东权利。上诉人的两名大股东通过公司决议的方式随意剥夺被上诉人提名副总经理和董事各一人的权利，是一种滥用股东权利损害其他股东利益的行为。涉案公司决议系滥用资本多数决作出，因此，该决议内容因违反法律、行政法规无效。原审法院并没有否认资本多数决原则，原审判决涉案公司决议无效正确。"

案例2 盐城市中级人民法院审理的《南通市恒祥置业有限公司与友创投资江苏有限公司、响水恒祥置业有限公司公司决议撤销纠纷二审民事判决书》【（2015）盐商终字第00105号】认为："根据双方合作协议约定，南通恒祥公司享有响水恒祥公司总经理人选的提名权。现友创公司在未能提供证据证明南通恒祥公司放弃总经理人选的提名权或南通恒祥公司存在怠于提名等不利于公司发展的行为的情况下，任命张如华担任响水恒祥公司总经理明显违背了双方合作协议的约定，对此亦应予以撤销。"

案例3 上海市静安区人民法院审理的《平湖九龙山海湾度假城休闲服务有限公司与海航创新（上海）股份有限公司公司决议撤销纠纷一审民事判决书》【（2016）沪0106民初831号】认为："根据《九龙山股份协议转让的框架协议》的约定，董事会的候选人由受让方推荐四名董事候选人、两名独立董事候选人，其他董事由出让方推荐，一方推荐的董事候选人应事先商对方征求意见。也即原告作为出让方中的成员，可以推荐两名董事候选人、一名独立董事候选人。上海大新华实业有限公司提议免去由股份出让方推荐的董事，且未征求对方的意见，违反了协议约定。"

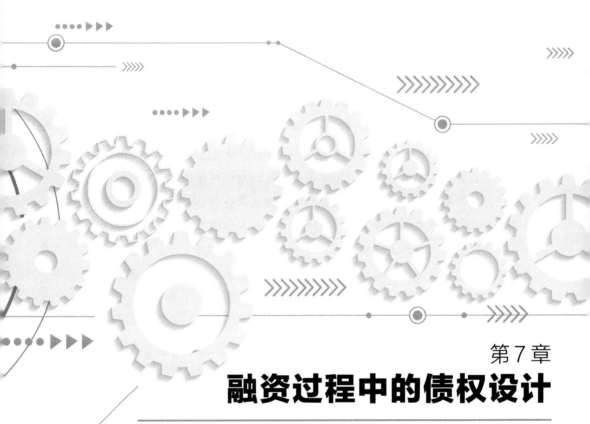

第7章
融资过程中的债权设计

上一章我们提到了股权稀释过程中可以采取的方案，这一章我们将对融资过程中的债权设计进行深入探讨，并以债权设计的要素与债权融资类型为探究重点。

第 7 章
融资过程中的债权设计

7.1 债权设计要素

债权设计中需要对企业评级授信、抵押担保、项目本身优质现金流、专业团队等四个要素进行考虑。

7.1.1 企业评级授信

企业授信是指商业银行为企业客户提供资金，或对客户在相关经济活动中有可能产生的赔偿、支付责任做出的担保，包含贷款、贸易融资、融资租赁、透支、各项垫款等表内业务（指资产负债表中，资产与负债栏目可以揭示的业务），及票据承兑、开出信用证、备用信用证、信用证保兑、债券发行担保、借款担保、有追索权的资产销售等表外业务（资产负债表中，资产与负债栏目不能揭示的业务）。

而企业授信的等级则是商业银行依据企业自身情况、客户的需求及自身业务特性而划分的等级。目前，较为流行的是三级十等信用等级标准。在融资过程中的债权设计需要参考企业的评级授信，从而挑选出优质的投资方，防止出现意外风险。现在，为大家列举中国工商银行与中国农业银行的授信等级，来帮助各位创始人更好地理解企业评级授信。

中国工商银行将企业信用等级分为 AAA 级、AA 级（AA$^+$、AA、AA$^-$）、A 级（A$^+$、A、A$^-$）、BBB 级（BBB$^+$、BBB、BBB$^-$）、BB 级、B 级。AAA 级客户的生产经营规模大，市场竞争力强，有良好的发展前景，有可预

见的净现金流量,具有出色的偿债能力,对工商银行的业务发展很有价值,信誉状况很好。而 AA 级客户的企业市场竞争力强,管理水平高,有良好的净现金流量,对工商银行的业务发展有价值,等等。由此可以看出,中国工商银行的客户信用等级是依据企业的市场竞争力、财务状况、管理水平、偿债能力等方面来划分的。

中国农业银行将企业信用等级分为 AAA、AA、A、B、C 五个等级。

(1) AAA 级企业。得分在 90 分(含)以上,资产负债率、利息偿还率和到期信用偿付率指标得分均为满分,现金流量指标得分不低于 5 分,若有一项不合标准,则最高只能评定为 AA 级。

(2) AA 级企业。得分在 80(含)~ 90 分(不含),资产负债率、利息偿还率指标得分均为满分,到期信用偿付率指标得分不得低于 10.8 分,现金流量指标得分不得低于 3 分,若有一项不合标准,则最高只能评定为 A 级。

(3) A 级企业。得分在 70(含)~ 80 分(不含),资产负债率指标得分不得低于 5 分,利息偿还率指标得分不得低于 8.1 分,到期信用偿付率指标得分不得低于 9.6 分。

(4) B 级企业。得分在 60(含)~ 70 分(不含);或得分在 70 分以上,但具有如图 7-1 所示的情形之一。

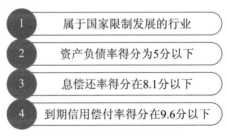

图 7-1　B 级企业的规定情形

(5) C 级企业。得分在 60 分(不含)以下;或得分在 60 分以上,但具有如图 7-2 所示的情形之一。

在债权设计中,企业需要重视自身在银行的授信等级,因为只有授信高的企业才能在银行获得更多的资金援助。

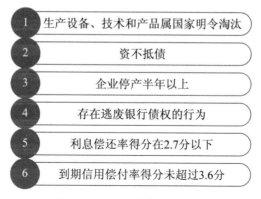

图 7-2　C 级企业的规定情形

7.1.2　抵押担保

抵押担保是指债务人不转移对某些特定物的占有，而将其作为债权的担保。若债务人不履行其债务时，债权人有权依据《担保法》的规定将以拍卖、变卖、折价等形式出售该财产，并取得该财产的价款优先受偿权。

由此可以看出，抵押担保的特点有以下 5 种。

（1）抵押人可以是第三人，或债务人自己。而在保证担保中，债务人自己无法作为担保人。

（2）抵押物可以是动产，也可以是不动产。而质押物只能是动产。

（3）抵押人不转移抵押物的占有，抵押人可继续占有、使用抵押物。而质押中，质押物必须转移于质权人占有。

（4）优先受偿权是抵押担保的核心内容。

（5）抵押权的行使须以债务人不履行债务为前提。

抵押担保在企业运营中，常为债权人用来维护自身利益不受损害而采取的措施约束债务人，这种要素在债权设计中就是常见的一种。

最后，我们通过一个案例来讲解抵押担保在债权应用过程中的作用。

案例 2017 年 1 月 6 日，凡某与某机电公司（简称 N 公司）商定共同出资为某化肥公司（简称 M 公司）垫资，具体事由凡某负责。8 天后，凡某与 M 公司签订《垫资协议》约定垫资事宜。《垫资协议》当中特别约定：若 M 公司无法偿还债款，造成协议不能继续执行，则以危化品码头（含码头驳岸、两块码头水泥场地，估值 5 622 400 元）作为抵押。而凡某从 2017 年 2 月 12 日开始至 2017 年 3 月 10 日累计垫资采购硫酸 11 280.66 吨，价值 3 841 813.6 元（起诉前尚有 1 246 150.51 元未清偿）。

由于此前约定的码头不能办理抵押登记，凡某与 M 公司商议用该公司的生产设备作为抵押，且办理相关登记。此后，M 公司启动破产清算程序，凡某、N 公司确认债权后，申请享有优先受偿权未果。

江苏省泰兴市人民法院经审理认为："该案中的债权因危化品码头抵押无法及时登记，又因 M 公司的生产设备设施抵押登记，且债权实际发生在动产抵押登记书载明的债务履行期内，不属于《企业破产法》第三十一条所规定的抵押登记行为发生在法院裁定受理破产申请前一年内，对没有财产担保的债权提供财产担保的可撤销情形。因此，债权人对该特定财产享有优先受偿的权利。"江苏省泰兴市人民法院遂判决凡某、N 公司对 M 公司的债权在抵押物价值范围内享有优先受偿权。

M 公司不服一审判决，提起上诉。江苏省泰州市中级人民法院审理后认为，本案焦点在债权人在抵押财产价值范围内是否拥有优先受偿权。第一，双方在签订主合同时就定好以危化品码头与危化品运营证作为担保；第二，原抵押物码头的估值高于主债务金额，可以满足清偿要求；第三，虽然此前约定的码头无法办理抵押登记，但双方当事人就此的意思表示是真实的，与主债务是同时发生；第四，变更抵押财产担保的行为与主债务的发生相关联且处于合理期间内，它所提供的担保为 2017 年 2 月至 3 月间的债务，并非为原先未提供担保的债务设定担保。

因此，本案中变更抵押物的行为属于对原担保瑕疵的补充，是在债务人享有利益的前提下，债权人取得清偿的保证，是公平、合理的，且不属于《企业破产法》第三十一条第三项所规定的可撤销情形。所以，法院判决驳回上诉，维持原判。

7.1.3 项目本身现金流充沛

公司是靠资金的流动而运转的，也就是现金流。现金流每周转一次都会产生营业收入与利润，所以说现金流就是公司利益的创造者。现金流就相当于公司的血液，当它流动起来，就能产生利益，推动公司的发展。一个项目中假如没有充足的现金就难以正常进行，这种局面假如一直持续的话，必然危及公司生存。

尤其是随着越来越多的人加入创业大军，创业所面临的竞争越来越激烈。对于一些刚刚入行的小公司，创业资金不足，当公司展开低价竞争，资金压力偏大。而当账款被客户拖欠时，资金难以回收，而员工薪资及其固定费用都不能拖欠，如此一来，这些公司就将面临倒闭的危机。所以，保证项目本身的现金流充沛，可以让投资人看到企业的发展潜力，给予他们投资的信心，通过债权融资时可以获得更多投资者的青睐。

一个项目的现金流可以从以下 3 个方面衡量。

（1）回款期限：衡量项目花费了多长时间收回账款。

（2）存货周转率：衡量项目中的销货成本与平均存货余额的比例。

（3）付款日期：衡量项目从收到货物到付款的时间。

监控这三个指标，就可以把握项目的现金流情况，提前一年制订计划，并随时依据后续的实际情况进行调整。

7.1.4 团队专业

融资的参与者更看重项目当前表现出来的风险大小，包括团队是否完备，项目是否有发展潜力等。为此，债权设计中还需要搭建好一个优秀的专业团队，稳定投资人的信心。一个专业的团队应当有领导者、技术人员、营销人员、财务人员，如果还有行业经验丰富的资深人士就更好了，具体如图 7-3 所示。

1. 领导者

每一个团队都需要有一个领导者，负责带领团队走向成功，这个人应当是公司的 CEO。当团队同时出现两种甚至两种以上的不同意见时，这种情况是非常棘手的。此时，领导者需要有做出抉择的魄力，还能让团队成员信服。

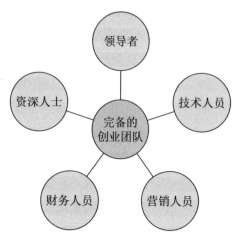

图 7-3　搭建完备的创业团队

2. 技术人员

没有技术，就无法研制出有竞争力的产品。所以团队至少有一个技术人员，负责领导公司的技术进程。这样投资人才会相信你们可以研制出有优势的产品，最后走向市场。

3. 营销人员

创业团队的任务不仅是开发新产品，而且开发出新产品后，还要推向市场卖给用户。所以，没有营销人员是不行的。在开发产品阶段，营销人员的作用可能不太明显，但是把产品推向市场时，技术人员似乎就没有用武之地，而营销人员则更加重要了。

4. 财务人员

无论在哪一阶段，公司的财务管理都是重中之重。如果不进行财务控制，可能产品还没有出来，钱就已经烧光了。很多初创企业都是因为缺乏资金管理意识，无节制地烧钱，最终造成现金流中断而失败的。财务人员的管理保证了公司有持续稳定的现金流，有助于公司的长远发展。

5. 资深人士

领导者、技术人员、营销人员等都可以是资深人士。资深人士拥有更多的行业经验，对市场和用户的了解更加透彻。有各类资深人士的帮助，团队可以创造出有市场需求的新产品。

你的团队是否拥有以上五种人才？缺少其中任何一个，专业的团队搭建都是不完备的。

7.2 债权融资类型及债权设计

债权融资是指企业以借钱的方式进行融资，以这种方式所获得的资金，企业需承担使用这类资金的利息，且在借款到期后需向债权人偿还资金的本金。这种融资方式主要用于解决企业资金短缺的问题，而无法用于资本项下（包括各国间股票、债券、证券等交易，以及一国政府、居民或公司在国外的存款）的开支。一般来说，债权融资的类型有银行融资、民间借贷、信用担保、融资租赁、票据贴现融资，等等。

7.2.1 银行融资

银行融资是以银行为中介的融通资金活动，是我国广大中小企业在间接融资中获得资金的主要形式。银行融资的短期贷款利率分为6个月以内、6～12个月两个层次，短期贷款执行合同利率，不分段计息；中长期贷款分为1～3年、3～5年、5年以上3个层次，中长期贷款的利率分段计息。银行融资具有以下3个特征。

（1）银行融资灵活多样，银行可提供不同数量、不同方式供双方在融资上做选择。

(2)银行的信用可积少成多,续短为长,银行可提供数量大小、期限长短不一的贷款。

(3)银行在授信之前,会有相关专家对调研资料进行可行性研究,之后才做出决策,这能减少纠纷和风险。

7.2.2 民间借贷

民间借贷是一种历史悠久的民间金融活动,主要指自然人与自然人,自然人与法人或其他组织之间,法人与法人,以及其他组织相互之间,以货币或有价证券为标的进行融资的行为。经金融监管部门批准设立的从事贷款业务的金融机构及其分支机构,发放贷款等相关金融业务,不属于民间借贷。

法人或者其他组织在本单位内部以借款形式向员工筹集资金,用于本单位生产经营,且不属于《中华人民共和国合同法》第五十二条、《最高人民法院关于审理民间借贷案件适用法律若干问题的规定》第十四条规定的情形,民间借贷合同就有效。

7.2.3 信用担保

信用担保是指企业在向银行融资的过程中,依据合同约定,由担保机构为债务人提供担保,在债务人无法依约履行债务时,由担保机构履行合同约定的偿还责任,以保障银行债权实现的一种方式。信用担保属于第三方担保,其基本特质是保障债权实现,促进融资和其他生产要素的流通。信用担保的主要作用如图7-4所示。

图7-4 信用担保的作用

1. 信用体系建设

金融是现代经济的核心，信用则是金融的基石。金融业的信用建设是社会信用体系建设的重要组成部分。发展信用担保可以提高企业与个人的信用观念，重视自身的信用体系建设。

2. 资源共享

当前，市场的融资双方由于信息闭塞造成交易成本的提高或失败，或由于信息的虚假致使交易一方蒙受损失。推广信用担保可以使正确统一的信用信息被金融机构和贷款企业共同分析和享用，从而避免交易双方出现信息的偏差，使大家在同一个信用信息前提下，做出科学的决策。

3. 节约功能

专业化是信用担保机构的主要特征，专业化的信用担保机构在信息的搜集、获取及处理，专业人才的运用、培训及专门技术的研究开发等方面都可以节省不必要的费用。

7.2.4 融资租赁

融资租赁是目前国际上最基本的非银行金融形式，是指出租人依据承租人的请求，与第三方订立供货合同，依据此合同，出租人购买承租人选定的设备。同时，出租人与承租人订立租赁合同，将购买的设备出租给承租人，并向承租人收取一定的租金。

融资租赁除了方式灵活的特点外，还具备融资期限长，还款压力小的特点。例如，中小企业采取融资租赁方式所享有的还款期限可达3年，远超于一般银行贷款期限；在还款方面，中小企业可选择分期还款，极大减轻短期资金压力，防止资金链发生断裂的情况。融资租赁较适合具有良好销售渠道，市场前景广阔，但需要及时购买设备扩大生产规模的中小企业。

融资租赁的特征归纳为以下五个方面。

（1）租赁物由承租人决定，在租赁期间内只能租给一个企业使用。

（2）承租人负责检查制造商所提供的租赁物，出租人无须对租赁物的质量与技术做出担保。

（3）出租人拥有租赁物的所有权，承租人在租赁期间享有使用权，并负责此期间租赁物的管理、维护和保养。

（4）在租赁期间出租方与承租方均无权单方面撤销合同。除非租赁物毁坏或被证明为已失去使用价值的情况下才能中止执行合同，无故毁约的一方需支付罚金。

（5）租期结束后，承租人可以选择留购和退租，若选择留购，购买价格由租赁双方协商确定。

7.2.5 票据贴现融资

票据贴现融资是指持票人为了解决资金不足的问题时，向银行出售商业票据，并向银行支付贴现利息的融资方式，是企业为加快资金周转向银行提出的金融需求。票据贴现融资的种类如图7-5所示。

图7-5 票据贴现融资的种类

1. 银行承兑汇票贴现

银行承兑汇票贴现是指当企业有融资需求时，持银行承兑汇票前往银行，依据一定贴现率申请兑现，以获取资金的一种融资方式。票据一经贴现便归贴现银行所有，当承兑汇票到期时，银行向承兑人提醒付款，若承兑人未付款，银行对贴现申请人保留追索权。

特点：银行承兑汇票贴现是客户较为容易取得的融资方式，操作灵活、简便，资金成本较低，有利于中小企业降低财务费用。

2. 商业承兑汇票贴现

商业承兑汇票贴现是指当企业有融资需求时，持商业承兑汇票前往银行，依据一定贴现率申请兑现，以获取资金的一种融资方式。与银行承兑汇票相同，该票据一经贴现便归贴现银行所有，当商业承兑汇票到期时，银行向承兑人提醒付款，若承兑人未付款，银行对贴现申请人保留追索权。

特点：如果承兑企业的信用良好，相对较容易取得贴现融资。

3. 协议付息票据贴现

协议付息票据贴现是指卖方企业在出售商品后持买方企业支付的商业汇票到银行申请办理贴现，这种方式的贴现付息由买卖双方约定的比例向银行支付贴现利息。

特点：票据贴现利息一般由卖方企业完全承担，但协议付息票据上的贴现利息承担者可以为买卖双方。与一般的票据相比，协议付息票据中买卖双方可依据各自的经营情况决定贴现利息的分担比例。

最后，申请票据贴现的主要条件如下所示。

（1）符合《中华人民共和国票据法》规定签发的有效汇票基本要素。

（2）单张汇票金额不超过人民币1 000万元。

（3）承兑人具有银行认可的承兑人资格。

（4）承兑人及贴现申请人资信良好。

（5）汇票是以合法的商品交易为基础。

（6）汇票的出票、背书、承兑、保证等符合相关法律法规的规定。

7.2.6 信用证融资

信用证融资是国际间的贸易中银行向进口企业融资的一种方式。它是指商业银行按进口企业的请求，向出口企业开放信用证，准许出口企业对开证银行、代理银行开立一定金额的汇票，在单据符合信用证有关条款的条件下，银行担保付款。

信用证产生的原因是在国际贸易活动中，买卖双方很难建立完全信任，买方担心预付款后，卖方并未准时发货；卖方也担心在发货后买方不付款。因此需要两家银行充当买卖双方的保证人，以银行信用替代商业信用。银行在这一过程中所用的工具就是信用证。信用证在支付过程中运转的流程如图7-6所示。

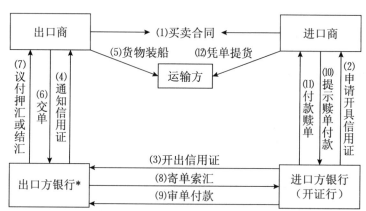

*注：出口方银行可分为两家银行：通知行和寄单议付行，此处简化流程。

图7-6 信用证在支付过程中运转的流程

信用证融资方式发生在如图7-6所示中的第2个环节。进口商前往所在地银行开证（需提交环节1的合同和相关申请书），此时进口银行一般要求企业缴纳信用证担保合同金额的20%～30%当作保证金，直到进口银行收到信用证对应的货物单据之后，才通知进口商付款赎单。

在此过程中，信用证起到的融资作用，主要体现在企业缴纳保证金时（信用证担保合同金额的20%～30%），即可避免环节2至环节11过程内相当于合同金额70%～80%的资金被占用，这无疑提升了企业的资金周转空间。

案例 M 公司获得一笔铝罐头的急单，该笔订单需要 100 万元的电解铝来作为生产原料，但 M 公司只有 30 万元流动资金，且无电解铝的存货，而另一笔 70 万元的账款预计于 15 日之后才能收回，倘若等该笔款项收回则需延期铝罐头的交货时间并为此支付滞纳金。

此时，M 公司在本地 N 银行有信用证融资额度 100 万元。因此，M 公司决定从国外 B 公司购买电解铝并借助 N 银行向 B 公司所在地银行开出信用证，而 M 公司向 N 银行缴纳 30 万元当作信用证保证金。15 日后这批电解铝到货，M 公司也恰好收回 70 万元的账款，从而向银行支付 70 万元赎单并获得该批电解铝，最终订单得以按时交货。

该案例中，M 公司通过信用证融资的方式，只需付出信用证融资的利息，就成功地得到银行的资金援助，换来了订单生意的如期交付，并避免延期交货而产生的滞纳金。

7.2.7 保理融资

简单地说，保理融资就是融资方将其拥有的应收账款转让给银行，并获得融资的方式。它分为有追索与无追索两种方式，有追索是指当付款方到期未付账款时，银行有权向保理融资方追索未付款项；无追索是指当付款方到期未付账款时，银行只能向应收账款付款方行使追索权。融资方在使用保理融资时需要注意以下 5 点。

（1）合同期限是多久？最理想情况的合同期限就是一个月，在此期间融资方要尽可能寻找其他成本更低的融资方式。

（2）承购方的协议是否可以协商？对于可以协商的部分要尽量商议，不能协商的部分则予以尊重。

（3）需要找寻担保人吗？如果能够找到承购方的担保人则可以规避一些追偿资金时的风险。而有些承购方没有担保人，可签订"无追索权"条款。

（4）假如应收账款无法收回，承购方或许能够取得融资方应收账款的所有权。因此，遇到应收账款没有收回的情况时，融资方可能就需要偿还承购方的预付款。

（5）融资方尽量不要出售100%的应收账款，这是因为现金流与收款方式是变动的。有时候融资方在融资进行到一半时所需资金已经满足其需求，这时就可以选择中断融资方式，以便减少需支付的利息成本。

7.2.8 基金融资

基金融资是指从社会上的基金组织中获得资金支持。基金在广义上是指为了达成某种目的而设立的资金，它有以下两种分类方式。

（1）依据基金单位的增加或赎回，分为开放式基金与封闭式基金。开放式基金通过银行、券商等机构申购和赎回，其规模不固定；封闭式基金具有固定的存续期，通常在证券交易场所上市交易。

（2）依据形态的不同，基金可分为公司型基金与契约型基金。公司型基金的特点是公司会成立并发行基金股份来筹集资金；而契约型基金则是基金管理人、基金托管人与投资人三方通过基金契约设立。

我国的证券投资基金以契约型基金为主，且契约型基金模式的操作更加简便。契约型基金模式不需要设立合伙实体，只是由基金管理公司发起设立契约型基金。然后，基金管理公司成为基金管理人，与其他投资人签订契约型投资合同。在这种情况下，基金管理公司是投资主体，是融资公司的股东。

目前，天使客、原始会、众筹网、众投邦等多家股权众筹平台都涉及了这种模式。这些股权众筹平台通过设立专门的新三板基金汇集个人投资者的资金，以参与到融资项目中。

在契约型基金模式下，原投资方可通过平台方以买入价把受益权转让出去，解除投资协议关系，拿回资金；新投资人也可以在平台上以卖出价从原跟投人手里买入受益份额进行投资，与领投人建立投资协议关系。契约型基金的灵活交易提高了融资资金的流动性。

7.2.9 资产证券化融资

资产证券化融资是指将资产重组转化为证券的一种融资方式，它以资产组合或现金流为基础。传统的证券发行以企业为基础,而资产证券化则以特定的资产池为基础。与传统融资相比,资产证券化融资有以下几个优点。

1. 融资门槛低、渠道广

传统融资的要求很多,如对企业资产、收益表现、信用状况等要求较高。而资产证券化通过使用风险隔离与信用增级,可以摆脱企业本身的信用条件的限制,从而降低企业融资的门槛。而且资产证券化更加灵活多变,可以设计出多种满足投资人需求的产品,因此,这种融资的基础渠道更广。

2. 融资成本低

一个信用等级为BBB以下的企业,如果想通过自身的信用进行融资,其融资成本比AAA级企业的成本高很多。资产证券化可以帮助低级别信用的融资方以高信用级别的融资成本获得融资,从而降低融资成本。

3. 流动性高

增强流动性是资产证券化的另一个特点,因为证券化本身就是一种资产转化的过程,而这个过程中会将流动性差的资产转变为流动性强的证券与现金。另外,资产证券化可将未来的现金转变成现在的现金或将现在的不流动资产转变成可流通的资产。

4. 融资自由度高

通过资产证券化融资会给融资方留下更多的财务自由。在传统的股权与债券融资方式中,企业的经营与财务状况会受到投资方与债权人的监督,甚至在经济行为与决策中受到诸多限制。

此类监督与限制对投资人与债权人来讲是必要的,因为融资方的经营与财务状况与投资人、债权人的利益密切相关,但有时候这种监督会限制融资方在经营过程中的自由度,增加企业运作的成本。而资产证券化融资中,投资人无权对融资方的经济行为进行干涉,所以留给融资方更多的自由度。

5. 信息披露要求不高

在传统的融资中，投资者会要求企业披露大量相关的信息，包括财务状况、经营成果，以及企业管理项目、客户、投资方，等等。在这个过程中，企业的一些机密信息可能会泄露给第三方，给企业带来损失。因此，在资产证券化融资的信息披露中，融资方的信息披露有限，从而降低了信息披露带来的风险。

6. 表外融资

资产证券化融资在符合"真实情况"与一定的条件下，可以不在企业的财务报表上展现交易的资产与发行的证券，也就是"表外"。这使得企业的资产负债表更加紧凑，资产回报率更高。这些指标可以在数字上提升企业的表现，给企业带来间接利益，如良好的声誉。

7.2.10 项目融资

项目融资是以项目的资产、预期收益等作为抵押而获得无追索权或有限追索权的融资。该融资方式常用于现金流量稳定的道路、铁路、桥梁等大型基建项目。项目融资的特点如图 7-7 所示。

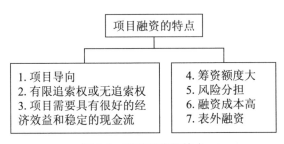

图 7-7 项目融资的特点

项目融资的类型主要有以下 3 种。

1. 特许经营：BOT 方式

对于大型的营利性基础设施项目，如高速公路、污水处理厂等，可由政府和私人投资者签订特许协议，私人投资者负责实施项目建设，而当该项目完工后，私人投资者可以在运营一定期限之后再移交给政府，这种方式称为 BOT 模式。

BOT 融资的基本操作流程包括以下 3 个阶段。

（1）B——建设阶段。投资者依据东道国政府的法律，依据一定的出资比例与东道国共同组建股份公司等，成立合营公司。

（2）O——运营阶段。在运营方式中可选择独立经营、参与经营及其他经营方式。

（3）T——转让阶段。当特许权期满后，项目公司需将运行良好的项目移交给项目所在国政府。

2. 公私合营：PPP 模式

PPP 模式是指由政府与私人企业合作投资建设或私人投资，而政府给予配套条件的模式。

3. 施工承包商垫资

由承包商预先垫付资金，并支付履约保证金，也可以算是一种融资方式。

7.2.11 企业债券融资

企业债券融资具有以下几种优点。

1. 资本成本较低

在企业债券融资中，债券的利息起着冲减税金的作用。而且债券的息票利率通常低于股权的股息率，这就使得债券融资的费用低于股权融资。如股票发行费占发行价格的 4% 左右，而债券发行费占发行价格的 2% 左右。

2. 债券的发行不会稀释股权

发行债券不会稀释股权，能保证原有股东的控制权。

3. 财务杠杆的作用

企业发行债券融资可以使其本身更多地利用外部资金来扩大企业规模，增加企业股东的利润。

企业债券融资具有以下几种缺点。

（1）财务风险高。债券需支付利息，要承担按期还本、付息的义务。当企业经营不善时，会给企业带来沉重的财务负担。

（2）限制条件严格。我国《公司法》规定，只有资产实力强、经济效益好的企业，才可以采用债券融资方式。而且企业发行债券融资时，不得超过本企业资产的净值。这就使得企业债券融资的金额具有上限，难以筹措较大金额的资金。

（3）负财务杠杆作用。当企业资金息税前利润率小于发行债券的债券利率时，其负债率越高，企业的自有资金收益率越低。

中篇　并购重组篇

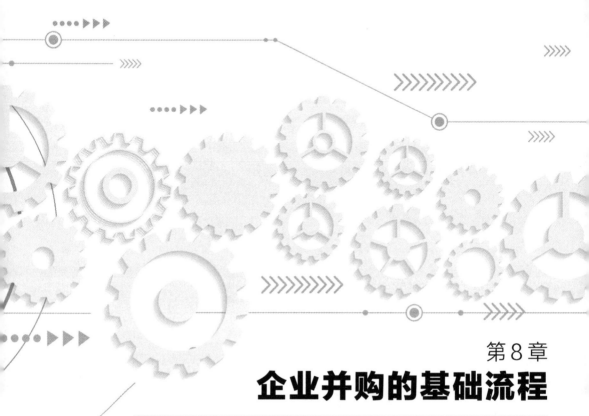

第 8 章
企业并购的基础流程

企业并购是指企业间的兼并与收购行为。它是建立在企业法人平等自愿、等价有偿的基础上,用一定的经济方式获取其他法人产权的行为。本章将对企业并购的基本知识与基本流程进行阐述。

第8章 企业并购的基础流程

8.1 企业并购的基本知识

企业并购的基本知识主要包含三大方面：第一方面，并购重组的相关概念；第二方面，并购基本知识，它包含协议并购、要约并购、竞价并购；第三方面，重组的基本知识，它包含托管重组、债务重组、股权重组。

8.1.1 企业并购重组的概念及分类

并购重组是指企业在经营过程中，企业控制权、资产规模与结构等发生重大变化的行为。在这个过程中，权利主体让出自身拥有的部分或全部控制权，从而获得相应的受益，而另一部分权利主体依靠付出相应的代价而获取这部分控制权。它涵盖了收购、合并、重组、剥离、分立、破产、清算等，具体分类如图8-1所示。

图8-1 企业并购重组的分类

1. 并购行为

并购行为主要指对企业股本与股权结构进行调整,其导致的结果是企业实际控制权与主体资格的变化,如收购与兼并。

2. 重组行为

重组行为主要指对企业资产与负债进行调整,其导致的结果是企业资产状况、上市资格与法律地位的变化。

3. 并购与重组混合行为

并购与重组混合行为指对企业的股权与资产同时进行调整,它包含前两种行为,如商业联盟、剥离、破产、清算等活动。

8.1.2 协议并购

协议并购是指收购人在证券交易所之外,直接与目标企业取得联系,以谈判、协商达成共同协议,从而实现收购目标企业股权的方式。协议并购容易获取目标企业的信任,有利于降低收购的风险与成本,但谈判时的契约成本较高。

协议并购的一般程序为:明确并购目的、目标企业的选择、并购战术的策划、购并小组成立、并购交涉开始、意向书的缔结,以及并购企业的资产、负债等情况调查和最终购并方法的确定、合同的缔结。

最后,让我们来看一个协议并购的经典案例。

2005年12月20日,思科公司以69亿美元的收购价格与Scientific-Atlanta(以下简称SA)达成并购协议。SA公司是当时世界上最大的机顶盒生产商之一,2005年的销售额高达19.1亿美元。此前SA股东对于收购价格并不满意,他们认为收购价格没有体现出SA的真正价值,因此,股东对SA提起了诉讼。此后,不断有消息称,微软、索尼、苹果、阿尔卡特等IT巨头有意并购SA。但随着并购协议的签署,业内的各种猜测不攻而破。

这次并购有助于加快视频行业的创新发展,改变电视节目的传输方式。

思科首席执行官约翰·钱伯斯认为，此次并购属于思科公司战略的一部分。如果公司无法独立开发某项新兴技术，那么并购这种方式也就值得考虑。最后，他还补充道："视频技术对我们来说太重要了。"

思科公司通过协议并购，在极短的时间内完成收购，从而避免出现与索尼、苹果、阿尔卡特这样的巨头对抗，加重收购成本。同时，收购成功后，思科公司补全了自身在视频技术领域的短板，实在是一举多得。

8.1.3 要约并购

要约并购是指收购人向被收购目标公司发出收购的公告，等到目标公司确认后，方可采取收购行为。这是国际上最常见的收购形式，其收购对象为上市公司依法发行的所有股份。

要约并购的主要内容如下。

（1）价格条款。要约并购的价格条款主要有自由定价主义与价格法定主义两种方式。

（2）要约并购的支付方式。我国《证券法》中并未对要约并购支付方式进行明确规定，而《收购办法》中相关规定允许投资人采用现金、证券等方式支付收购价款。《收购办法》对支付方式做出约束：当收购人以终止上市公司的上市地位而发出要约并购，或向中国证监会提出申请但未获得豁免而发出要约并购时，应当以现金支付收购价款；以依法可以转让的证券支付收购价款时，应当同时提供现金方式供目标公司的股东选择。

（3）收购要约的期限。根据我国《证券法》第90条第2款，以及《收购办法》第37条规定，要约收购的期限不得低于30日，不得超过60日，但如果出现竞争要约时除外。

（4）收购要约的变更和撤销。要约一经发出便对收购人具有约束力，但由于收购过程的复杂性，一旦出现特定情形，收购人有改变想法的可能。因此，我国《证券法》第91条规定，在收购要约确定的承诺期限内，收购人不得撤销其收购要约。收购人需要变更收购要约的，必须事先向国务院证券监督管理机构及证券交易所提出报告，经批准后，再予以公告。

要约并购的程序如下。

（1）我国《证券法》第79条规定，当收购人持有目标公司已发行的5%股份时，需要在该事实发生之日起三日内，向国务院证券监督管理机构、证券交易所做出书面报告，通知目标公司，并予以公告。

（2）当收购人持股达到30%，并准备继续并购时，收购人须向国务院证券监督管理机构提交上市公司并购报告书，附注规定事项。在收购要约的有效期限内，收购人不得撤回其收购要约。

（3）收购要约的期限届满，收购人持有目标公司股份达到75%以上时，该目标公司的股票需在证券交易所终止上市。

（4）收购要约的期限届满，收购人持有目标公司股份达90%以上时，其余持该目标公司股票的股东，向收购人以要约的同等条件出售其股票，收购人应当接受。收购完成后，被收购公司如果不具备《公司法》规定的条件时，应当依法变更其企业的形式。

（5）要约收购要约期间排除其他方式收购。

（6）收购目标公司的行为结束后，收购人需在十五日内将情况报告国务院证券监督管理机构和证券交易所，并予公告。

8.1.4 竞价并购

竞价并购的过程与要约并购的过程类似，参考要约并购过程即可。而它本身也具有以下特点。

其一，竞价并购以现金为支付方式，因此，收购方需要准备足够的现金。

其二，一般在现金出价过程中，目标公司的大部分股票可能会被风险套利者所购买。对于风险套利者手中所囤积的股票，收购方如果利用得当，可以降低敌意收购者的出价。

其三，竞价并购会使收购方承担极大的资金风险，尤其是大规模的收购交易。而降低收购成本的办法一般有两种：第一种是双层出价，另一种是依靠发行高收益债券获得融资。

其中，双层出价有两个阶段：第一阶段，收购方以现金收购股票，使其达到控制权比例；第二阶段，利用非现金收购剩余部分的股票。在第二阶段，收购方已提前取得目标公司的控制权，所以无须担心敌意收购者的竞争性出价。此外，这种方式还可以促使目标公司股东尽早出让其手中持有的股票。

8.1.5 托管重组

托管重组是指企业资产所有者以契约形式，在一定期限与条件约束内，将自身拥有的所有或部分资产的经营权、处置权，委托给其他法人进行管理。

托管重组的过程中，委托方将有效的经营机制、科学管理的方式、优质品牌等引入企业，而受托方凭借自身的管理与资金优势获取经济回报。托管重组的实质是资产所有权与经营权的分离，这种方式有利于促进企业政企分开，明晰企业产权关系。一般来说，托管重组有以下三种模式，如图8-2所示。

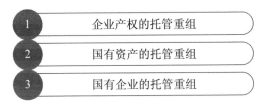

图 8-2 托管重组的三种模式

1. 企业产权的托管重组

委托方依据相关法律和政策，用合同的形式约束受托方，并付出一定代价作为补偿，将企业的财产权交给受托方处置。它实质上是一种非公开市场的企业产权交易。

2. 国有资产的托管重组

这种托管重组是指国有资产管理部门，将自身的国有资产以合同形式委托给受托方。在这种托管重组中，只能托管企业的经营权，不能托管企业的财产权。这种短期产出的经济行为，受托方只能在合同约定的范围内，进行经营机制的转换以及采取其他手段，运营国有资产。

3. 国有企业的托管重组

该模式一般由特定的部门或机构，接管部分亏损的国有中小企业，并对原有的企业、资产结构进行改造，实现资源的再配置。受托方接受的内容，包含企业的全部财产、全部职员与债务。

严格地讲，托管重组是指委托人通过信托协议，将企业资产或企业法人财产的经营权与处分权转让给经营管理能力强，且能够承担相应风险的受托人。所以，企业托管重组实质上源于信托。

8.1.6 债务重组

债务重组是指债权人依据其与债务人达成的协议，或法院的判决，同意债务人对债务条件进行修改。换句话说，只要债务重组时债务偿还条件与原协议有不同之处，均视为债务重组。

但以下情形不属于债务重组。

（1）债务人发行的可转换债券依据规定条件转为其股权（条件未发生更改）。

（2）债务人破产清算时的债务重组（这时应按清算会计处理）。

（3）债务人改组（权利与义务未发生实质性变化）。

（4）债务人借新债偿旧债（旧债偿还的条件并未发生改变）。

债务重组的方式如下所示。

（1）以低于债务账面价值的现金清偿债务。

（2）以非现金资产清偿债务。

（3）债务转为资本。

（4）修改其他债务条件。

其中，前三种属于即期清偿债务，后一种属于延期清偿债务。

通常情况下，债务人与债权人以非现金资产、修改负债条件等方式进行债务重组后，债权人会做出一定让步，以便债务人可以安排财务资金，或得以清偿债务。因此，假如在债务重组中，债务人以非现金资产、发行权益性证券的价值超过债务人应偿还的债务，这时也可不视为是债务人因暂时性财务困难而进行的债务重组。

债务重组从本质上来讲,其实是一项法律活动。它旨在通过某种方式改变债权人与债务人之间原有合同关系。

与同样具有改变债权债务关系的破产程序相比,债务重组则主要表现债权人与债务人之间的谈判与协议的过程,法律干预较少,与破产程序的"法定准则""司法主导"两大特征形成鲜明的对比。但是,债务重组也应当贯彻、体现法律所要求的平等、自愿诸原则,以平衡双方当事人的利益。

8.1.7 股权重组

股权重组主要包括股权转让与增资扩股两种形式。

1. 股权转让

它是指企业的股东将自身拥有的股权或股份,部分或全部转让给他人。

2. 增资扩股

它是指企业发行股票、新股东投资入股、原股东增加投资,从而增加企业的资本金。

股权重组无须清算程序,其债权、债务关系重组后依然有效。股权重组过程中,只有企业的股东或股东持有的股份发生变更。

除此之外,股权重组还有以下特征。

(1)参股、控股企业以其股份的占比,实现对目标企业产权占有的权利和义务。

(2)股权重组会导致目标企业的经营管理层发生变动。投资人常常以其所拥有的股份,要求目标企业对经营管理层进行改组,并调整成更符合自身利益的经营决策。

(3)在股权重组中,企业组织形式也容易发生改变。例如,传统的企业改组成为股份公司,以明确界定投资者各自的权益。

(4)股权重组可以发生于股份公司,也可以发生在非股份公司与股份公

司之间，从而组成利益攸关的命运共同体。

8.2 企业并购基本流程

这一小节我们将对并购的基本流程进行介绍。企业的并购需经历决策阶段、目标选择、时机选择、初期工作、实施阶段、整合六个流程。

8.2.1 并购决策阶段

企业通过与财务顾问合作，依据企业经营状况、资产状况、经营状况以及发展战略找出自身的定位，确定并购战略。也就是说，对并购的需求进行分析从而找出并购目标的特征，以及并购方向的选择。

8.2.2 并购目标选择

并购目标的选择有两种模式：定性选择模型、定量选择模型。

（1）定性选择模型：结合目标企业的资产状况、规模大小，以及产品品牌的影响力，与本企业在市场、地域等方面进行比较。同时，通过其他的信息渠道收集目标公司的信息，进行进一步的分析，避免陷入并购陷阱。

（2）定量选择模型：通过对企业数据的收集整理，以静态分析、ROI 分析等方式最终确定目标企业。

8.2.3 并购时机选择

通过对目标企业不间断地关注与信息积累，对并购的时机进行预测，并运用定性、定量分析模型进行可行性分析,最终确定并购时机。

8.2.4 并购初期工作

与企业所在地的政府沟通,争取获得他们的支持,这一点对于并购的成功非常重要。同时,还应当对企业进行深入的审查。

这时要核查的主要内容是被并购企业的资产情况,尤其是对土地权属的合法性、债权债务情况、诉讼情况、税收情况、雇员情况、抵押担保、认股权证等条件的核查。核查这些情况时,会计师、律师的作用十分关键。

最后,如果目标企业属于国营企业,在并购前,必须先取得负责管理其资产的国有资产管理局或国有资产管理办公室的批准同意。否则,并购不可以进行。而集体企业、私人企业、外商投资企业、股份制企业等则无此要求。

8.2.5 并购实施阶段

与目标企业谈判,确定并购方式、并购的支付方式(现金、资产、股权等)、法律文件的制作,确定并购后主要管理层人员的人事安排、原有职工的安置等相关问题,直至股权过户、交付完成。这其中主要包括以下五个方面的内容,如图8-3所示。

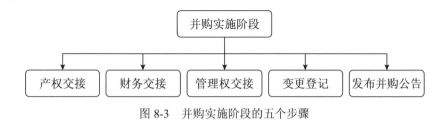

图8-3 并购实施阶段的五个步骤

1. 产权交接

并购双方的资产交接,需在银行等部门的监督下,依据协议办理移交手续,并进行验收、造册。目标企业遗留的债券、债务,依据协议进行清理,并据此

办理更换合同债据等手续。

2. 财务交接

并购后双方财务会计报表需要依据并购后产生的不同结果进行相应的调整。例如，如果被并购一方的主体结构完全消散，则应当对被并购企业的财务账册进行保管，而并购方企业的财务账册也要做出相应的调整。

3. 管理权交接

管理权移交是每一个并购实施阶段必须交接的事宜，这完全取决于并购双方签订的协议。如果并购后，被并购的企业还能继续由原有的管理团队主持工作，只要对外发布公告即可；但如果并购后，涉及被收购企业管理层的去留、新管理成员的驻入、管理权的分配等问题时，交接就比较烦琐。

4. 变更登记

续存公司需要进行变更登记，新设公司则需要进行注册登记，被解散的公司登记解散。这些登记只有在政府有关部门确认后，并购才正式有效。并购一经登记，因并购合同而解散公司的所有资产与债务，都由续存公司或新设公司承担。

5. 发布并购公告

并购双方要将兼并与收购的情况向社会公布，让社会各方面知道并购事实，方便他们随时调整与之相关的业务。

8.2.6 并购后的整合

对于企业而言，并购成功并不意味着结束。只有最后实现被并购企业与自身资源的成功整合与充分调动，促进公司的发展，产生预期盈利，这才算是真正完成并购。

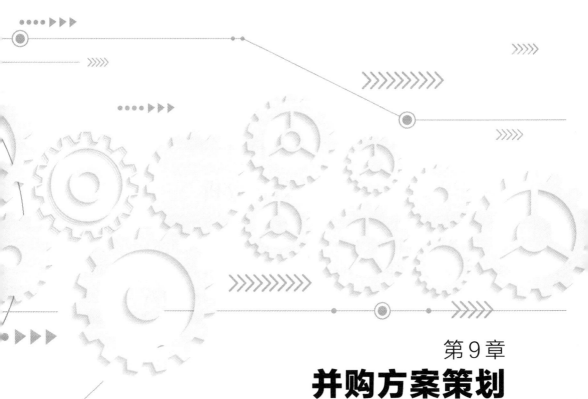

第 9 章
并购方案策划

　　快速策划出一篇具有干货的并购方案是个技术活儿,要知道并购方案策划中需要完成并购价值的分析,项目评估定价方法的选择,找出影响估值的因素等工作。下面就按照一篇并购方案的策划思路来进行介绍。

9.1 并购价值分析

所谓的并购价值，是指当多个权益的合并价值超出单个权益价值和的溢价价值。通过对并购价值的分析，可以找出被并购企业中有哪些值得收购的产业资本，如战略价值的分析；找出如何降低收购成本的因素，如重置成本和市值比较；行业情况分析使得企业做出更符合政策的收购决策，如行业情况分析；让企业的收购更加顺利，如股东和股东结构分析。

9.1.1 战略价值分析

战略价值是影响产业资本并购或回购相应目标的重要因素，常常是由产业资本战略目标与上市公司独特资源所决定的，是并购方案考虑的最主要方面。

独特资源常常是并购的首要目标，它具有不可替代性，其他试图进入该行业的资本近乎只能通过收购来完成。而已经占有该资源的大股东也不会随意放弃，如上市公司的门店、土地、品牌、矿产等具有明显垄断性的独特资产。

9.1.2 重置成本和市值比较

对于并购方来说，如何尽可能地降低收购成本是其重点考虑的问题。而通过比较重置成本与市值之间的差距，就可以找出影响收购成本的因素，从而做出相应的应对。市值越小于重置成本，对并购方的吸引力越大。不同行业的重置成本具有较大的差别，需根据不同情况采取不同的策略。

9.1.3 行业情况分析

行业情况分析分为两个方面：政策门槛和行业集中度。

1. 政策门槛

金融行业的并购就难以发生，这是因为相关的政策对金融行业的并购进行了很多约束。一般而言，与国计民生密切相关的行业，由于相关政策的约束，并购成本会变得非常高，也很难发生市场行为模式下的并购。

2. 行业集中度

行业集中度越低，并购时常常会发生控股权的争夺，反之则不然。

9.1.4 股东和股权结构

股权结构与股东情况也常常是决定并购方案方向的重要因素。

1. 股权结构

目标企业的股权结构越是分散，越容易出现并购行为，也越容易引发大股东回购。反之股权较为集中，发生并购难度一般较大。大股东有回购承诺或表态回购意愿的也必须要关注。

2. 大股东情况分析

大股东的资金紧张情况，或该行业资金普遍紧张，都有可能促使大股东引入新的投资方，或者对恶性并购行为减少对抗，从而引来其他产业资本的关注。

3. 股东行为

对股东抛售或增持的历史记录进行分析，获悉大股东对该公司实业价值的看法。

4. 股本规模

股本规模较小的上市公司，并购所需的资金成本一般较小。所以，小规模上市公司更容易出现并购或者回购。尤其是当中一些有价值的龙头企业，其被并购的概率往往较大。

9.2 项目评估定价方法

在第一章中，我们已经对收益法、成本法、市场法进行过介绍，不过当时是对股权价值的评估。而这一节中，我们将对这三种方法在项目评估定价中的应用进行深入探究。

9.2.1 收益法

收益法的理论基础是经济学原理中的贴现理论，简单来说，就是指资产的价值应该包含其未来收益的现值。收益法的计算方法有以下几种，如图9-1所示。

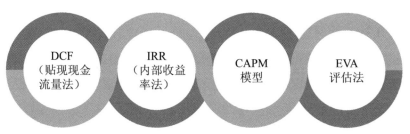

图9-1 收益法的计算方法

1.DCF(贴现现金流量法)

DCF 是由美国西北大学阿尔弗雷德·拉巴波特在 1986 年提出的,因此,这种方法也称拉巴波特模型,这是一种确定最高可接受价格的并购方法。

该模型所用的现金流量是指扣除税收、必要支出和增加的营运资本后,可以支付给所有清偿者的现金流量。

这种方法对目标企业价值评估的整体思路:预估并购后增加的现金流量与折现率,之后计算出增加的现金流量现值,这就是并购方能够承受的最高价格。如果最终成交价格高于这个价格,并购企业就无法给并购方带来好处,反而会引起亏损。

DCF 方法的主要缺点是其对预测本身具有的不确定性。在现实生活中,每个企业都会经历不同的成长阶段:

企业早期的成长率大于整个经济体系成长率;

企业中期的成长率等于整个经济体系成长率;

企业晚期的成长率小于整个经济体系成长率。

再加上其他诸多因素的干预,如市场状况、产品状况、竞争状况、经济状况、利率、汇率等,预测的准确性也因此而减弱。所以,这一方法的运用对并购方的预测准确度要求较高。

不过,这种方法考虑到可能存在的假定与不确定性因素,尤其是将它用于为并购方确定最高定价时,其结果具有较大的参考价值。

运用 DCF 方法计算目标企业价值的步骤如下所示。

第一步,建立自由现金流量预测模型。

拉巴波特认为有五种因素影响目标企业的价值:销售增长率、经济利润边际、新增固定资产投资、新增营运资本、边际税率等。他将这五种因素纳入到自由现金流量模型中,公式为

$$FCF = S_{t-1}(1+g_t) \times P_t(1-T) - (S_t - S_{t-1}) \times (F_t + W_t)$$

式中:

FCF——自由现金流量;

S_t——年销售额;

g_t——销售额年增长率;

P_t——销售利润率；

T——所得税率；

F_t——销售额每增加1元所需追加的固定资本投资；

W_t——销售额每增加1元所需追加的营运资本投资；

t——预测期内某一年度。

第二步，估计折现率或加权平均资本成本。

折现率是指并购方要求的最低收益率，也就是资本成本。由于并购方的资金来源是复杂的，如留存收益、增发新股、举债融资等渠道，这就需要对各种长期资本成本的因素进行估计，以此计算加权平均资本成本：

$$K = K_s(S/V) + K_b(1-T)(B/V)$$

式中：

K_s——股东对此次投资要求的收益率；

K_b——利率；

S——自有资金数量；

B——对外举债；

V——市场总价值；

T——企业的边际税率。

第三步，利用贴现现金流量模型，计算现金流量的现值。公式如下：

$$V = \sum \frac{FCF}{(1+K)^t} + \frac{F}{(1+K)^t}$$

式中：

FCF——自由现金流量；

K——折现率或加权平均资本成本；

F——预期转让价格；

V——企业价值。

假如华语公司准备于2018年年初并购龙腾公司。经预估收购后有6年的自由现金流量，2017年龙腾公司的销售额为1.4亿元，并购前5年销售额每年递增5%，第六年的销售额维持在第五年的水平，销售利润率3%（含税），固定资本增长率15%、营运资本增长率5%，加权平均资本成本为10%，其目标企业的价值如表9-1所示。

表 9-1 目标企业的价值

项目\年份	2018	2019	2020	2021	2022	2023
销售额（万元）	14 700	15 435	16 208	17 017	17 868	17 868
销售利润（万元）	441	436	486	511	536	536
所得税（万元）	146	153	160	169	177	177
增加固定资本（万元）	105	110	116	122	128	0
增加营运资本（万元）	35	37	37	41	43	0
自由现金流量（万元）	155	163	173	179	188	359

$155 \div (1+10\%) + 163 \div (1+10\%)^2 + 173 \div (1+10\%)^3 + 179 \div (1+10\%)^4 + 188 \div (1+10\%)^5 + 359 \div (1+10\%)^5 = 869.43$（万元）。

由此可见，如果华语公司能够以 869.43 万元或更低价格购买龙腾公司，这个价格就是其能接受的收购价格底线。

2. IRR（内部收益率法）

当资金流入现值总额等于资金流出现值总额、净现值为零时的折现率便是内部收益率。IRR 方法的基本原理是找出一个可以概括企业投资特点的数值。内部收益率的大小完全取决于企业的现金流量。

IRR 方法只能告诉投资人评估企业适不适合投资，却无法知晓具体的投资价钱。对于投资型企业，当内部收益率大于贴现率时，适合投资；当内部收益率小于贴现率时，不值得投资；融资型企业则恰恰相反。

3. CAPM 模型

CAPM 模型又称资本资产定价模型，它是由美国学者夏普、林特尔、特里诺、莫辛等人于 1964 年发展起来的理论。这套模型主要研究资产的预期收益率与风险资产间的关系、均衡价格是如何形成的，等等。它是现代金融市场价格理论的支柱，广泛应用于投资决策和公司理财领域。

4. EVA 评估法

美国思腾思特公司提出的经济增加值概念，是指企业的税后净营运利润减去股权、债务等全部投入资本的机会成本后的所得。思腾思特公司认为:"企业在评价其经营状况时采用的会计利润指标存在缺陷,无法正确体现企业的真实经营状况,因为它们忽视了股东资本投入的机会成本,只有企业盈利超过其资本成本时才为股东创造价值。"

EVA 评估法是近年来在国际上较流行的用于评估企业经营管理状况与管理绩效的方法。在 EVA 的企业价值体系中,企业价值 = 投资资本 + 预期 EVA 的现值。依据斯腾·斯特的解释,EVA 是指企业资本收益减去资本机会成本的数值。

也就是说,EVA = 税后营业净利润 - 资本总成本 = 投资资本 ×(投资资本回报率 - 加权平均资本成本率)。

EVA 评估法不仅可以考察企业的资本盈利能力,而且可以洞察企业资本应用的机会成本,从而具有考察企业从优选择项目的能力。

9.2.2 成本法

成本法是在目标企业资产负债表上,对企业各项资产价值与负债进行合理评估,从而确定评估对象价值,其主要方法为重置成本法。

重置成本法将目标企业视为各种生产要素的综合体,在对各项资产清查核实时,逐一对各项可确指资产进行评估,之后再加上企业的商誉或减去经济性损耗,就可以获得企业价值的评估值。

企业整体资产价值 = ∑单项可确指资产评估值 + 商誉(或 - 经济性损耗)。

重置成本法的原理类似于等式 1 + 1=2,各单项资产的相加等于企业总资产。因此,该方法存在一个重大缺陷:忽略不同资产之间的协同效应或规模效应,企业在经营过程中往往会出现"1 + 1 > 2"的情况。换句话说,企业的整体价值是超出单项资产评估值之和的。

9.2.3 市场法

市场法是将目标企业与类似交易案例的企业、股东权益等进行对比,从而确定目标企业价值。此方法应用的前提是市场上相似的资产必须存在相似的价格。

市场法中常见的三种方法是参考企业比较法、并购案例比较法与市盈率法。

1. 参考企业比较法与并购案例比较法

参考企业比较法与并购案例比较法的原理相近，都是通过将目标企业与类似企业的财务与经营数据进行对比分析，再乘以经济指标或比率，从而得出评估对象价值。

但是，在现实中，很难找到一个与目标企业具有相同风险与相同结构的对象。因此，参考企业比较法与并购案例比较法常常按照多重维度对企业价值进行拆分，并依据不同部分与整体价值的比重强弱确定权重。其计算公式如下所示：

被评估企业价值 =（a× 被评估企业维度 1/ 标杆企业维度 1 ＋ b× 被评估企业维度 2/ 标杆企业维度 2 ＋⋯）× 标杆企业价值

2. 市盈率法

市盈率法又称市盈率乘数法，它是专门针对上市公司价值评估的。目标企业股票价格 = 同类型公司平均市盈率 × 目标企业股票每股收益。

运用市盈率法评估企业价值，需要有较为完善的证券交易市场作为前提，还要有数量众多、行业全面的上市公司。鉴于我国证券市场还处于完善阶段，因此，市盈率法仅作为企业价值评估的辅助体系，不适合作为独立方法进行目标企业的价值评估。但是，在国际市场上，市盈率法的应用较为成熟。

9.2.4　宇通客车并购精益达

宇通客车曾在公告中宣布，将预计以人民币 37.94 亿元向宇通集团、猛狮客车收购其合计拥有的郑州精益达汽车零部件有限公司（以下简称精益达）100% 股份，其购买方式分为发行股份与现金支付两种。

"大股东看好宇通客车的发展，"宇通客车董事、董事会秘书于莉在接受采访时透露,"精益达的评估价格由第三方机构按照资产基础法和收益法进行整体评估,并选取收益法评估结果作为最终评估价格。而交易价格低于评估价,主要是控股股东宇通集团支持客车板块的发展,(收购精益达后)宇通客车的毛利率将提高4%。"

"在收购精益达后,宇通客车在整车产业链上的加工深度将比其他客车企业更深,成本采购上也更具优势。"于莉表示,此前宇通客车从外界采购的新能源整车控制器价格高达人民币2万元,当精益达完成自制后,价格不足人民币2000元。

依据宇通客车发布的《发行股份及支付现金购买资产暨关联交易报告书(草案)》称,第三方独立机构中联资产评估集团对精益达估价为人民币40.75亿元,较此前预估价低人民币1.85亿元;交易价格为人民币37.94亿元,较此前预估价低人民币2.81亿元。该草案中还宣布宇通客车将以每股人民币15.58元的价格,向宇通集团、猛狮客车发行1.49亿股和5 829万股,并支付现金人民币4.09亿元与人民币1.6亿元。

此次评估的企业中联资产评估集团是国内规模与影响力最大的评估机构,该机构依据精益达的实际情况,并考虑各种影响因素,通过实施清查核实、实地查勘、询证、评定估算等程序,并使用资产基础法与收益法对精益达进行估价。

资产基础法是通过静态的历史角度对企业价值进行分析,将企业的资产切割开来并用资产评估值减去负债评估值作为股东的权益价值,这种方式并不考虑企业发展因素,也不考虑到其他未计入财务报表的因素,无法全面反映企业的真实价值。

而运用收益法评估时,可以对被评估企业预期发展因素产生的影响考虑在内,不仅包含了资产负债表上的有形资产、无形资产与负债价值,同时也包含了资产负债表上未列示的人力、技术与客户资源等优势。这一场对精益达的资产评估中,中联资产评估集团以收益法评估结果作为最终评估结论。同时,在本次评估中,13.76%的现金折现率属较高水平。一般而言,折现率越高,评估值越低。

一些评估机构认为,"此次评估中的收益法评估结果偏大,其原因在于标的资产所处行业发展空间较大,且标的资产的盈利能力较强"。尽管评估价较高，但宇通客车在并购精益达的过程中，实际交易价却仅低于预估值人民币 2.81 亿元，彰显了宇通集团的诚意。

在以往不少上市公司中都采取过于宇通客车类似的方法。如 2009 年世荣兆业收购世荣实业 23.75% 的股权，其估值为人民币 96 542.83 万元，而实际收购价格为人民币 82 012.00 万元。2013 年海澜之家 100% 股权的估值为人民币 1 348 896.44 万元，实际交易价格为人民币 1 300 000.00 万元。爱乐游 100% 股权估值为人民币 43 976.91 万元，奥飞动漫的实际并购价格为人民币 36 700 万元。

这种估值方式是上市公司在尊重企业评估值与保护中小股东利益上的折中选择。据有关人士透露，本次交易标的精益达的估价大约为其 2014 年预测净利润市盈率的 7 倍。依据盈利预测，此次交易会提高宇通客车每股收益 0.13 元。

9.3 影响估值的因素

评估目标公司的并购价格时，无论哪种评估方法都是以公司的财务数据、公司业绩、市场表现等条件为依据，而最终的估值是在评估结果的基础上经过双方协商确定的。除此之外，并购的动机、评估人员的专业程度等都会对估值产生影响。

9.3.1 并购动机

依据并购的动机，收购方可以采取以下三种并购方式。

如果收购方仅是想要得到目标企业的某些设备，而无意经营该企业，同时目标企业的财务资料翔实，那么可采用账面价值法。

如果收购方是为了增加盈利，那么可选用现金流量贴现法。

如果收购方是为了降低企业的风险，重置成本法可以较全面地考虑到市场价格因素、价格周期波动因素、有形资产的价值等因素。所以，它可以作为主要的评估方法。

9.3.2　目标企业行业成熟度

行业成熟度决定了当市场上规模相同、盈利状况相同时的上市企业数量，而这是运用市盈率法评估目标企业价值的前提条件。只有找到与目标企业条件接近的样本企业，市盈率法才能实现合理的评价。

9.3.3　目标企业发展前景

依据目标企业发展前景，收购方可以采取以下两种并购方法。

一种是如果目标企业已经丧失了发展壮大的潜力或已经没有存续价值，那么可选用清算价格法。

另一种是，如果目标企业具有极大发展潜力，且行业竞争压力小，可采用账面价值法。

9.3.4　评估人员专业程度

任何一个成功的企业并购，与评估人员的专业素质也息息相关。一个专业的评估人员应该具备以下几点特质。

（1）审查企业的商业计划，检查企业完成产品生产的成本，依据实际情况对其财务进行预测。

（2）关注关键技术人员、关键管理岗位人员的能力，并判断他们是否会流失，对替代他们的成本进行预算，研究相关的保密协议和不竞争协议。

（3）对于有技术专利的企业，对其进行批量生产的成本与时间进行分析。

（4）对企业获利的价格进行了解，并对有关的分销渠道进行分析。

（5）分析企业期权激励措施的安排情况。

9.3.5 其他不可控因素

除了上述因素外,世界经济形势的变化、国家宏观经济的发展状况、法律法规的健全程度等来自外界的诸多不可控因素,也会对目标企业的价值评估产生影响。收购方在对目标企业价值评估时,需要考虑这些不可控因素的影响,从而对评估体系进行优化和修正。

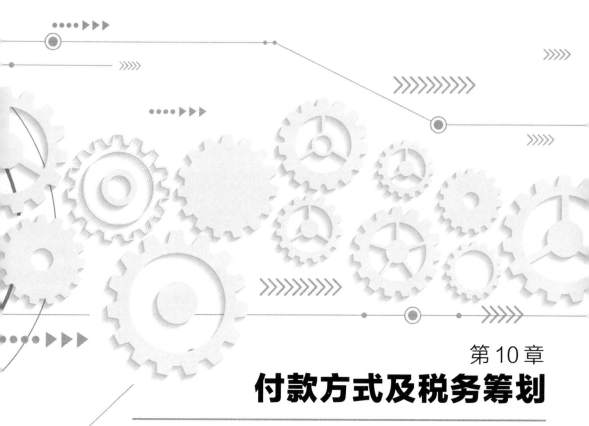

第 10 章
付款方式及税务筹划

交易双方所采用的付款方式不同会导致其纳税义务的时间不同。因此，对于企业来说，如果付款方式选择得当，可以拖延入账时间，达到延缓纳税，获得货币时间价值的目的。

10.1 支付方式

支付方式的种类有很多,本节主要对现金支付方式、股权支付方式、资产置换支付方式、承债式支付方式、无偿划拨支付方式、综合证券支付方式进行全面阐述。

10.1.1 现金支付方式

现金支付是最快捷的一种支付方式。具体来说,它是指收购方通过支付现金来获得目标企业的资产或控制权。

现金支付的优势如下。

(1) 现金收购只涉及目标企业的估价,简单明了。

(2) 现金支付便于交易尽快完成。

(3) 支付金额明确界定,收购后不会影响并购后的目标企业资本结构,有利于股价的稳定。

现金收购的缺点:对并购方而言,现金支付方式需要筹集大量现金,这会给企业带来巨大的现金压力;对目标企业股东而言,当无法推迟确认资本利得,会承担较重的税务。

10.1.2 股权支付方式

股权支付是指收购方将自身股权支付给目标企业股东,依据一定比例换取目标企业股权,从而完成收购。

股权支付的优点如下。

(1)无须大量现金,收购方现金支付压力小。

(2)分散估价风险。一般而言,由于收购方对于目标企业的了解不一定全面,因此很难事先发现目标企业内部存在的全部问题。采用股权支付,卖方获得收购方控股公司的股权,双方利益捆绑在一起,估价风险由收购方与卖方共同承担。

(3)延期纳税。对目标企业股东而言,股权支付方式可延迟收益的时间,获得延期纳税的好处。

股权支付的缺点如下。

(1)卖方不能立刻获得流动性资金。

(2)收购人的股权被稀释。

大多数收购交易并不会单独采取股权支付方式,而是采取组合方式,即在交易过程中,部分采用现金方式支付,部分采用股权方式支付。这种组合方式有利于收购双方以灵活的方式管理现金。

10.1.3 资产置换支付方式

资产置换支付是指上市企业的控股股东以优质资产、现金等置换上市企业的呆滞资产,或以主营业务资产置换非主营业务资产等情况。资产置换常常发生在公司上市的过程中,母公司在子公司收购完成后,将自己的优质资产卖给子公司,之后子公司将不良资产或项目卖给第三方或自己。如此一来,母公司就可以借子公司的壳实现间接上市的目的。

资产置换的优点如下。

(1)支付过程中无现金,减少了收购方的现金压力。

(2)收购方在买入优质资产时剥离了不良资产,可一举两得。

(3)收购方在置换资产时可以获得一笔可观的投资收益或营业外收入。

资产置换的缺点:由于资产置换近似于物物交换,往往难以成交。

10.1.4 承债式支付方式

承债式支付方式是指收购方不向目标企业支付任何现金及有价证券,而是以承担目标企业所有债务作为支付方式,从而取得目标企业的股份。这种方式在濒临破产的国有企业及连续几年亏损的上市公司并购中常常被采用。

10.1.5 无偿划拨支付方式

无偿划拨支付方式是指国家以行政命令将国有企业的控股权从一个国有资产管理主体划拨给另一个国有资产管理主体,而接受方无须给予出让方现金、证券等补偿。这种支付方式交易成本低,速度快,产权整合力度大,且收购方常常可以享受到当地政府给予的政策优惠,但这有可能会使收购方背上沉重的负担。

10.1.6 综合证券支付方式

综合证券支付方式是指收购方在收购过程中,采用现金、股票、认股权证、可转换债券等多种支付形式共同支付。这种方式可以将多种支付方法组合在一起使用,不仅可以避免现金支出过多而造成的财务结构恶化,而且还能有效防止收购方由于股权稀释而造成的控制权转移。

10.2 税收筹划

税收筹划的本质是一种合理的避税方式。它起源于英国一宗税务案,当时参与此案的汤姆林爵士对税收筹划做出这样的定义:"任何一个人都有权安

排自己的事业。假如依据法律的某些安排可以少缴税,那就不该强迫他多缴税。"经过半个多世纪的发展,税收筹划的定义演化成:"在法律规定的范围内,通过对经营、投资、理财等行为的提前筹划与安排,尽可能取得节税的经济利益。"本小节将对税收筹划中的五种方式进行讲解。

10.2.1 不同的并购融资方式税务成本不同

一般来说,并购融资方式分为增资扩股、借贷和发行债券三种。增资扩股无须偿还本金,但是会稀释控股权,减少每股的收益。而以借贷或发行债券进行并购融资时,相关的借款或债券利息符合税法规定的可视为财务费在税前扣除,降低企业税负。但贷款或债券到期时并购方需要偿还本金,企业可能面临较大的资金压力。假如并购方发行可转换公司债券,相关利息也可以在税前抵扣。

如果企业业绩出色,转股价低于市价,债券持有人往往都会将债券转换为股份。此时,并购方可以免除债券到期还款的压力。所以,发行可转换债券具有一定的灵活性,且风险小,税务成本也相对较低。此外,如果债权人为海外企业,作为国内企业的并购方还需要代其扣缴预提所得税及营业税等,具体税率视中国与其他国家签订的双边税收协定内容而定。

10.2.2 并购存在大量关联交易的企业,税务风险核心

如果被收购企业存在大量的关联交易,并购方在收购时需额外注意其关联交易转让定价的税务风险。依据现有的企业所得税法规要求,企业与其关联方的业务往来定价应与该企业同其他独立企业间的业务定价相当,并将有关文件向税务机关备案。任何与该要求不相符的安排都可能导致企业产生关联交易,从而被税务机关调整转让定价,补征企业所得税。

因此,并购方需要对相关风险做出评估,并在定价、并购协议中妥善考虑和安排。同时要求被并购方妥善准备与保管有关关联交易的文档,如定价政策、可比信息、预约定价安排等。

10.2.3 被收购企业存在股权激励计划应考虑哪些税务风险

依据相关税法规定，企业可将股权激励成本按照一定的计算方式当作工资薪金支出，并且在企业所得税税前扣除。被授予股权激励的员工，企业需要为个人代扣代缴个人所得税。

一些企业由于对税法了解不够全面，而未能及时在税前扣除股权激励成本，或未做好个人所得税的代扣代缴义务，由此会引发相关的税务风险。此外，股权激励的会计处理会增加相关的支付成本，从而影响企业利润。

10.2.4 海外并购的税务筹划需要考虑的问题

海外并购的税务筹划通常考虑的问题有以下五个方面。

1. 海外并购架构是否有合理的商业目的

如果企业并购不具备合理的商业目的而减少其应纳税收入，税务机关有权依据合理方法调整。

2. 是否能利用税收协议/安排

在选择海外架构公司的地点时，应该考虑该国家、地区是否与中国有相关的税收协议；申请享受股息、利息等税收协定待遇时，需提供能证明其"受益所有人"身份的相关资料。

3. 受控外国企业的税务风险

对于由中国居民企业设立在实际税负明显低于我国法定税率水平50%的国家、地区的企业，假如境外企业没有对利润不作分配或减少分配的，中国税务部门有权对相关利润中属于中国居民企业做部分征税。

4. 境外中资企业被判定为中国税收居民的税务风险

设立在境外的公司，是否在境内拥有实际管理机构，是否被认为是中国

居民企业，其判定依据来源于中国境内、境外企业所被征收的所得税。

5. 汇回收入的境外税负抵扣问题

一般企业若其境外投资架构过于复杂，致使汇回收入无法完全抵扣境外已缴税负，此时需进行适当的重组。

10.2.5 交易的架构设计需要注意的问题

交易的架构设计又需要注意以下三个方面的问题。

（1）交易实施过程中的税负，如股权收购、资产收购的税务考虑。

（2）在日常经营产生的经营利润、资本利得、股息分配等税负。

（3）退出投资过程中的税负等。

第11章
法律尽职调查：阶段、渠道、内容

　　尽职调查是股权投资过程中必不可少的环节，投资方常常依据尽职调查结果，对目标企业进行客观评价，并形成尽职调查报告。同时，投资方会再依据尽职调查报告与风险控制报告进行决策。法律尽职调查分为三个部分：调查的阶段、调查的渠道和调查的内容。

11.1 尽职调查的三个阶段

尽职调查的操作阶段一般包括了解交易目的、调查对象及法律政策检索——制订尽职调查方案——从尽职调查的对象身上获取调查资料——编制工作底稿——草拟尽职调查报告、修订尽职调查报告等阶段。而以上这些阶段又可以重新划分为准备阶段、实施阶段和报告阶段。

11.1.1 准备阶段

准备阶段分为以下 4 个步骤。

（1）了解交易目的，确定调查方向：如资产收购需要关注公司的固定资产、流动资产等，而股权收购则需要关注公司的负债情况。

（2）初步了解调查对象：这一步骤的目的是确定对象范围，如目标公司的子公司、控股公司等；此外，还需要参加委托人组织的项目协调会议，与尽职调查各团队联系与沟通。

（3）法律政策检索：交易相关法律法规、行业规定；准入或限制性政策等。

（4）制订调查方案：包含律师团队的工作内容时间表、项目调查清单、团队职责分工等。

项目调查清单的内容大致包括目标公司设立、目标公司历史沿革、各项法律资格、股东、重大资产、关联公司、财务情况、环境保护、重要合同、债权债务情况、担保情况、税费、保险、知识产权、重大诉讼记录、仲裁情况、行政处罚、环境保护、业务经营等概况。

不同项目、不同行业的项目调查清单不同，在上述清单的基础上律师应依据具体情况设计调查清单。此外，项目调查清单中的项目列表，可能随着调查的进行有所补充增加。

11.1.2 实施阶段

实施阶段分为以下4个步骤。

（1）获得调查对象配合：调查时，需要向调查对象发送项目调查清单（保密事项不包括在内）。

（2）资料整理：收集资料务必保证真实、合法、完整和有效，如原件与复印件是否一致等。

（3）补充尽职调查：如果材料来源有问题的，必须进行补充调查；又或者政府部门提供或需要目标公司配合核查的，如房产、土地等，应与委托人进行沟通。

（4）编制工作底稿：对收集的文件装订成册，如知识产权卷、公司历史卷等。工作底稿为调查项目列表提供依据，也是判断律师是否尽到调查义务，是否有赔偿责任的依据。

11.1.3 报告阶段

在搜集足够的相关资料后，尽职调查团队通过专业手段、方法进行法律分析，对已核证的事实、待核证的事实、未核证的事实进行分类。并就分析结果给出结论性的法律意见，就交易存在的法律问题与风险发表意见，并给出解决建议。它主要包括以下两个方面。

（1）草拟尽职调查报告：包括计划、步骤、时间、内容和结论等。

（2）修订尽职调查报告：与委托人和调查对象沟通，确定调查报告最终版。

11.2 调查渠道和方法

通过各种调查渠道与方法，尽可能地收集完善的资料是尽职调查过程中最为重要的一环。尽职调查团队从各渠道收集资料，并验证其可信程度，最终完成尽职调查报告与风险控制报告。

11.2.1 收集书面资料并核对

与目标公司对口负责人保持沟通。收集的资料需要核对原件，无原件的，需要通过查询和函证的方式核实。目标公司经常有对尽职调查团队要求不熟悉的情况，因此需要尽职调查团队主动出击。

例如，目标企业向尽职调查团队提供的安全生产许可证过期了，这时尽职调查团队能说明这个企业生产经营合法吗？再或者，客户提供的合同文件没有签署页，或者与别的合同有交叉，这时尽职调查团队就需要仔细鉴别，并要求客户补充文件。上述例子说明收集书面资料时，尽职调查团队必须要核对资料。

11.2.2 访谈

从目前监督机关的要求来说，访谈的对方不仅仅包括发行人、目标企业的相关负责人，也包括目标企业的重要客户。在对这些目标对象访谈的过程中需要做好笔录，并让受访者在访谈笔录上做好签字，确保访谈资料的真实可靠。

11.2.3 向政府部门调查

向政府部门调查是指对工商、税务、土地、环保、法院等部门的调查，是调查渠道中必不可少的一个组成部分。尽职调查团队通过对这些部门的调查可以确认公司生产经营的合法性。只有在这些监管部门得到确认，尽职调查团队才能获得企业合法运作的支持性证据。这样尽职调查得出的结论才是客观公正的，也经得起检验。此外，与这些部门人员交谈后，尽职调查团队需做好访谈记录。

11.2.4　现场考察

俗话说，"百闻不如一见"。现场考察可以让尽职调查团队对目标企业有个全面的认识。例如，调查某个企业的生产工厂，那么工厂在哪个省份，哪个市区？这些都需要尽职调查团队现场考察，确认实物与证照的一致性。

厦门某企业曾通过复印技术编纂证照文件，然后该企业在香港联交所申请上市，在即将发行时，有人举报该企业并不存在。联交所调查人员到厦门核查，发现果真如此。原来，该企业提供的所有证照文件都是打印出来的，之所以出现这样荒诞的事情，就是因为尽职调查过程中疏忽了现场考察。上述案例起到了反面警示作用，让尽职调查团队明白尽职调查过程中的现场勘查是必要的。

11.2.5　网络查询

目前，网络查询工作在尽职调查中的工作量较大，主要涉及拟上市公司的年报、行业地位、趋势、被执行人查询等内容。

企业的年报可以在企业网站查询，行业地位与趋势可以查询"巨潮资讯网"，该网站可以查询交易对手的运营信息，包括该公司发布的公告、财务指标、公司年报等内容；登录"全国法院被执行人信息查询系统"，可以查询2007年1月1日以后新收及此前未结的被执行人信息；此外，对于不履行或未履行所有义务的被执行人，还可以登录"全国法院失信被执行人名单信息查询系统"，该网站可查询自2013年10月24日以后的被执行人履行情况、执行法院等具体情形等内容。

"巨潮资讯网"的网址为：http：//www.cninfo.com.cn/。

"全国法院失信被执行人名单信息查询系统"的网址为：http：//shixin.

court.gov.cn/。

"全国法院被执行人信息查询系统"的网址为：http：//zhixing.court.gov.cn/search/。

11.2.6　与其他中介机构沟通

与其他中介机构沟通并参考这些机构提出的意见，可以使尽职调查团队发表的意见更准确。如审计报告中是否有诉讼费，是否存在违反税法情况，是否存在对外担保事项，是否存在发行人不遵守合同情况，是否存在未诉讼事项等内容。

其中，未诉讼事项中，假如客户表示不存在，也不提供任何资料，尽职调查团队通过网络查询也未发现，而此时审计师等专业机构的审计报告中可能就涉及相关内容。此外，尽职调查团队还需要与评估师等中介机构保持联系，这样可以避免交叉事项上的职业风险，还可以尽职调查的提高效率。

11.2.7　函证

函证是指注册会计师为取得影响财务报表的信息，通过直接来自第三方对相关信息的声明，获取和评价审计证据的过程。通过函证获取的信息可靠性较高，因此，函证是受到高度重视并经常被使用的一种重要程序。

而从监管角度出发，为了防止客户与发行人之间合谋，例如，关联交易非关联化，因此，尽职调查中通过函证的方式核查大客户的交易信息就必不可少。实际上在发送函证的过程中，尽职调查团队基本上会与审计师一起发送，如此既省去发行人与客户进行多次沟通，也省去客户多次回函。在发送函证的过程中，需要保留回执。

11.2.8　非公开调查

非公开调查是指尽职调查团队通过动用自己的人脉资源了解目标企业的

情况,如行业地位、社会评价、是否存在民间借贷等情况。通过对这些资料的收集、分类、鉴别、归纳,并根据相关的法律法规和政策,运用专业知识和技能对信息进行总结,从而为出具尽职调查报告补上最后一块砖。

11.3 调查范围和内容

尽职调查中,当投资人与目标企业达成合作意向后,经协商一致,尽职调查团队将对企业的经营数据与历史沿革、股东股权、管理人员背景、公司治理和运作规范、管理风险、技术风险、税收及补税、知识产权、资金风险等方面进行全面深入的审核。

11.3.1 目标公司现状及历史沿革

目标公司现状及历史沿革的调查分为以下9个方面。

(1)目标公司大体情况:营业证件、章程、工商档案。

(2)历史沿革:调查目标公司设立、股权、主营业务、资产及实际控制人的演变情况,包含每一次变更是否符合章程规定程序。

(3)项目审批:目标公司的固定资产引进与外资等行为,会涉及发改委与商务部的审批。

(4)营业执照:包括确保执照登记内容与经营范围一致,是否涉及变更登记,出资是否缴实,是否涉及外资准入等内容。

(5)印章及银行账户:确定与银行印鉴是否一致。

(6)外商投资企业批准证书:与营业执照是否一致,是否进行变更审批。

(7)经营范围:是否已经获得许可,并购后是否需要更改。

(8)注册资本:实物与无形资产的出资是否符合出资程序。

（9）资产评估报告审查：评估机构资质，是否履行备案程序。

11.3.2 股东股权调查、对外投资情况

股东股权、对外投资情况的调查分为以下9个方面。

（1）调查出资协议与合资协议中是否有隐名股东、股权代持等情况，找出实际控制人与关联交易情况；并对协议与公司章程、营业执照的内容是否一致进行审查。

（2）调查出资方式是否存在限制出资的情况。

（3）调查非货币资产出资：关注政策性限制、估价和转移。

（4）调查股东是否依据法定或约定履行了出资义务。

（5）调查法定公积金是否按规定提取，是否违法分配利润。

（6）调查股权转让是否违反法定或约定的股权转让限制，如外资企业股权转让的特殊规定。

（7）调查股东向公司借款或抽逃出资问题。

（8）关于股东出资、股权转让、增资、减资的股东会、董事会决议是否存在未尽事项和争议。

（9）出资瑕疵及责任。

11.3.3 公司治理和运作规范

公司治理和运作规范的调查分为以下5个方面。

（1）公司组织结构是否健全，各部门职责是否清楚，以及员工任免情况。

（2）公司章程中是否存在反收购条款，以及董事分级制度与股东权利的特别规定。

（3）公司的股东大会、董事会、监事会的规范运作情况，如是否按规定召集，程序是否正当，决议内容是否符合法律规定等。

（4）公司的法定代表人。

（5）公司董事和高管的法律义务。

11.3.4 企业经营、供销渠道

企业经营、供销渠道的调查分为以下4个方面。
（1）产业结构调整和发展方向是否符合。
（2）经营模式和主营业务。
（3）资质许可。
（4）调查产品服务、技术研发、业务发展目标。

11.3.5 土地使用权等主要财产权

根据我国有关的法律规定，土地属于有偿出让使用权的资产，而土地与其附着物必须一起出让、抵押等。而土地的价值决定其权利状况，划拨方式与出让方式取得的土地、工业用地与商业开发用地、拥有70年使用权与仅有20年使用权的土地最终的价值差距很大。此外，抵押的土地与房产转让会受到限制，价值上也会有一定的下降。所以，调查时需要对土地使用权等主要财产进行调查。土地使用权等主要财产权的调查分为以下5个方面。
（1）调查该土地的使用类型（划拨、出让），并判断其土地获取是否合法。
（2）调查受让、自建、租赁、出租等房产是否证件齐全。
（3）调查在建工程的手续是否完备，施工是否合规，工程是否存在负债等情况。
（4）调查机器设备等固定资产是否进行过登记。
（5）调查财产保险的种类是否全面，是否缴纳完全部费用。

11.3.6 财务状况、重大债权债务情况、重大合同

1. 财务状况的调查

企业并购的主要目的是获取目标企业各种资产的控制权或所有权，尤其是涉及土地使用权、房产权、机械设备所有权、专利权、商标权等内容时，目

标公司应当对其拥有完整无瑕的控制权或所有权。

法律尽职调查的意义在于发现目标公司的所有产权，并理顺这些产权背后错综复杂的关系，确保收购方取得的目标企业的财产完整，不存在法律上的后遗症。

因此，法律调查时还应取得目标企业财产账册，了解其所有权归属，是否有使用限制，是否属于租赁。其中，如果目标企业使用的资产是租赁而来，则需要对租赁合同的内容进行分析，判断其是否会对收购完成后的运营产生影响。这方面应调查的内容包括以下几点。

（1）固定资产：应调查目标企业的房产所有权证或房产租赁协议，占有土地面积、位置，土地使用权的性质（出让、租赁），主要机器设备的清单、保险单等内容。

（2）无形资产：主要应调查有关的商标证书、专利证书等。

（3）目标企业拥有的其他财产清单及权属证明文件。

2. 重大债权债务情况

在调查目标企业所涉及的重大债务债权情况时，尽职调查团队可以向相关的债权人与债务人进行取证。一般可通过函证、谈话记录、书面等方式进行。

其中，尤其需要注意债务数额、偿还期限、附随义务等内容，例如，某些公司债务合同中规定某种资产负债率（资产负债率 = 负债总额 ÷ 资产总额 ×100%）处于某种范围内时，股权转移需维持在半数以上，否则应立即偿还债务。

在对目标企业进行债权、债务的调查中，除了上述注意点以外，还需要查实以下几点。

（1）调查长短期贷款合同与借据，如外汇贷款需包含外汇管理机构的批文及登记证明。

（2）调查担保文件和履行保证书。

（3）调查资产抵押清单及文件，如土地、机器设备等方面。

（4）调查已拖欠、被索偿或要求行使抵押权的债务及有关安排。

（5）调查有关债权债务争议的文件。

3. 重大合同

重大合同的调查分为三个方面，如图 11-1 所示。

业务合同	借款、担保合同	其他合同
• a.采购合同 • b.销售合同 • ……	• a.关注合同是否快到期，是否延期 • b.有担保是否签订有对应的担保合同 • c.关注企业是否有潜在负债及法律责任	• a.委托加工 • b.房屋租赁 • c.合作开发 • ……

图 11-1　调查重大合同的三个方面

11.3.7　关联交易和同业竞争

企业在上市过程中会经常涉及关联交易与同业竞争的问题。上市公司因关联交易与同业竞争未履行而受到惩戒的例子屡见不鲜。因此，尽职调查过程中需要对这两方面的内容进行详细调查。

1. 关联交易

关联交易是指企业关联方之间的交易，《企业会计准则36——关联方披露》第四条规定，下列各方构成企业的关联方。

（1）该企业的母公司。

（2）该企业的子公司。

（3）与该企业受同一母公司控制的其他企业。

（4）对该企业实施共同控制的投资方。

（5）对该企业施加重大影响的投资方。

（6）该企业的合营企业。

（7）该企业的联营企业。

（8）该企业的主要投资者个人及与其关系密切的家庭成员。主要投资者个人是指能够控制、共同控制一个企业或者对一个企业施加重大影响的个人投资者。

（9）该企业或其母公司的关键管理人员及与其关系密切的家庭成员。关键管理人员是指有权力并负责计划、指挥和控制企业活动的人员。与主要投资者个人或关键管理人员关系密切的家庭成员，是指在处理与企业的交易时可能影响该个人或受该个人影响的家庭成员。

（10）该企业主要投资者个人、关键管理人员或与其关系密切的家庭成员控制、共同控制或施加重大影响的其他企业。

由于关联交易中的交易双方存在着密切的关系，交易并非完全地公开透明，从而有可能使交易的价格出现不公正情况，对股东权益造成侵犯。但另一方面，由于交易双方因存在关联关系，因此，双方可以节省大量商业谈判的时间，从而提高交易效率。

2. 同业竞争

同业竞争是指企业的业务与股东或其他控制人所控制的其他企业业务相同或相似，双方成为或可能成为直接或间接的竞争对手。

同业竞争主体从控制权的角度可以划分为两类：第一类为握有公司实际控制权力的股东；第二类为上述股东直接或间接控制的公司。

同业竞争内容的划分需充分考虑业务的性质、产品或劳务的可替代性等方面进行判断。例如，华润集团旗下的华润超市与深万科旗下的万佳百货，前面一个是小型超市，后面一个是综合性的商场，两者的市场定位与客户对象等方面存在着区别。深万科在公告中这样表示："华润万方与万佳业务虽然都处于零售行业，但双方业态和经营模式与商品种类存在较大的差异，并未构成直接对立的利益冲突，华润将按照有利于万科长远发展和有利于万科中小股东利益的原则避免在零售业务方面与万佳发生冲突，并将零售业务的发展与万科探讨多种合作的可行性。"

从上述中可以看出，同业竞争关系的判断比较复杂，它并不能一味地避免在任何方面的同业竞争，而是要依据实际情况，遵循"实质重于形式"的原则，完成同业竞争的判断。

11.3.8 税收及补贴、人力资源、知识产权

税收及补贴的调查主要以是否按时交纳，是否有政府补贴为依据。

人力资源的调查包括劳动合同、劳动手册、五险一金缴纳情况以及劳务派遣情况等内容。

知识产权的调查包括商标专利著作权、原产地名称保护、网络域名、商业秘密、权属审查、有效性审查、关联性审查，如主商标和防御性商标、保护范围审查、地域性审查，以及是否存在侵害他人知识产权的情况和目标公司知识产权作价评估，知识产权质押、许可、转让情况等内容。

11.3.9 诉讼、仲裁和行政处罚

尽职调查团队应对目标企业的诉讼、仲裁或行政处罚情况进行调查，调查目标企业是否存在尚未了结的或可预见的重大诉讼、仲裁及行政处罚案件；同时，还应调查目标企业是否有因环境保护、知识产权、产品质量、劳动安全、人身权等原因产生的侵权之债。

11.3.10 投资项目、交易授权合法性

投资项目的调查分为三个阶段：立项、有效期和前置程序。而交易授权合法性的调查则分为三个方面：重大交易需对方同意，如抵押质押权等；安全调查，如外资并购产业的限制；反垄断调查，如经营者集中申报等。

第 12 章
并购执行：合同签署、股权变更、交割

　　尽职调查的目的是为了让投资方获得对目标企业进行的客观评价。当尽职调查完成后，企业如果做出并购决定，就进入到并购执行的过程。并购执行过程中涉及合同签署、股权变更、交割三方面的内容，本章将对这三方面的内容进行阐述。

第 12 章
并购执行：合同签署、股权变更、交割

12.1 签署法律文件

并购过程中签署的法律文件主要有并购意向书、股权转让协议、增资协议三种。本小节将以三份范本作为示例，帮助各位理解法律文件签署的内容以及意义。

12.1.1 并购意向书

意向书是双方当事人通过洽商，依据各自的意愿达成共识而签订的书面文件，这是签订协议的前奏。下面为大家整理了一份《并购意向书》的范本，供大家参考。

并购意向书

甲方：
住所：
法定代表人：
乙方：
住所：
法定代表人：
丙方：
住所：

法定代表人：

丁方：

住所：

法定代表人：

丙方与丁方同意将自身持有的股权依据意向书的规定转让给甲方和乙方；甲方与乙方同意受让本意向书规定的股权，双方经过友好商谈后，达成的意向如下。

一、交易标的

丙方将持有××有限公司的60%股权转让给甲方；甲方依据第2.1条的定价支付人民币_____元。

丁方将持有××有限公司的40%股权转让给乙方，其他相关问题另行协商。

二、价格的确定

2.1 各方一致同意并确认该股权转让价格以××××评报字（　　　）号《资产评估报告》及____年__月__日年报关于××有限公司的净资产值为定价依据。

2.2 ××有限公司的资产在评估日的价值与成交日的价值出现差异时，按实际价值结算。

三、保密条款

为防止并购意图泄露，并购中的任何一方在正式共同宣布并购前，未经对方同意，需对本意向书的内容保密，且并购双方除了对其雇员、律师、会计师、贷款方之外，不得向任何其他第三方透露并购内容（不包括法律强制公开的部分）。

四、排他协商条款

未取得并购方书面同意，被并购方不得与任何第三方公开或私下对其所持有的××有限公司的股权转让事宜进行商谈；否则，视为被并购方违约并承担相应的违约责任。

五、交易程序

5.1 各方同意，自本意向书签订之日起____日内，被并购方向并购方提供××有限公司的详细资料、信息等情况及全部法律文件。

5.2 并购方有权委托律师等专业机构对××有限公司展开尽职调查，被

第12章
并购执行：合同签署、股权变更、交割

并购方需予以协助，以保证调查工作的顺利进行。

5.3 各方同意在资产估值完成后____日内，签订正式的《股权转让合同书》；并依据相关法律的规定，办理转让手续，完成产权的变更。

六、被并购方的承诺及保证

被并购方对本次股权转让的相关事宜承诺并保证：

6.1 被并购方保证其所持有的××有限公司的股权享有完整、合法的权利，不存在担保权利及第三方享有的其他权益。若有第三方基于对股权上存在的担保权利向并购方提出索赔，则并购方因此遭受的任何损失及发生的任何成本、费用由被并购方承担。

6.2 被并购方签署本意向书及履行本意向书所规定的义务时已经履行了××有限公司的内部程序。

6.3 被并购方提供的与本意向书相关的任何文件，应当是真实、完整和准确的，不存在虚假、遗漏或误导等情况。

七、费用负担

因履行本意向书中的股权转让协议而产生的税费，各方同意依据法律规定各自承担其应当承担的税费。

八、交易的终止及缔约过失责任的承担

8.1 如被并购方提供交易的股权存在担保权利等负担，并且无法消除。或者××有限公司的价值总额显著低于本意向书规定的价格总额且未能依据交易协议进行补足，则并购方有权单方面解除交易协议。

8.2 交易协议解除后，并购方依据相关交易协议取得的资产应返还被并购方，但被并购方应当赔偿并购方因签订本意向书与交易协议而产生的一切费用，包括但不限于各项税费、差旅费用、律师费用等。

九、后续工作进度与时间安排条款

9.1 _____

9.2 _____

9.3 _____

十、附则

10.1 本意向书的任何修改、补充，应以书面方式进行。

10.2 本意向书任何条款之无效,不影响其他条款之效力。

10.3 本意向书自各方法定代表人或授权代表签署之日起生效。

10.4 本意向书壹式肆份,各方各执壹份。

甲方:

法定代表人(授权代表):

乙方:

法定代表人(授权代表):

丙方:

法定代表人(授权代表):

丁方:

法定代表人(授权代表):

签订日期: 年 月 日

12.1.2 股权转让协议

股权转让协议是指以股权转让为内容的合同,其实质是处分其所有的股权。下面为大家整理了一份股权转让协议书的范本,供大家参考。

股权转让协议书

甲方(出让方):_____,身份证号码:_____

乙方(受让方):_____,身份证号码:_____

××公司于____年__月__日在_____市设立。本股权转让协议书签订之时,甲方持有公司_____股权。现甲乙双方根据《中华人民共和国公司法》《中华人民共和国合同法》等相关法律法规的规定,经协商一致,就转让股权事宜,达成如下协议:

一、协议前提

1.双方确认,本协议的所有内容与条款均建立在双方平等自愿的基础上,经过双方多次商议后制定并签署,不属于格式条款;本协议签署时,不存在任何欺诈、胁迫、乘人之危或其他任何可能导致本协议无效、可撤销的情形;双方签署本协议之前,已仔细阅读本协议并完全理解本协议全部条款,双方同意依据本协议条款出让目标股权。

2. 甲方同意以其个人全部资产对本协议项下甲方义务承担连带清偿责任。

二、转让标的

1. 甲方同意将其在××公司所持有的50%股权转让给乙方。

2. 乙方同意受让前款甲方出让的××公司50%股权。股权转让后由乙方承受全部甲方相关义务,包括但不限于继续履行××公司章程规定的注册资本缴纳义务。

3. 经甲乙双方确认,此次股权转让的价格为____元。

4. 乙方在签署本协议的同时向甲方支付全部股权转让价款,甲方确认已经收到。

三、甲方的保证

甲方保证其转让给乙方的目标股权拥有完全处分权,且目标股权无质押、未被查封、免遭第三人追索,否则甲方应当承担由此引起的经济和法律责任。

甲方违反上述规定给乙方造成损失的,乙方有权向甲方追索。

四、有关公司盈亏(含债权债务)分担

1. 目标股权的工商变更登记办理完成后,乙方成为公司股东。即日起,依照其股权比例享有利润分成,承担经营风险与亏损。

2. 自本协议生效起,乙方享有公司债权;未经乙方书面允许,甲方不得处分。

3. 乙方成为公司股东之前,公司的全部债务由甲方以个人资产承担连带清偿责任,与乙方无关;乙方先行垫付的,甲方应当偿付。乙方成为公司股东后,公司产生的债务由乙方承担。

4. 甲方在本协议签署后,应保证向乙方如实披露公司债务。若在股权转让前,甲方未如实告知乙方公司所负债务情况,致使乙方成为公司股东后所遭受的损失,乙方有权向甲方追偿。

五、变更登记

1. 甲乙双方同意并确认,公司股权的工商变更登记由甲方负责办理。

2. 甲方办理目标股权的工商变更手续需要乙方配合时,乙方应当配合。

3. 办理目标股权的工商变更登记过程中产生的全部开支、税费及其他费用，均由乙方承担。

六、违约责任

1. 本合同任何一方违反本协议约定时，应该承担违约责任。

2. 以下任何一种情形出现时，视为甲方违约，乙方有权单方面解除本协议，并有权要求甲方赔偿乙方因此造成的所有损失；同时，乙方亦有权选择甲方继续履行本协议，此时甲方需支付股权转让总价款每日万分之三的逾期履行违约金，直至违约情况结束为止。

（1）甲方未能履行本协议第三条"甲方的保证"，或其他的任何一项有关保证、承诺的条款；

（2）甲方违反本协议约定的条件及时限办理股权转让的商事登记、更改股东名册、更改目标公司章程等手续的。

3. 若乙方未能按照本协议约定的条件及时限履行付款义务的，乙方需支付相当于股权转让总价款每日万分之三的逾期履行违约金直至违约情形结束为止。

4. 本合同签订后，如因乙方原因导致甲方不接受乙方付款的，甲方不承担逾期付款的违约责任。

七、协议书的变更或解除

1. 协议双方协商一致，可以变更或解除本协议书。

2. 经协商变更或解除本协议书的，双方需另签订变更或解除协议书。

八、有关费用的负担

在本次股权转让过程中发生的有关费用，由_____方全部承担。

九、争议解决方式

凡因本协议引起的或与本协议有关的任何争议，甲、乙双方应友好协商解决，如无法协商，在双方均同意的情况下，可提交××公司注册所在地法院处理。

十、生效条件

本协议书经双方签字即成立并生效。

十一、文本

1. 本协议书一式二份，双方各执一份，具有同等效力。

2.因办理变更登记手续而需要甲乙双方另行签署的文本,其内容若与本协议不一致的,均以本协议为准。

甲方: 乙方:
签字: 签字:
日期: 年 月 日 日期: 年 月 日

12.1.3 增资协议

增资是指公司为扩大业务与规模、提升公司的资信程度,依法增加注册资本的行为。而增资协议则是指当公司注册资本增加时,公司各位股东针对公司的增资情况进行协商,同时也对新增资本的股权分配进行协商。下面为大家整理了一份《增资协议书》的范本,供大家参考。

增资协议书

(1)甲方(原股东):A公司

地址:

法定代表人:

(2)乙方(原股东):B公司

地址:

法定代表人:

(3)丙方(新增股东):C公司

地址:

法定代表人:

(4)D公司

地址:

法定代表人:

鉴于:

1.D公司为依法成立、合法存续的有限责任公司。D公司同意以增资的方式引进资金,扩大经营规模。

2. 公司的原股东及持股比例分别为：A 公司，出资额____万元，占注册资本____%；B 公司，出资额____万元，占注册资本____%。

3. 丙方为依法登记成立、合法存续的有限责任公司，同意对 D 公司投资并参与公司的日常管理。

4. D 司原股东同意丙方向 D 公司增资，将 D 公司注册资本提升至人民币____万元。

5. 公司原股东同意并放弃对新增注册资本认缴出资的优先权。

为此，各方本着平等互利的原则，经过友好协商，就公司增资事宜达成如下协议条款。

第一条　丙方以现金认购新增注册资本____万元，认购价为人民币____万元。（认购价以经审计评估机构对 D 公司资产净值做出的估值为依据，其中的部分资产作为注册资本，所余部分作为资本公积金。）

第二条　增资后公司的注册资本由____万元增加到____万元。公司需重新调整注册资本总额及股东出资比例，并办理相对应的变更工商登记手续，各股东的持股比例如下：

股东名称____出资形式____出资金额____（万元）出资比例____签章
股东名称____出资形式____出资金额____（万元）出资比例____签章
股东名称____出资形式____出资金额____（万元）出资比例____签章

第三条　出资时间

1. 丙方应在本协议签订之日起____个工作日内将本协议约定的认购总价一次性足额存入公司指定的银行账户。

2. 丙方超过约定日期十日未支付认购款，甲乙双方有权解除本协议。

第四条　股东会

增资完成后，甲、乙、丙方成为 D 公司股东，并依据《中华人民共和国公司法》以及其他法律法规、部门规章、公司章程的规定按其出资比例享有权利、承担义务。

第五条　董事会和管理人员

1. 增资后 D 公司董事会成员需要进行调整，由 D 公司甲、乙、丙三方依据章程规定和协议约定进行任命。

2. 董事会由____名董事组成，其中丙方选派____名董事，甲方、乙方选派____名董事。

3. 增资后公司执行董事与财务总监由丙方指派，其他高级管理人员可由甲方、乙方推荐，董事会聘用。

第六条 监事会

1. 增资后，公司监事会成员由甲、乙、丙推举，由股东会选聘和解聘。

2. 增资后，公司监事会由____名监事组成，其中丙方任命____名，甲方、乙方任命____名。

第七条 公司注册登记的变更

1. 各方应全力协助D公司完成工商变更登记。

2. 如在丙方缴纳所有认购资金之日起____个工作日内，D公司仍未完成工商变更登记，则丙方有权单方面解除本协议。协议解除后，D公司需将丙方缴纳的全部资金返还丙方，不计利息。

第八条 有关费用的负担

1. 在本次增资事宜中所发生的一切相关费用（包含验资费、评估费、律师费、工商登记变更费等）由变更后的公司承担。

2. 若本次增资未能完成，这过程中的一切相关费用由D公司承担。

第九条 保密

本次增资过程中，甲、乙、丙三方对从他方获得的有关业务、财务情况及其他保密事项与资料应当予以保密；除对需知道上述保密资料的本公司工作人员外，不得向其他第三方透露。

第十条 违约责任

任何一方违反本协议给他方造成损失的，需承担赔偿责任。

第十一条 争议的解决

因履行本协议而发生的所有争议，各方应以友好协商的方式解决；协商不成，任何一方均有向D公司管辖权人民法院起诉的权利。

第十二条 附件

1. 本协议的附件构成本协议的一部分，与本协议具有同等法律效力。

2. 本条所指的附件是指为增资目的，甲、乙、丙三方向其他方提供的证

明履行本增资扩股协议合法性、资料、专业报告、政府批复等。

具体包括：

（1）股东会、董事会决议；

（2）审计报告；

（3）验资报告；

（4）资产负债表、财产清单；

（5）与债权人签订的协议；

（6）证明增资扩股合法性、真实性的其他文件资料。

第十三条 其他规定

1. 经各方协商一致，并签署书面协议，可对本协议进行修改。

2. 本协议自各方盖章及其授权代表签字之日起生效。

3. 本协议一式10份，三方各执1份，公司3份，4份用于办理与本协议有关的报批和工商变更手续。

甲方： 乙方： 丙方： D公司

法定代表人或授权代表（签字）：

法定代表人或授权代表（签字）：

法定代表人或授权代表（签字）：

法定代表人（签字）：

年 月 日

12.2 股权变更流程

股权变更过程需要经过股东会表决、股权交割、修改公司章程、公司变更登记、转让股权公告五个步骤。

12.2.1 股东会表决

股东在对外转让股权前需征求其他股东的意见,只有其他股东愿意放弃优先购买权,才能向股东外的第三人转让。因此,股权变更流程的第一步便是召开股东大会,依据法定程序进行表决,只有其他股东过半数同意股权转让且未受让股权的其他股东放弃优先购买权,否则便可能出现无效的法律后果。但公司章程对股权转让另有规定的,依照规定办理。

此外,无论是开股东会决议还是单个股东同意,均要有书面协议,从而避免其他股东事后反悔,导致纠纷产生。

12.2.2 股权交割

股权交割是指股权移交的标志,即双方签订股权转让协议或股权交割证明。当股权交割完成后,转让人不再担任公司股东,而受让人成为目标公司的新股东。自交割时起,受让人享有股东权益,出让人失去股东权益,股权交割的当天通常称为股权交割日。

12.2.3 修改公司章程

公司章程中对股东名称、股权额都有记载,股东交割股权后势必引起股东结构发生变化。所以,依据《公司法》对股东会职权规定,通过股东会议对公司章程进行修改。受让人作为新股东可以要求股东会进行更换,由其出任或委任新的董事或监事。但如果修改章程时仅涉及股东和出资额的记载,则无须召开股东会表决。

关于修改公司章程的决定,有限责任公司需有代表 2/3 以上表决权的股东同意签署;股份有限公司需有会议主持人及到场的董事签字,包括股东大会会议记录;国企需提交国务院,或当地人民政府国有资产监督管理机构的批准文件;一人有限责任公司需提交股东签署的书面决定。

12.2.4 公司变更登记

公司变更登记，即工商注册登记变更，是指公司章程修改、股东股权变更、董事会变更、监事会变更等向工商行政管理部门申请工商注册登记事项变更。

有限责任公司变更股东的，应当自股东发生变动之日起 30 日内至工商部门办理变更登记。

12.2.5 转让股权公告

转让股权公告并不是法律规定的必须程序，但对于大规模的公司来说，转让股权公告公布后，可以提升公司管理层的透明度，获取社会公众的信任，尤其是市场交易相对人对公司的信任。

12.3 股权交割事宜

一个人转让股权，也许只想变现。但公司转让股权与公司经营模式、经营状况有很大的关联，市场瞬息万变，股权交割也屡见不鲜；而股权交割前后意味着股权的所有人发生更改。下面介绍股权交割过程中相关的法律规定和需要注意的问题。

12.3.1 股权交割的法律规定

根据国务院发布的《股票发行与交易管理暂行条例》，股份交割后相关的法律规定有以下 5 个方面。

（1）国家拥有的股份交割必须经国家有关部门批准，同时，交割时不得

第 12 章
并购执行：合同签署、股权变更、交割

损害国家拥有的股份权益。

（2）证券交易场所、证券登记、证券过户、证券经营等机构，需保证外地委托人与本地委托人享有同等待遇，不得差别对待外地委托人。

（3）股份有限公司的董事、监事、高级管理人员和持有公司百分之五以上有表决权股份的法人股东，将其所持有的公司股票在买入后六个月内卖出或者在卖出后六个月内买入，由此获得的利润归公司所有。前款规定适用于持有公司百分之五以上有表决权股份的法人股东的董事、监事和高级管理人员。

（4）股东转让其股份，需在法律规定的证券交易场所进行或依据国务院规定的其他方式进行。

（5）公司发起人持有的本公司股份，在公司成立之日起一年内不得转让。公司公开发行股份前已发行的股份，自公司股票在证券交易所上市交易之日起一年内不得转让。

在进行股权交割的时候，一定要了解相关的法律规定。最好委托代理人代为处理相关事宜，防止出现不必要的法律风险。

12.3.2 股权交割应注意问题

股权交割应注意问题包含以下几个方面。

（1）判断交割的先决条件是否满足。

（2）公司公章的交接，一般包括合同章、部门章和财务章等。

（3）公司营业执照的交接。

（4）公司财务账簿的交接。

（5）公司股东名册的交接。

（6）公司董事会、监事会成员的交接。

（7）公司授权书的交接。

（8）公司章程的变更与交接。

（9）公司其他资料的交接。

（10）债权债务的交接与处理。

下篇 IPO 上市篇

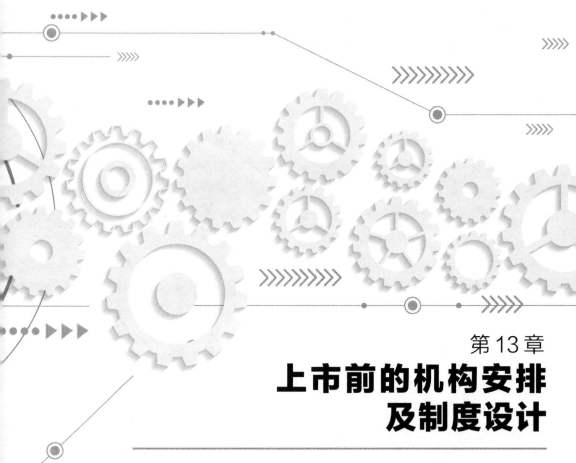

第13章
上市前的机构安排及制度设计

　　拟上市公司上市前通过对其机构进行一定程度的安排及制度设计，有助于降低企业的经营成本，改善企业的资本结构，提高企业自身的抗风险能力。

第 13 章
上市前的机构安排及制度设计

13.1 中介机构

根据相关法律规定，公司上市前需聘请的中介辅导机构主要有三家：会计师事务所、券商、律师事务所。

13.1.1 会计师事务所

会计师事务所的作用主要是财务审计。此外，会计师事务所还兼有对公司盈利进行预测及内部控制出具专业意见的作用。选择会计师事务所的主要标准有：丰富的从业经验、业务能力强、配合态度好、收费标准低、工作效率快等方面。如会计师事务所的项目团队中应有一定比例的、具有上市经验的注册会计师。

13.1.2 券商

券商又称证券公司，对于准备上市的企业来说，选择合适的券商对于企业上市具有非常重大的作用。企业选择券商时应考虑的因素有：相关的项目经验、社会资源、从业经验、业务能力、保荐与承销收费标准以及重要的业务风格等。

作为中小企业，应选择信誉好、经验丰富的券商。信誉度，即看其过去工作质量、诚信情况，包括有无受到证监会处分；经验度，即看过去该券商承担该行业项目数量的多少，从业人员经验。

此外，企业选择券商时，支付的费用高低也是一个判断标准。企业需在结合自身实际条件的情况下，参照整个证券市场行情，选择价格适合的券商。

13.1.3　律师事务所

律师事务所的工作是协助公司制订上市方案，并解决这个过程中出现的一切法律问题；负责完成公司需要的法律文书，并在申报材料中出具《法律意见书》和《律师工作报告》等工作。

律师事务所相对其他两家机构来说，律师事务所在合作深度上与公司更加贴近。因为券商属于承接了公司的上市业务，而会计师事务所则除了财务基本上不涉及其他方面，唯有律师事务所除了出具《法律意见书》和《律师工作报告》时必须持中立态度外，其余事务更容易与公司完全站在同一立场。

所以，选择律师的第一要素在于信任。此外，企业在选择律师事务所时还需考虑的因素有：从业经验、协调能力、主办律师的责任心以及收费标准等。

13.2 公司改制制度设计

上市催生了成百上千的千万元、亿万元富翁，新东方、阿里巴巴、拼多多的高管们正是凭借上市一夜暴富。这是因为他们拥有企业的期权，这些期权上市后可以变现。对企业的股东、董事及高层管理人员而言，股权激励制度设计、收购与反收购制度设计、上市前的建章立制有助于其维护公司控制权，以及改制公司的重要制度性设计。

13.2.1　股权激励制度设计

股权激励的制度分为两种：权益结算类与现金结算类。这两种制度又可以分别分为四类，如图 13-1、图 13-2 所示。

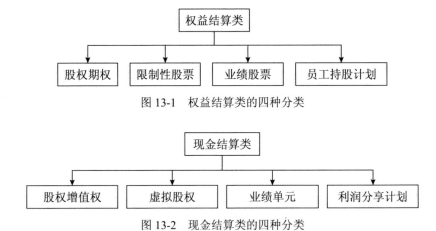

图 13-1　权益结算类的四种分类

图 13-2　现金结算类的四种分类

两种模式的优缺点如下所示。

权益结算类的优点：激励对象可获得真实股权，激励效果明显；公司无须支付现金，有时还能获得现金流入。缺点：公司股本结构需要变化；原股东持股比例可能会稀释。

现金结算类的优点：不影响公司股本结构；原股东股权比例不会稀释。缺点：激励作用较弱；公司需要以现金形式支付的，现金支付压力较大。

下面为大家整理了一份股权激励计划的范本，供大家参考。

××公司股权激励计划

一、股权激励计划的目的

为进一步完善公司激励机制，提升员工的积极性，促进公司业务增长，同时又为员工带来增值利益，实现员工与企业的共同发展。××公司依据《公司法》《证券法》及其他相关法律文件，以及《××公司章程》制定《××公司股权激励计划》（下文简称"本激励计划"）。

二、股权激励计划的管理机构

（一）股东大会作为公司的最高权力机构，负责审核批准股权激励计划的实施、调整和终止。

（二）董事会是股权激励计划的执行机构，负责拟定股权激励计划并提交股东大会审议通过；董事会依据股东大会的授权处理股权激励计划的相关事宜。

（三）监事会是股权激励计划的监督机构，负责审核激励对象名单，并对本股权激励计划实施中是否符合《××公司章程》、相关法律法规等进行监督。

三、股权激励计划的激励对象

（一）激励对象确定的依据

本股权激励计划的激励对象依据《公司法》《证券法》及《××公司章程》的规定，综合岗位价值、为公司业绩所做贡献等因素确定激励对象。

（二）激励对象的范围

参照《中关村国家自主创新示范区企业股权和分红激励实施办法》《上市公司股权激励管理办法》等相关法律法规的规定，其激励对象范围包含公司董事、高级管理人员、核心业务人员及公司认为应当激励的其他员工，不包括独立董事、公司监事及公司控股股东的经营管理人员。

激励对象需同时满足以下条件才能获得股权激励：

高级管理人员（一年以上工龄）

中层管理人员（两年以上工龄）

骨干员工（三年以上工龄）

如果未满足上述三点条件，若经公司股东大会同意，确定其为激励对象，并经公司监事会核实后生效。

四、标的股权的模式、数量、来源和分配

（一）授予给激励对象的标的股权为虚拟股权。（此处以虚拟股权为例，公司可依据实际情况填写）

（二）公司向激励对象授予公司股本总额____%的股权。不超过公司当期总股本的资10%，且单个人持股比例不得超过公司总股本的3%。

（三）本次激励计划的标的股权来源为向激励对象增发，向现有股东回购两种方式。

五、股权激励计划的有效期、授权日、可行权日、禁售期

（一）有效期

本激励计划的有效期为5年，有效期自授权日开始计算，在有效期内授

予的标的股权,均设置行权等待期与行权有效期。行权等待期为__年,行权有效期为__年。

(二) 授权日

本激励计划有效期内的每年__月__日,公司将__%虚拟股权授予条件的激励对象。

(三) 可行权日

激励对象自授权日起持有虚拟股权至行权等待期后,可在行权有效期内行权。行权有效期后,此次授予的虚拟股权行使权力自动失效,不可追溯行使。

(四) 禁售期

激励对象在获得标的股权之日起__年内,不得私自转让该股权。期间,激励对象需按照《公司法》《证券法》以及《××公司章程》的规定行使股权。禁售期满,激励对象所持标的股权可在公司股东间转让,也可以由公司回购。

六、股权的授予条件

(一) 公司整体业绩考核条件

年度净利润达到或超过____万元。

年度净利润达到或超过____万元。

年度净利润达到或超过____万元。

(二) 绩效考核条件:

依据《××公司股权激励计划实施考核管理办法》,激励对象上一年度绩效考核合格。

七、公司的权利义务

(一) 公司有权要求激励对象完成岗位工作,若激励对象无法胜任所聘工作岗位或考核不合格,已授予但尚未行权、未授予的虚拟股权予以作废。

(二) 在任何情况下,激励对象不得有违反法律、泄露公司机密、失职或渎职等严重损害公司利益或名誉的行为发生,且公司有权视情节程度追缴已授予的全部或部分收益。

(三) 公司依据国家税收法规的规定,代扣代缴激励对象应需交纳的个人所得税及其他税费。

(四) 公司不得为激励对象依本激励计划获取标的股权提供贷款以及其

他任何形式的财务资助，包括为其贷款提供担保。

（五）法律、法规规定的其他相关权利义务。

八、股权激励计划的变更和终止

（一）激励对象职务发生变更，但仍然属于公司员工，其所获授的虚拟股权不作变更。

（二）有下列情形之一的，激励对象已行权的股权依然有效，但激励对象需将该股权转让给公司的其他股东、新增的激励对象，或由公司以授予价格回购。已授予但尚未行权和未授予的股权不再行权和授予，予以作废。

激励对象的聘用合同到期，且本人不准备与公司续约的。

激励对象的聘用合同未到期，但因其个人绩效等原因被辞退的。

激励对象的聘用合同未到期，但激励对象提出辞职，并得到公司同意的。

（三）激励对象的聘用合同未到期，因公司经营不善、结构调整等原因被辞退的，其已行权的股权继续有效，但未经公司股东会同意前，该股权不得转让给除公司股东外的第三方。

（四）激励对象的聘用合同未到期，擅自离职的，其已行权的股权无效，已授予但尚未行权与未授予的股权予以作废。且该激励对象需将已获得的股权以购买价格出售给公司其他股东，或公司按该价格回购。

（五）激励对象因公司工作而丧失劳动能力时，其已行权的股权与已授予但尚未行权的股权依然有效；未授予的股权予以作废。

（六）激励对象非因公司工作丧失劳动能力时，其已行权的股权依然有效；尚未授予的股权予以作废；已授予但尚未行权的股权由公司董事会酌情处置。

（七）激励对象退休时，其已行权的股权与已授予但尚未行权的股权依然有效；尚未授予的股权予以作废。

（八）激励对象死亡的，其已行权的股权与已授予但尚未行权的股权依然有效；尚未授予的股权予以作废。

九、附则

本激励计划自公司股东大会批准之日起生效；

本股权激励计划由公司董事会负责解释。

××公司＿＿年＿月＿日

13.2.2 收购与反收购制度设计

收购不难理解,其本质就是获取企业的控制权。这一点在中国《证券法》中有所体现。《证券法》规定,收购是指收购一家上市公司发行的股份达到30%时发出要约收购的行为,其实质是购买被收购企业的股权。

收购分为善意收购与敌意收购。善意收购是指收购方事先与目标公司管理层商议,取得同意后,目标公司主动提供收购方需要的资料,且目标公司管理层对其他股东进行劝说,促使这些股东接受收购方案。

敌意收购是指收购方在收购目标公司股票时,虽然该收购行动受到目标公司股东的反对,但收购方仍要强行收购,或收购方事先未与目标公司协商,突然提出的收购要约。敌意收购无疑会导致反收购行为的诞生,反收购是指目标公司管理层为防止失去公司控制权而采取的预防性措施,或挫败收购方收购行为的措施。

反收购的主体是被收购公司,它的核心在于防止失去公司的控制权。对于大多数公司的原有股东来说,当自己的控制权遭受威胁时,最直接的反应便是奋力反击。

在阐述反收购制度设计前,有必要先了解一下恶意收购的手法。恶意收购通常有以下两种手法。

1. 高价诱惑

收购方致函目标公司董事会,许诺将以一个较高的价格收购公司股票,并要求董事以股东利益为重,从而接受该报价。董事会出于责任要将该信件公开,让全体股东都能知道这一消息,而分散的小股东往往受到高额价格的诱惑迫使董事会接受该报价。

2. 狙击手收购

收购方提前在市场上购买目标公司股票,当股票达到5%以上时,收购方才进行要约收购,期间收购方视目标公司股东的反应而采取下一步行动,如继续增持、高价出售等。此外,收购方可能还会收购中小股东的投票委托书,假

如收购方能够获得股东会的大部分投票权，就可设法改组目标公司董事会，最终达到合并的目的。

依据恶意收购的两种类型，反收购制度设计可以分为预防性反收购制度与防卫性反收购制度。

1. 预防性反收购制度

预防性反收购制度是以防范公司日后可能被收购的风险为目的，其具体包括以下几种。

（1）毒丸。"毒丸"是指目标公司通过特定的股份计划，给予不同股东特定的优先权利，当收购要约发出时，这些优先权利的行使，可以使得公司的财务结构弱化或收购方获得部分股份股权失去投票权。如此一来，即便收购方收购成功，也如同吞下毒丸一样，要承担相应的不利后果，从而迫使收购方放弃收购。

毒丸计划分为负债毒丸和人员毒丸两种。负债毒丸是指目标公司大量增加自身负债，降低企业价值，使得收购方放弃收购计划。人员毒丸的基本方法是让公司的大部分高管共同签署协议，当公司被不公平价格收购时，或这些高管中有人在被收购后出现降职或革职等情况时，所有签署该协议的高管集体辞职。企业的管理层实力越强、经验越丰富，这一策略的效果将越明显。不过，当管理层价值不足以引起收购方注意时，人员毒丸计划也就收效甚微。

（2）反收购条款。反收购条款又称为"驱鲨剂"或"豪猪条款"。"驱鲨剂"是指在公司被收购前修改公司章程或以使收购要约变为更难实行的条款。"豪猪条款"是指在公司章程设立时，添加部分防御条款，使得所有收购企图只有经过董事会同意才能发生。

（3）金降落伞。"金降落伞"是指目标公司通过与公司高管签订合同，该合同规定目标公司应该给予高管优厚的报酬和额外的利益，当公司控制权发生突然变更时，需给予高管全额的补偿金。这种方式是通过增加收购的负担与成本，阻止收购方的收购意图。

（4）锡降落伞。锡降落伞属于金降落伞的一种补充形式。它是指目标公司规定若是收购完成第二年，公司员工被解雇，可以获得一定数目的补偿性遣散费。这种方式旨在保障公司员工优厚待遇的同时，增加公司被收购的成本。

（5）员工持股计划。员工持股计划是指公司鼓励员工购买本公司股票，并建立员工持股信托的计划。在国际上，员工持股计划成为公司制定预防性反收购的重要手段。

这是由于公司被收购往往意味着大量员工会面临失业的危险，因而在收购开始时，员工股东会更愿意将股票出售给目标公司的股东，或在股东大会上做出更有利于目标公司的投票决定，使收购难以完成。

（6）提前偿债条款。这是指目标公司在被收购前，通过在公司章程中设置当公司被收购需提前偿还未到期的债务的条款，使得收购方在收购成功后需要面临巨额的财务危机，从而迫使收购方放弃收购。

2. 防卫性反收购制度

反收购的根本目的是为了与收购方的收购行为进行对抗，维持目标公司的原有控制权格局，防止收购行为发生时，目标公司的控制权产生实质性的变化。因此，防卫性反收购行为在收购要约出现之前，目标公司通过各种方式直接对抗收购行为的顺利进行，其方法如图13-3所示。

图 13-3　防卫性反收购制度的 4 种方法

（1）白衣骑士。白衣骑士是指在面临敌意收购时，目标公司需要找到一个支持者，作为收购人与收购者相竞争。通过白马骑士战略，目标公司可以通过增加竞争者迫使敌意收购者提高收购价，增加收购成本。

（2）帕克曼式防御。帕克曼式防御的称谓来源于美国的一款电子游戏。在该游戏中，玩家通过操控电子动物相互疯狂争斗，期间若是没有吃掉对手的动物都将面临死亡。

受此启示，帕克曼式防御就此诞生，这是一种以攻为守的反收购制度。

当目标公司受到敌意收购的进攻后,目标公司对收购者提出反向的收购要约,从而牵制收购方。或以出让公司部分股权为条件,说服第三家公司出面收购收购方股份,实现反收购的效果。

(3)焦土政策。焦土政策是一种杀敌一千,自损八百的策略。目标公司通过将大量公司资产抛售,或破坏公司的特性,从而达到挫败收购方的收购意图。比如,目标公司通过大量举债来回购其股份。这种情况下,目标公司身负债务,即便被收购,收购方也要承担较大的债务风险,从而迫使收购方放弃此次收购。

(4)锁定安排。这种方式是指目标公司提前与意向收购者进行相应的安排,使其相较于其他收购者具有一定的优势。

锁定安排的形式包括:购买目标公司尚未发行股份的协议;购买上述股份的期权;收购不能完成时的约定赔偿金等。

13.2.3 上市前的建章立制

股份有限公司成立之初,依据《公司法》《证券法》等相关法律要求制定《公司章程》,用来维护公司、股东及债权人的相关权益,规范公司的经营行为与管理组织,调整公司股东之间的权利义务关系。

所以,上市前的建章立制,是为了确保公司的高效运行以及经营符合规范。为此,企业可以从实际出发,制定公司《公司制度手册》,并对其不断完善,该手册的内容包含:股东大会议事规则、董事会议事规则、监事会议事规则、信息披露管理办法、独立董事设置规则、中小股东权益保障制度,从而将《公司章程》的原则具体化,初步形成公司的治理结构。

形成公司的初步治理结构后,企业需依据《公司章程》的规定建立企业的内部控制制度,以提高经营的效率,增强公司披露信息的可靠性。具体内容包括以下几个方面。

(1)公司董事会及全体成员需保证内部控制有关信息披露内容的真实可靠。

(2)规定内部控制的目标与原则。(内部控制遵循的原则:合法、有效、全面、及时、独立,等等;内部控制达到的目标:战略目标与经营目标实现,公司经营业务合法合规,公司财产安全。)

(3)货币资金的内部控制。

(4)存货的内部控制。

(5)审计控制。

(6)关联交易控制。

(7)销售与收款的内部控制。

(8)固定资产的内部控制。

(9)对外担保的内部控制。

(10)筹资活动的内部控制。

(11)专项风险的内部控制。

(12)内部控制的信息披露。

实际上,上市公司建章立制的重点就是强化企业的内部控制制度,只要掌握好上述的内部控制内容就可以建立一个规范、合法、合规的公司制度,帮助企业完成制度改制。

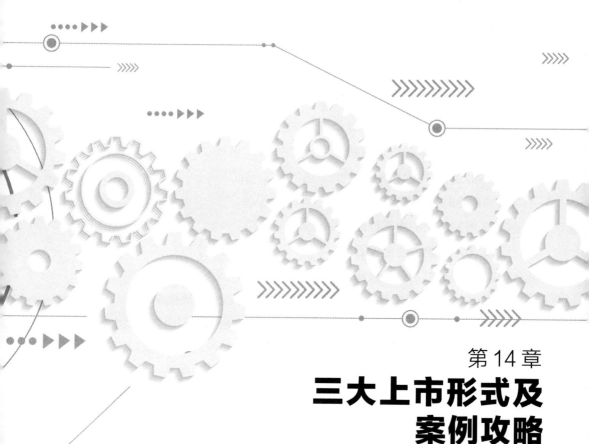

第14章
三大上市形式及案例攻略

中国企业上市（IPO）有三种方式。一是境内上市，即在上海或深圳证券交易所上市；二是直接境外上市，即在中国香港联交所、纽约证券交易所、纳斯达克证券交易所或新加坡证券交易所等所直接上市；三是通过收购海外上市公司或在海外设立离岸公司的方式在境外证券交易所间接上市。

第 14 章 三大上市形式及案例攻略

14.1 境内上市

境内上市公司的市盈率长期高于其他市场交易的同行业股票市盈率。所以，本节就对境内上市的具体方式进行介绍。

14.1.1 制度改革：审批制—核准制—注册制

在我国，股票公开发行后就可以获得上市资格。股票发行共有三种制度，分别是审批制、核准制和注册制。另外，通道制、保荐制也同属于核准制。一个国家的市场发展阶段不同，所对应的股票发行制度也不一样。其中，审批制是完全计划发行的模式，注册制是成熟股票市场采用的模式，而核准制是从审批制向注册制过渡的中间形式。

审批制是股票市场发展初期采用的股票发行制度，主要使用行政和计划的方式分配股票发行的指标和额度，然后由地方或者行业主管部门推荐企业发行股票。审批制对于维护上市公司的稳定和平衡复杂的社会经济关系有重要意义。

在审批制下，企业发行股票的首要条件是取得指标和额度。只要获得了地方或者行业主管部门推荐的指标和额度，股票发行就没有什么问题了，其余仅是走一个流程。所以说，审批制下股票发行指标和额度是竞争焦点。

审批制的劣势非常明显，由于证券监管部门凭借行政权力行使实质性审批职能，证券中介机构进行技术指导，这样很容易出现发行公司为了发行股票

进行虚假包装甚至伪装做账等违规操作。

注册制是股票市场相对成熟时采用的股票发行制度。在注册制下,证券监管部门首先将股票发行的必要条件公布出来。如果企业满足了所公布的条件,就可以申请发行股票。发行人申请发行股票时,需要依法将公开的各种资料完全准确地向证券监管机构申报。证券监管机构承担监管职责,对申报文件的完整性、准确性、真实性和及时性做合规审查。至于发行公司的质量,需要由证券中介机构来判断和决定。注册制对发行公司、证券中介机构和投资人的要求都比较高。

核准制是审批制向注册制过渡的一种中间形式。核准制取消了审批制的指标和额度管理,引进了证券中介机构的责任,让证券中介结构判断企业是否达到发行股票的条件;另外,证券监管机构还需要对发行公司的营业性质、财力、素质、发展前景、发行数量和发行价格等条件进行实质性审查,有权否决发行公司发行股票的申请。下面总结了审批制、核准制、注册制的区别,如表 14-1 所示。

表 14-1　审批制、核准制与注册制的区别

对比项目	审批制	核准制	注册制
指标和额度	有	无	无
上市标准	有	有	有
保荐人	政府或行业主管部门	中介机构	中介机构
对发行做出实质判断的主体	中国证监会	中介机构和中国证监会	中介机构
发行监管制度	中国证监会实质性审核	中介机构和中国证监会分担实质性审核职责	中国证监会形式审核,中介机构实质审核
市场化程度	行政体制	半市场化	完全市场化
发行效率	低	一般	高

在英国、法国以及中国内地、中国香港、东南亚等地区和国家,股票发行制度采用的是核准制或者带有核准制特征,且监管机构的审批起决定性作用

的发审制度。在美国、日本等发达国家，股票发行制度采用的是注册制，企业只要符合股票发行上市的条件并依法充分披露信息，就能成功上市，监管机构仅发挥监督作用。

在20多年的发展过程中，我国股票市场的股票发行制度经历了从审批制到核准制的不同发展阶段。从2001年开始，我国股票发行制度由审批制改为核准制。

随着我国股票市场的发展，核准制的弊端逐渐凸显，推进股票发行注册制改革迫在眉睫。由于核准制依靠行政审批，造成了排队时间长、审批效率低下以及人为抬高IPO门槛等问题。一系列问题的出现将很多优质企业排斥在股票市场大门外。更严重的是，很多企业排队就需要等待三五年，一旦遇到中国证监会暂停IPO的情况，企业也就被折腾得只剩下了半条命。在这种情况下，很多企业被迫放弃了IPO的想法。

推行注册制的好处非常多。第一，注册制对市场自我约束机制的培育和形成有促进作用；第二，注册制有利于发挥市场配置资源的决定性作用；第三，注册制有利于提高资本市场服务实体经济的效率；第四，注册制有利于协调投融资功能平衡，促进资本市场长期稳定健康发展。从2013年开始，我国已经陆续展开从核准制向注册制改革的进程，内容如表14-2所示。

表14-2 我国注册制改革历程

时　　间	改　革　历　程
2013年11月15日	《中共中央关于全面深化改革若干重大问题的决定》提出，推进股票发行注册制改革
2013年11月30日	中国证监会发布《进一步推进新股发行体制改革的意见》，这是逐步推进股票发行从核准制向注册制过渡的重要步骤
2014年3月5日	《政府工作报告》提出推进股票发行注册制改革
2014年4月10日	中国证监会前主席肖钢在博鳌亚洲论坛表示，IPO注册制改革草案在2014年年底出台
2014年5月9日	"新国九条"文件提出积极稳妥推进股票发行注册制改革
2014年6月27日	中国证监会新闻发言人张晓军表示，中国证监会正在研究注册制相关方案，计划2014年年底之前推出
2014年7月30日	沪深证券交易所相关负责人表示，注册制推行后短期内依然避免不了IPO排队问题
2014年11月19日	国务院常务会议强调，抓紧出台股票发行注册制改革方案

续表

时间	改革历程
2014年11月28日	中国证监会新闻发言人张晓军表示,目前中国证监会已牵头完成注册制改革方案初稿,拟于2014年11月底上报国务院
2015年1月16日	中国证监会前主席肖钢表示,推进股票发行注册制改革是2015年资本市场改革的头等大事
2015年2月13日	中国证监会新闻发言人邓舸表示,已完成注册制改革方案初稿并上报国务院
2015年3月2日	上交所理事长桂敏杰表示,注册制有望2015年落地
2015年3月5日	国务院总理李克强在《政府工作报告》中表示,实施股票发行注册制改革
2015年3月5日	中国证监会前主席肖钢表示,目前我国市场实施注册制的基本条件已经比较成熟了
2015年5月29日	央行在《中国金融稳定报告》中指出,积极稳妥推进股票发行注册制改革
2015年6月26日	中国证监会主席助理黄炜表示,注册制应由证券交易所负责对发行申请依法进行审核,提出审核意见,中国证监会给予注册,以交易所同意注册的意见为前提
2015年7月31日	中国证监会新闻发言人张晓军表示,推进股票发行注册制改革是资本市场的重大改革举措
2015年9月24日	全国人大财经委副主任委员吴晓灵表示,《证券法》(修订草案)的二审最快也要2015年年底。业内人士认为,注册制将延后
2015年11月6日	中国证监会有关部门负责人表示,推进股票发行注册制改革的各项准备工作正在有序推进
2015年11月20日	媒体报道,《证券法》修订推迟,国务院可能采取法律授权方式出台意见解决,全力以赴2016年3月注册制要有结果
2015年11月27日	中国证监会新闻发言人张晓军表示,中国证监会和证券交易所正在组织研究与注册制相关的配套规章和规则
2015年12月9日	国务院常务会议通过提请全国人大常委会授权国务院,在实施股票发行注册制改革中调整试用有关规定的草案。同时,中国证监会表态,将积极稳妥推进注册制改革

随着我国股票市场的完善成熟以及股票发行制度改革的进一步深化,注册制将取代核准制。2018年11月5日,首届中国国际进口博览会在上海开幕,国家主席习近平在开幕式上发表演讲,演讲中提到"将在上海证券交易所设立科创板并试点注册制,支持上海国际金融中心和科技创新中心建设,不断完善资本市场基础制度"。这预示着我国股票市场将迎来新的面貌。

14.1.2 交易币种：A股和B股

A股，即"人民币普通股"，是指中国境内企业发行的供境内机构、个人（包含境内居住的港澳台居民）以人民币认购和交易的普通股股票。一般而言，我们把在上海证券交易所和深圳证券交易所发行用人民币进行买卖的股票市场统称为A股市场。

B股是指人民币特种股票。它在中国境内（上海证券交易所，深圳证券交易所）证券交易所上市，以人民币标明面值，以外币认购和买卖。B股主要供港澳台以及外国的自然人、法人和其他组织及定居在国外的中国公民等投资人买卖。下面对比了A股和B股的一些不同之处，如表14-3所示。

表14-3 A股和B股的区别

名称	定义	交易币种	记账方式	交割制度	涨跌幅限制	参与投资者
A股	人民币普通股票	在中国境内注册、在中国境内上市的普通股票	以人民币认购和交易	A股不是实物股票，以无纸化电子记账	实行"T+1"交割制度	±10%	中国境内公司发行的供境内机构、个人以及境内居住的港澳台居民
B股	人民币特种股票	在中国境内注册、在中国境内上市的特种股票	以人民币标明面值，只能以外币认购和交易	B股不是实物股票，以无纸化电子记账	实行"T+3"交割制度	±10%	港澳台以及外国的自然人、法人和其他组织，定居在国外的中国公民

我国A股市场诞生于1990年年底，其上市公司数量以及总市值来都远远超过B股，是中国股票市场当之无愧的代表。

我国A股股票最初的时候只有10只，经过7年的发展，A股股票增加到720只，A股总股本为1 646亿股，总市值为人民币17 529亿元，占中国国内生产总值（GDP）的比率为22.7%。1997年A股股票年交易额为人民币30 295亿元。

此后，A股市场的市值规模不断发展壮大，先后突破人民币30万亿元、35万亿元大关。截至2014年年底，我国A股股票为2 592只，A股市值总市值达到人民币37.11万亿元，与GDP的比率为58.3%。2015年全年，我国A股市场爆发，交易规模巨大，达到全球股票交易总额的三分之一以上。截至

2016年年底，我国A股股票将近3 000只。

申请国内A股上市要求严格，门槛高，而且周期相对较长，但是中国境内企业的创始人纷纷将A股上市作为长期目标，原因有四个。第一，市盈率高；第二，融资能力强；第三，发行成本较低；第四，本土市场国内知名度高。

中国B股市场设立比A股晚了两年，它于1992年被设立。设立B股市场的目的是吸引外资，增强中国股市的融资功能。随着B股市场的确立，我国外汇短缺的问题得到了很好的解决。但随着B股市场的发展，各种问题逐渐显露，比如融资困难、交易冷清、估值低，等等。

近年来，B股市场改革加速，很多B股公司选择回购B股，转成A股或H股（注册在内地，上市在香港）。由于香港H股市场估值低于A股市场，B股转向A股也就成为大多数B股公司的选择。例如，2015年新城控股B转A正式上市等。

B转A最大的难题在于境外投资人无法直接买卖A股，另外，流通困难、货币结算以及交易规则的不同都有待解决。那么，企业如何解决B转A的难题呢？目前，B股转A股的主要方法是公司控股股东通过向B股公司中除自身以外的股东发行A股股票，以换股的方式吸收合并B股公司。之后，前B股公司的A股股票就可以在深圳证券交易所或者上海证券交易所上市了。

目前，B股转型存在一定的难点，主要在于存在部分代持现象，以及境外投资者转持A股等，这些摆在市场面前的重要课题，考验着资本运作的智慧。

14.1.3　两大证券交易所：上海证券交易所和深圳证券交易所

上海证券交易所成立于1990年11月26日，注册资金为人民币1 000万元，是我国最大的证券交易中心。深圳证券交易所筹建于1989年，于1991年7月正式营业，是我国第二家证券交易所。

截至2018年12月31日，深圳主板上市公司总数为2 121家，总市值为人民币5.43万亿元；上海主板上市公司总数为1 441家，总市值为人民币26.88万亿元。

上海和深圳的证券交易所自成立以来，就在不断改进交易运作的模式，从电脑化到网络化,再到如今的股票无纸化操作,这些无一不在彰显两大交易所的活力。

当前,两大证券交易所的主要证券品种有股票、国债、企业债券、权证、基金等。两大证券交易所的业务范围包括五项,分别为组织并管理上市证券;提供证券集中交易的场所;办理上市证券的清算与交割;提供上市证券市场信息;办理中国人民银行许可或委托的其他业务等。两大证券交易所的业务范围如图 14-1 所示。

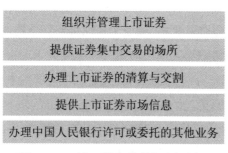

图 14-1 两大证券交易所的业务范围

"完善证券交易制度,加强证券市场权利,促进中国证券市场的发展与繁荣,维护国家、企业和社会公众的合法权益。"这是两大交易所的业务宗旨。

14.1.4 上海证券交易所上市攻略附案例

2014 年 3 月 27 日,中国证监会表示:"首发企业可以根据自身意愿,在沪深市场之间自主选择上市地,不与企业公开发行股数多少挂钩。"几天后,中国证监会又再次表示:"从统筹平衡两个交易所服务功能出发,中国证监会将均衡安排沪深交易所首发家数的原则,对具备条件的拟上市公司按照受理顺序进行审核。"

对此,上海创瑞投资管理公司管理合伙人唐浩夫称:"首发企业选择上市地不再与发行股份数挂钩,等于模糊了两个交易所的定位。中国证监会此次表态,肯定会在微观上造成两家交易所之间市场化的竞争,一些企业可能会因为关系以及哪家交易所会带来更多的募集资金而重新选择上市地。"

市场上的其他专家学者对中国证监会的此项政策解读为：均衡沪深交易所拟上市公司的数量。因为此前的上市公司都是按照主板、中小板和创业板板块均衡原则进行审核的。一般来说，发行股本 5 000 万到 8 000 万的企业会选择去深交所上市，而 8 000 万以上的企业则会选择去上交所上市。这就意味着准备在沪上市企业被安排上会审核数量有 1 家，拟在深上市企业被安排上会审核数量就有 3 家。如今，中国证监会发布的政策打破了此前的划分规则，使得两所之间形成一种良性的竞争。

2014 年 11 月 17 日，上海证券交易所正式实行沪港通。沪港通的实行强化了两地市场"互联互通"体系，加速了两地市场资金的双向流动。沪港通（指上海证券交易所和香港联合交易所有限公司建立技术连接，使内地和香港投资人可以通过当地证券公司或经纪商买卖规定范围内的对方交易所上市的股票）成为上海证券交易所有力的回击武器。

此外，上海证券交易所开始计划推出战略新兴产业板。战略新兴产业板与主板不同，主要服务于互联网、节能环保、生物以及新能源等行业，其发行条件以及交易机制等都将区别于主板。而且战略新兴产业板企业规模稍大，属于相对成熟的战略新兴产业型的企业。

除了以上的这些上市板块外，科创板的横空出世更为上海证券交易所增添了极大的活力。

2018 年 11 月 5 日，习近平主席在首届进博会开幕式上宣布将在上海证券交易所设立科创版并试点注册制。上海证券交易所发行上市总经理魏刚表示，将科创板与注册制结合在一起，这实际上构成了一个新市场，在现有的板块市场上进行一个增量的改革。

根据证监会表述，科创板创立的目的在于补齐资本市场科技创新的短板，增强对创新企业的包容性与适应性。中泰证券首席经济学家李迅雷表示："通过科创板试点注册制的方式，比主板施行对于二级市场的影响更为稳妥，同时也为 PE 退出提供了市场容量。"

业内人士指出："科创板定位于服务科技创新，及交易所注册制的试点实践，并不以服务中小微企业发展为目的。而新三板的特点在于量大面广，是服务中小微企业的主阵地。"

联讯证券新三板研究负责人彭海讲道:"从市场定位的角度来说,创业板定位是暂时无法在主板上市的创业型企业、中小企业和高科技产业企业;新三板主要为创新型、创业型、成长型中小微企业发展服务;科创板根据此前的报道主要面向已经跨越创业阶段,进入高速成长阶段,具有一定规模的新兴企业。创业板、新三板、科创板定位来说各有侧重,形成有效互补。"

面对蓄势待发的科创板,一些科创企业有望率先登陆。众所周知,新能源、生物科技,等新兴行业需要大量资金投入,其亏损时间、投资回报周期也更长,但这类企业的科技创新一旦取得突破,其收益将成倍增长,并对所在产业带来革新。

有投行人士表示,知晓上海证券交易所将推出科创板的消息后,公司紧急商讨如何积极参与。他认为,科创板的推出虽然未推出具体细则与政策举措,但节奏上应该会比较快。对于科创板初步筛选的标准,他表示:"科创板上市的企业一方面要符合国家战略的行业,如智能制造、生物医药、软件芯片等。另一方面,要寻找具有稳定经营模式、发展战略清晰,且能不断扩大规模的企业。"

作为国际大都市的上海,其市场活力有目共睹。因此,上海成为无数公司的上市首选地点。这里附上在上海证券交易所上市的24家企业名单,供各位创业者参考,具体内容如图14-2所示。

上市A股

证券代码	证券简称
600000	浦发银行
600003	ST东北高
600004	白云机场
600005	武钢股份
600006	东风汽车
600007	中国国贸
600008	首创股份
600009	上海机场
600010	包钢股份
600011	华能国际
600012	皖通高速
600015	华夏银行
600016	民生银行
600017	日照港
600018	上港集团
600019	宝钢股份
600020	中原高速
600021	上海电力
600022	济南钢铁
600026	中海发展
600027	华电国际
600028	中国石化
600029	南方航空
600030	中信证券

图14-2 上海证券交易所上市的24家企业名单

上海证券交易所已经有主板与战略新兴板，而科创板更是抛锚起航。人民群众是水，创业企业是鱼，鱼多、水多才是真正的大好事。市场的繁荣，依旧要依靠群众的参与才能提高整个池塘的水位。

14.1.5 新三板、科创板上市规则核心摘要

新三板是中国最市场化的资本市场，其诞生就是为了解决中小企业融资难的问题。与创业板、中小板、主板上市对企业利润、股东等的硬性规定不同，挂牌新三板对财务、股东与高新技术没有限制。创业者只要规范企业的经营管理和治理，做好信息公开披露，就可以挂牌新三板，成为非上市公众公司。挂牌新三板后，企业股票可通过全国中小企业股份转让系统交易流通。

目前，新三板暂时分为基础层与创新层，其上市规则需满足《全国中小企业股份转让系统挂牌公司分层管理办法（试行）》（以下简称《分层管理办法》）规定，以下是其核心规则摘要。

《分层管理办法》（核心摘要）

第四条　全国股转系统设立创新层和基础层，符合不同标准的挂牌公司分别纳入创新层或基础层管理。

第六条　满足以下条件之一的挂牌公司可以进入创新层：

（一）最近两年连续盈利，且年平均净利润不少于2000万元（以扣除非经常性损益前后孰低者为计算依据）；最近两年加权平均净资产收益率平均不低于10%（以扣除非经常性损益前后孰低者为计算依据）。

（二）最近两年营业收入连续增长，且年均复合增长率不低于50%；最近两年营业收入平均不低于4 000万元；股本不少于2 000万股。

（三）最近有成交的60个做市转让日的平均市值不少于6亿元；最近一年年末股东权益不少于5 000万元；做市商家数不少于6家；合格投资者不少于50人。

第七条　根据第六条的规定进入创新层的挂牌公司，还应当满足以下条件：

（一）最近12个月完成过股票发行融资（包括申请挂牌同时发行股票），

且融资额累计不低于1 000万元;或者最近60个可转让日实际成交天数占比不低于50%。

(二)公司治理健全,股东大会、董事会和监事会制度、对外投资管理制度、对外担保管理制度、关联交易管理制度、投资者关系管理制度、利润分配管理制度和承诺管理制度完备;公司设立董事会秘书并作为公司高级管理人员,董事会秘书取得全国股转系统董事会秘书资格证书。

(三)最近12个月不存在以下情形。

1. 挂牌公司或其控股股东、实际控制人,现任董事、监事和高级管理人员因信息披露违规、公司治理违规、交易违规等行为被全国股转公司采取出具警示函、责令改正、限制证券账户交易等自律监管措施合计3次以上的,或者被全国股转公司等自律监管机构采取了纪律处分措施。

2. 挂牌公司或其控股股东、实际控制人,现任董事、监事和高级管理人员因信息披露违规、公司治理违规、交易违规等行为被中国证监会及其派出机构采取行政监管措施或者被采取行政处罚,或者正在接受立案调查,尚未有明确结论意见。

3. 挂牌公司或其控股股东、实际控制人,现任董事、监事和高级管理人员受到刑事处罚,或者正在接受司法机关的立案侦查,尚未有明确结论意见。

(四)按照全国股转公司的要求,在会计年度结束之日起4个月内编制并披露年度报告;最近两个会计年度的财务会计报告被会计师事务所出具标准无保留意见的审计报告;按照第六条第二项规定进入创新层的挂牌公司,最近三个会计年度的财务会计报告被会计师事务所出具标准无保留意见的审计报告。

(五)全国股转公司规定的其他条件。

第八条 申请挂牌公司满足以下条件之一的,可以挂牌时直接进入创新层:

(一)最近两年连续盈利,且年平均净利润不少于2 000万元(以扣除非经常性损益前后孰低者为计算依据);最近两年加权平均净资产收益率平均不低于10%(以扣除非经常性损益前后孰低者为计算依据);申请挂牌同时发行股票,且融资额不低于1 000万元。

(二)最近两年营业收入连续增长,且年均复合增长率不低于50%;最近两年营业收入平均不低于4 000万元;挂牌时股本不少于2 000万股。

（三）做市商家数不少于6家；申请挂牌同时发行股票，发行对象中包括不少于6家做市商，按发行价格计算的公司市值不少于6亿元，且融资额不低于1 000万元；最近一期期末股东权益不少于5 000万元。

第九条 根据第八条的规定进入创新层的申请挂牌公司，还应当满足以下条件：

（一）申请挂牌即采用做市转让方式。

（二）公司治理健全，股东大会、董事会和监事会制度、对外投资管理制度、对外担保管理制度、关联交易管理制度、投资者关系管理制度、利润分配管理制度和承诺管理制度完备；公司设立董事会秘书并作为公司高级管理人员，董事会秘书取得全国股转系统董事会秘书资格证书。

（三）最近12个月不存在以下情形：申请挂牌公司或其控股股东、实际控制人，现任董事、监事和高级管理人员被中国证监会及其派出机构采取行政监管措施或者被采取行政处罚，或者正在接受立案调查，尚未有明确结论意见。

（四）最近两年及一期的财务会计报告被会计师事务所出具标准无保留意见的审计报告；按照第八条第二项规定进入创新层的申请挂牌公司，最近三个会计年度的财务会计报告被会计师事务所出具标准无保留意见的审计报告。

（五）全国股转公司规定的其他条件。

第十条 未进入创新层的挂牌公司进入基础层。

以上便是有关新三板上市规则的核心摘要，科创板的有关内容已经在前文中有过详细的探讨，那么关于科创板的具体上市规则又是如何呢？具体规定参照下文摘要。

上海证券交易所科创板股票发行上市审核规则（核心摘要）

第三条 发行人申请股票首次发行上市，应当符合科创板定位，面向世界科技前沿、面向经济主战场、面向国家重大需求。优先支持符合国家战略，拥有关键核心技术，科技创新能力突出，主要依靠核心技术开展生产经营，具有稳定的商业模式，市场认可度高，社会形象良好，具有较强成长性的企业。

第五条 本所发行上市审核基于科创板定位，重点关注并判断下列事项：

（一）发行人是否符合中国证监会规定的科创板股票发行条件；

（二）发行人是否符合本所规定的科创板股票上市条件；

（三）发行人的信息披露是否符合中国证监会和本所要求。

第二十二条　发行人申请股票首次发行上市的，应当符合《上海证券交易所科创板股票上市规则》规定的上市条件。

除本规则第二十三条、第二十四条规定的情形外，发行人申请股票首次发行上市的，应当至少符合下列上市标准中的一项，发行人的招股说明书和保荐人的上市保荐书应当明确说明所选择的具体上市标准：

（一）预计市值不低于人民币10亿元，最近两年净利润均为正且累计净利润不低于人民币5 000万元，或者预计市值不低于人民币10亿元，最近一年净利润为正且营业收入不低于人民币1亿元；

（二）预计市值不低于人民币15亿元，最近一年营业收入不低于人民币2亿元，且最近三年累计研发投入占最近三年累计营业收入的比例不低于人民币15亿元；

（三）预计市值不低于人民币20亿元，最近一年营业收入不低于人民币3亿元，且最近三年经营活动产生的现金流量净额累计不低于人民币1亿元；

（四）预计市值不低于人民币30亿元，且最近一年营业收入不低于人民币3亿元；

（五）预计市值不低于人民币40亿元，主要业务或产品需经国家有关部门批准，市场空间大，目前已取得阶段性成果。医药行业企业需至少有一项核心产品获准开展二期临床试验，其他符合科创板定位的企业需具备明显的技术优势并满足相应条件。

前款所称净利润以扣除非经常性损益前后的孰低者为准，所称净利润、营业收入、经营活动产生的现金流量净额均指经审计的数值。

本所可以根据市场情况，经中国证监会批准，对第二款规定的具体标准进行调整。

第二十三条　符合《国务院办公厅转发证监会关于开展创新企业境内发行股票或存托凭证试点若干意见的通知》（国办发〔2018〕21号）相关规定的红筹企业，可以申请发行股票或存托凭证并在科创板上市。

营业收入快速增长，拥有自主研发、国际领先技术，同行业竞争中处于相对优势地位的尚未在境外上市红筹企业，申请发行股票或存托凭证并在科创板上市的，市值及财务指标应当至少符合下列上市标准中的一项，发行人的招股说明书和保荐人的上市保荐书应当明确说明所选择的具体上市标准：

（一）预计市值不低于人民币100亿元；

（二）预计市值不低于人民币50亿元，且最近一年营业收入不低于人民币5亿元。

第二十四条　存在表决权差异安排的发行人申请股票或者存托凭证首次公开发行并在科创板上市的，其表决权安排等应当符合《上海证券交易所科创板股票上市规则》等规则的规定；发行人应当至少符合下列上市标准中的一项，发行人的招股说明书和保荐人的上市保荐书应当明确说明所选择的具体上市标准：

（一）预计市值不低于人民币100亿元；

（二）预计市值不低于人民币50亿元，且最近一年营业收入不低于人民币5亿元。

第三十八条　本所发行上市审核机构按照发行上市申请文件受理的先后顺序开始审核。

第三十九条　对股票首次发行上市申请，本所发行上市审核机构自受理之日起二十个工作日内，通过保荐人向发行人提出首轮审核问询。

在首轮审核问询发出前，发行人及其保荐人、证券服务机构及其相关人员不得与审核人员接触，不得以任何形式干扰审核工作。

第四十条　在首轮审核问询发出后，发行人及其保荐人对本所审核问询存在疑问的，可以通过本所发行上市审核业务系统进行沟通；确需当面沟通的，可以通过本所发行上市审核业务系统预约。

第四十一条　首轮审核问询后，存在下列情形之一的，本所发行上市审核机构收到发行人回复后十个工作日内可以继续提出审核问询：

（一）首轮审核问询后，发现新的需要问询事项；

（二）发行人及其保荐人、证券服务机构的回复未能有针对性地回答本所发行上市审核机构提出的审核问询，或者本所就其回复需要继续审核问询；

（三）发行人的信息披露仍未满足中国证监会和本所规定的要求；

（四）本所认为需要继续审核问询的其他情形。

14.2 境外上市

境外上市是指中国企业以境内股份有限公司的名义向境外证券主管部门申请登记注册、发行股票，并向当地证券交易所申请挂牌上市交易。其中，H股、N股、S股分别指中国企业在香港联合交易所发行股票并上市、中国企业在纽约交易所发行股票并上市，以及中国企业在新加坡交易所发行股票并上市。

14.2.1　H股：注册在内地，上市在香港

H股也称"国企股"，它是指那些注册在内地、上市在香港的外资股。H股为实物股票，采用"T+0"交割制度，涨跌幅无限制。

由于香港投资者对中国内地企业的认知度高，且香港拥有全球最活跃的二级市场炒家，市场流动性好，这使得企业在香港上市能取得较为满意的成果。

一般情况下，企业到香港上市，从申请到发行的时间约为7个月。上市的费用：主板15万～65万港元（人民币13万元到58万元），创业板10万～20万港元（人民币9万元到18万元），加上保荐人、包销商佣金和相关费用总体约为100万港元（人民币90万元）。

根据香港联合证券交易所相关规定，内地企业在香港发行股票并上市应满足以下条件，如表14-4所示。

2015年6月29日，联想控股香港挂牌上市，股票代号为"03396"。此次上市，联想控股面向全球发行3.529 44亿H股股份，每股股价42.98港元，联想控股通过香港上市融资151.7亿港元。

在 A 股大热的当下,联想控股为何选在香港上市?联想控股董事长兼执行董事、联想集团创始人柳传志回答了这个问题:

表 14-4　内地企业在中国香港发行股票并上市应满足的条件

项目	香港主板上市	香港创业板上市
财务要求	主板新申请人须具备不少于 3 个财政年度的营业记录,并须符合下列三项条件之一: 1. 盈利测试:(1)股东应占盈利:过去三个财政年度盈利不得低于 5 000 万港元(最近一年盈利至少 2 000 万港元,及前两年累计盈利至少 3 000 万港元);(2)市值:上市时至少达 2 亿港元; 2. 市值/收入测试:(1)市值:上市时至少达 40 亿港元;(2)收入:最近一个经审计财政年度至少 5 亿港元; 3. 市值/收入测试/现金流量测试:(1)市值:上市时至少达 20 亿港元;(2)收入:最近一个经审计财政年度至少 5 亿港元;(3)现金流量:前 3 个财政年度来自营运业务的现金流入合计至少 1 亿港元	创业板申请人须具备不少于 2 个财政年度的营业记录。 1. 日常经营业务有现金流入,于上市文件刊发之前两个财政年度合计至少达 2 000 万港元; 2. 上市时市值至少达 1 亿港元
会计准则	按照《香港财务汇报准则》或《国际财务汇报准则》编制。经营银行业务的公司必须同时遵守香港金融管理局公布的《本地注册认可机构披露财务资料》	同主板
是否适合上市	必须是联交所认为适合上市的发行人及业务。如发行人或其集团(投资公司除外)全部或大部分的资产为现金或短期证券,则其一般不会被视为适合上市,除非其所从事或主要从事的业务是证券经纪业务	同主板
新申请人自身要求	新申请人须在大致相若的拥有权及管理层管理下具备至少 3 个财政年度的营业记录;在至少最近一个经审计财政年度拥有权和控制权大致维持不变; 豁免:(1)在市值/收入测试下,如新申请人能证明下述情况,联交所可接纳新申请人在管理层大致相若的条件下具备为期较短的营业记录:董事及管理层在新申请人所属业务及行业中拥有足够(至少三年)及令人满意的经验;(2)在最近一个经审计财政年度管理层大致维持不变	新申请人必须具备不少于 2 个财政年度的营业记录;管理层在最近 2 个财政年度维持不变;最近一个完整的财政年度内拥有权和控制权维持不变。在下列情况下,联交所可接纳为期较短的营业记录,或修订或豁免营业记录,但是,拥有权及控制权要求维持不变。豁免范围包括开采天然资源的公司或新成立的工程项目公司

第14章 三大上市形式及案例攻略

续表

项目	香港主板上市	香港创业板上市
最低市值	新申请人上市时证券预期市值至少为2亿港元	新申请人上市时证券预期市值至少为1亿港元
公众持股的市值和持股量	新申请人预期证券上市时由公众人士持有的股份的市值须至少为5 000万港元；无论任何时候，公众人士持有的股份须占发行人已发行股本至少25%。若发行人拥有一类或以上的证券，其上市时由公众人士持有的证券总数必须占发行人已发行股本总额至少25%；但正在申请上市的证券类别占发行人已发行股本总额的百分比不得少于15%，上市时的预期市值也不得少于5 000万港元。如发行人预期上市时市值超过100亿港元，则联交所可酌情接纳一个介乎15%～25%的较低百分比。	新申请人预期证券上市时由公众人士持有的股份的市值须至少为3 000万港元；无论任何时候公众人士持有的股份须占发行人已发行股本至少25%。若发行人拥有一类或以上的证券，其上市时由公众人士持有的证券总数必须占发行人已发行股本总额至少25%；但正在申请上市的证券类别占发行人已发行股本总额的百分比不得少于15%，上市时的预期市值也不得少于3 000万港元。如发行人预期上市时市值超过100亿港元，则联交所可酌情接纳一个介乎15%～25%的较低百分比
股东人数要求	持有有关证券的公众股东须至少为300人；持股量最高的三名公众股东实际持有的股数不得占证券上市时公众持股量逾50%	持有有关证券的公众股东须至少为100人；持股量最高的三名公众股东实际持有的股数不得占证券上市时公众持股量逾50%
主要股东的售股限制	上市后6个月内不得售股，其后6个月内仍要维持控股权	管理层股东必须接受为期12个月的售股限制期，在这一期间，各持股人的股份将由托管代理商代为托管。高持股量股东则有半年的售股限制期
竞争业务	公司的控股股东（持有公司股份35%或以上者）不能拥有可能与上市公司构成竞争的业务	只要于上市时持续地做出全面披露，董事、控股股东、主要股东及管理层股东均可进行与申请人有竞争的业务（主要股东则不需要做持续全面披露）
信息披露	一年两度的财务报告	按季披露，中期报和年报中必须列示实际经营业绩与经营目标的比较
包销安排	公开发售以供认购必须全面包销	无硬性包销规定，但如果发行人要筹集新资金，新股只可以在招股章程所列的最低认购额达到时方可上市

"联想今天如果在 A 股上市的话，我相信市盈率会高得多。因为国内朋友们可能会更加了解联想，知道联想的品牌，股价会更高。但是我们为什么要选择在香港上市？因为我们觉得在香港股市上更加规范、更加透明，使我们工作、我们业绩会和股价有密切联系，而不会由于其他的因素使得我们的业绩和股价脱钩。这说明我们对我们未来的发展是充满信心的。现在国内的投资人跟香港是相通的，人民币和港币相通，同时深港通、沪港通等，都能够让了解我们的投资人在香港进行投资。"

企业在香港上市的优点除了上述内容以外，还有以下几点优势。

第一，香港具有国际金融中心地位，有助于企业建立国际化运营平台。香港政府廉洁高效、税率相对较低，无外汇管制，资金流出流入不受限制。这些条件有助于内地企业建立国际化运作平台，实施"走出去"战略。

第二，香港具有健全的法律体制。香港的法律体制以英国普通法为基础，法律体制健全。对拟上市公司来说，健全的法律体制为上市融资奠定了坚实的基础，也增强了投资人的信心。

第三，国际会计准则。除了《香港财务报告准则》及《国际财务报告准则》外，香港证券交易所在特殊情况下也允许上市企业采用美国公认会计原则及其他会计准则。

第四，香港市场具有完善的监管架构。香港证券交易所的《上市规则》力求符合国际标准，对上市发行人提出高水准的披露规定。

第五，交易、结算及交收措施先进。香港的证券及银行业以健全、稳健称著；交易所拥有先进、完善的交易、结算及交收设施。

第六，文化相同、地理接近。近年来，香港与内地往来越来越频繁、便捷，文化相同、语言相近，便于上市发行公司与投资人及监管机构沟通。

14.2.2　N股：注册在国内，上市在纽约

N 股是指那些注册在国内，上市在美国纽约证券交易所的外资股，因为纽约的英文单词"New York"的第一个字母为"N"，因此被称为 N 股。除了纽约证券交易所以外，美国还有另外两大交易所，分别是美国证券交易所、

纳斯达克证券交易所。在纽约证券交易所上市，企业需要满足以下条件，如表 14-5 所示。

表 14-5　纽约证券交易所对非美国公司的上市要求

项　目	纽约证券交易所上市
财务要求	上市前两年，每年税前收益为 200 万美元，最近一年税前收益为 250 万美元；或三年必须全部盈利，税前收益总计为 650 万美元，最近一年最低税前收益为 450 万美元；或上市前一个会计年度市值总额不低于 5 亿美元且收入达到 2 亿美元的公司：三年调整后净收益合计 2 500 万美元（每年报告中必须是正数）
最低市值	公众股市场价值为 4 000 万美元；有形资产净值为 4 000 万美元。
最低公众持股数量和业务记录	公司股东不低于 2 000 名（每名股东拥有 100 股以上）；或 2200 名股东（上市前 6 个月月平均交易量为 10 万股）；或 500 名股东（上市前 12 个月月平均交易量为 100 万股）；至少有 110 万股的股数在市面上为投资人所拥有（公众股 110 万股）
企业类型	主要面向成熟企业
会计准则	美国公认会计原则
信息披露规定	遵守纽约证券交易所的年报、季报和中期报告制度
其他要求	对公司的管理和操作有多项要求；详细说明公司所属行业的相对稳定性，公司在该行业中的地位，公司产品的市场情况

北京时间 2014 年 9 月 19 日晚 9 点 30 分左右，阿里巴巴在美国纽约证券交易所成功上市。依据阿里巴巴的上市发行价格，阿里巴巴上市融资额达到 250 亿美元，其市值达到 1 680 亿美元。截至 2018 年 6 月 7 日收盘，阿里巴巴的股价为 203.54 美元，市值达到 5 229 亿美元。阿里巴巴在纽约上市是中国公司境外上市中影响最大的一次，掀起赴美上市的高潮。

为什么中国内地公司热衷于到美国上市呢？除了公司在内地上市具有的融资、股权增值、规范公司经营发展、强化公司社会责任等好处，到美国上市还有其他特殊意义。

第一，赴美上市使得公司的价值证券化，有利于股东计算自己的财富。当然，企业不上市的情况下，股东也能根据公司的净资产数量计算出自己拥有的股权价值。但是，如果没有人愿意购买，股东就无法退出变现。即便公司在国内上市，由于公司大股东持有的股票与上市流通股的价值不同，转让方式也受到很多限制，因此，大股东很难计算出自己拥有的财富。在美国上市则不一样，美国的资本市场不区分流通股与非流通股。上市后，大股东只要根据股票交易价格乘以持有的股数，就能计算出自己财富的价值。如果大股东想要退出变现，只需要委托证券交易商即可卖出。

2016年8月，马云启动了一项股票出售计划，即自2016年9月起的12个月内沽售阿里巴巴990万股股票，约为马云持有阿里巴巴股份的5%。按照2016年11月1日的收盘价101.15美元计算，马云即将沽售的990万股股票价值超过10亿美元。马云表示，此次股票出售计划的目的是履行公益捐款的承诺及更好地管理财富。

第二，美国上市标准公开明确，操作有章可循。我国公司上市发行采用的是核准制，而美国资本市场采用的是注册制。公开、明确的上市标准为拟上市公司提供了依据。公司只要找到合格的保荐机构以及合适的中介机构完成审计、法律等工作，企业就可以成功发行股票。

第三，在美国上市花费的成本低，通过时间短。在国内主板上市的时间最少也要三年，而直接到美国上市的时间一般为9～12个月。另外，国内上市花费的中介机构费用远远高于在美国上市的中介机构费用，有利于公司降低融资成本。

受到经济一体化、金融全球化以及中国公司国际化战略推进的影响，越来越多的中国公司选择到美国上市。另外，A+N、A+H等多地上市的现象也不再罕见。当然，前提是公司发展到一定规模，可以有效进行投资人关系管理。

14.2.3　S股：注册在国内，上市在新加坡

S股是指那些注册在国内，上市在新加坡证券交易所的外资股。新加坡上市企业以制造业和高科技企业为主，其国外制造业的上市公司占比超过50%。新加坡交易市场的总市值约等于中国香港市场的1/3，但是交易量却达到中国香港市场的1/2。由此可以看出，新加坡市场的活跃度要高于中国香港市场。下面一起看看S股的上市要求，如表14-6所示。

表 14-6　S 股的上市要求

项　　目	新加坡主板	新加坡创业板
营运记录	1. 须具备三年业务记录，发行人最近三年主要业务和管理层没有发生重大变化，实际控制人没有发生变更； 2. 没有营业记录的公司必须证明有能力取得资金，进行项目融资和产品开发，该项目或产品必须已进行充分研发	有三年或以上连续、活跃的经营记录；所持业务在新加坡的公司，须有两名独立董事
盈利要求	1. 过去三年的税前利润累计 750 万新币（合人民币 3 750 万元），每年至少 100 万新币（合人民币 500 万元）； 2. 或过去一至二年的税前利润累计 1 000 万新币（合人民币 5 000 万元）； 3. 或三年中任何一年税前利润不少于 2 000 万新币且有形资产价值不少于 5 000 万新币； 4. 或无盈利要求	并不要求一定有盈利，但会计师报告不能有重大保留意见，有效期为 6 个月
最低公众持股量	至少 1 000 名股东持有公司股份的 25%，如果市值大于 3 亿，股东的持股比例可以降低至 10%	公众持股至少为 50 万股或发行缴足股本的 15%（以高者为准），至少 500 个公众股东
最低市值	8 000 万新币或无最低市值要求	无具体要求
证券市场监管	1. 如果公司计划向公众募股，该公司必须向社会公布招股说明书； 2. 如果公司已经拥有足够的合适股东，并且有足够的资本，无须向公众募集股份，该公司必须准备一份与招股说明书类似的通告交给交易所，以备公众查询	全面信息披露，买卖风险自担
公司注册和业务地点	自由选择注册地点，无须在新加坡有实质的业务运营	所持业务在新加坡的公司，须有两名独立董事；业务不在新加坡的控股公司，须有两名常住新加坡的独立董事，一位全职在新加坡的执行董事，并且每季开一次会议
会计准则	新加坡或国际或美国公认的会计原则	无

自中远投资在 1993 年率先在新加坡上市以来，越来越多的中国企业选择

到新加坡上市。其中大多数是一些制造业、交通、基建、通信、商业贸易、服务业和房地产公司。

如中国制造类公司中的天津中新药业、亚洲创建、鹰牌控股、百嘉力、源光亚明国际、大众食品、中国软包装控股、化纤科技、亚洲药业等；商业贸易类的公司有中航油、妍华控股等；服务业的公司有电子科技软件、亚洲环保、联合环保技术、神州环石油科技等；房地产业的公司有中国招商亚太、龙置地等。

之所以会有如此多的中国公司选择在新加坡上市，是源自新加坡独特的七大优势。

第一，新加坡有着独立开放的公开市场，上市条件明确。

第二，中国公司在新交所上市可以融集外资，供公司进一步发展之用。

第三，新加坡股票市场非常活跃，流通性好。

第四，新加坡市场对制造业，尤其是高科技企业有深入的认识，股价较高。

第五，在新加坡上市售股，可以选择发售新股或由股东卖出原有股份。公司上市后也能够根据自身业务发展的需要及市场状况，自由决定在二级市场上再次募集资金的形式、时间和数量。

第六，新加坡对外汇及资金流动不设管制，发行新股及出售旧股所募集的资金可自由流入流出。

第七，新加坡是中西文化交融之地，在新加坡上市有利于中国企业树立更好的企业形象。

上市对企业的意义重大，如何选择合适的境外市场上市是一个需要慎重考虑的问题。不同的企业需要视自身情况而定，且要结合H股、N股、S股各自的特点，从而做出最正确的决定。

14.2.4 纳斯达克上市攻略附案例

纳斯达克（NASDAQ），全称为美国全国证券交易商协会自动报价表，是美国的一个电子化的证券交易市场。它创立于1971年，如今已成为全球第二大的证券交易市场，现有上市公司超过5 400家。

虽然纳斯达克是一个电子化的证券交易市场，但它的"交易中心"依然存在，该中心位于纽约时代广场旁的时报广场四号。

非美国公司在纳斯达克上市需要满足以下条件，如表14-7所示。

表14-7 纳斯达克证券交易所对非美国公司的上市要求

项 目	纳斯达克主板	纳斯达克创业板
财务要求	在最近一个财政年的收入不低于100万美元或者是在近三个财政年中有两个财政年的收入都超过100万美元；或者市场价值7 500万美元或有不低于7 500万美元的资产及7 500万美元的营业收入	在最近一个财政年中的净收入不低于75万美元；或者是公司在最近三个财政年中有两个财政年的净收入不低于75万美元
净资产	公司的有形净资产不得低于600万美元	公司的有形资产不低于400万美元或者市场价值超过5 000万美元
公众持股量和总价值	公众持股量不低于110万美元，总价值不低于800万美元	公众持股量不低于100万股，总价值不低于500万美元
申请时最低股票价格	股票首次发行的最低价格不得低于每股5美元；在之后的交易价格需维持在每股1美元以上，以此来避免上市公司有意低价出售，从而保护纳斯达克的信誉	首次发行价不低于4美元每股，且需一直维持在4美元每股以上
股东人数和做市商	至少有400个股东；不低于3个做市商	至少有300个股东和3个做市商

拼多多于2018年7月26日登陆纳斯达克，其股票代码为"PDD"，股票发行价19美元，总市值240亿美元，开盘后市值一度突破300亿美元。

创立于2015年9月的拼多多，是"新电商"的开创者（商家入驻模式的第三方移动电商平台）。拼多多之所以在短短三年内走向成功，得益于其创新的"拼单社交模式"。

拼多多的"拼单"中，发起人与被分享人之间是平等的。发起人不会从中获得额外的利益，这种人人平等的模式更容易把用户的关系链激发起来，实现人与人之间的互动传播。这种分享式的营销方式帮助拼多多成功获得了流量之源。

用户只需要分享好友、朋友圈，邀请好友一起拼团，收到消息的好友直接点开，就能够一起参与拼团。正是得益于这种社交化的传播，仅仅不到一年时间，拼多多月订单量超200万。每一个用户、每一个好友、每一个朋友圈都可能是拼多多的流量入口地，而且每一个信息的发起人、接收人都是平等的、互相的，它从某种角度上与张小龙"朋友推荐优于系统推荐"的观念相似。拼多多的拼团流程如图14-3所示。

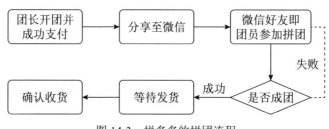

图14-3　拼多多的拼团流程

拼多多通过分析用户的消费习惯、个性特征，完成用户的初步认知，并通过将沟通分享与社交的理念纳入电商运营之中，从而快速吸引一大批用户的关注。截至2018年6月30日，拼多多的活跃用户突破3.4亿人，活跃商家超过100万家，APP连续多次荣登iOS应用商店免费应用排行榜第一。

拼多多在纳斯达克上市时，未采用以往的创始人团队敲钟方式，而由6位消费者敲钟；并第一次破例将敲钟按钮由纽约运送至上海，让6位非企业相关人员在上海就可以完成上市敲钟仪式，这在纳斯达克属于首次。

另外，拼多多创始人黄峥对此解释道，之所以做出这样的举动是因为拼多多始终坚持以用户为核心的使命，而在上市致辞中，黄峥也表示敲钟的这6个消费者，代表着支持拼多多的3亿多位消费者。

拼多多自2015年9月正式上线，到2018年7月26日登陆纳斯达克，中间仅用时2年11个月。它也成为继阿里巴巴、京东之后成功赴美上市的中国电商企业，至此中国电商市场开始呈现三足鼎立的格局。

据官方数据，拼多多自成立以来，用户活跃数量、商家活跃数量、GMV（一定时间段内的成交总额）等数据均呈现爆炸式增长。值得一提的是，仅2年的时间，拼多多的GMV便顺利突破千亿大关，相较之下，达到同等GMV的数据，京东花了15年，而淘宝花了5年。

在上市仪式的致辞中，拼多多创始人黄峥表示："在商业文明中，拼多多只是一个3岁的孩子，自身还存在众多显而易见的问题。但这会促使我们不断改进,挖掘出自身潜力,做出应有的贡献。对于拼多多而言,上市只是起点。"

的确如此,拼多多虽然成功在纳斯达克上市,但依然有许多显而易见的问题亟需解决。不过,黄峥却充满信心,他表示,未来将出现更多类似于拼多多的企业,这些企业都将与拼多多一起在提升服务的道路上不断创新与发展。

14.3 直接境外上市

直接境外上市是指中国企业以境内股份有限公司的名义,向境外证券主管部门申请登记注册、发行股票,并向当地证券交易所申请挂牌上市交易。我们通常所说的H股、N股、S股,分别指中国企业在香港联合交易所发行股票并上市、中国企业在纽约交易所发行股票并上市,以及中国企业在新加坡交易所发行股票并上市。

14.3.1 境外买壳:收购海外上市公司

境外买壳上市分为两步:首先,境内公司需要找到合适的海外上市公司作为壳公司。然后,境内公司完成对海外上市壳公司的注资,获得其部分或全部股权。如此一来,境内公司就实现了海外间接上市的目的。

境外买壳上市有两个优点:一是合法规避了中国证监会对申请境外上市公司的烦琐审批程序;二是买壳上市对于公司财务披露的要求相对宽松,可以缩短实际上市的时间。

但境外买壳上市也有两个缺点:其一,会给企业带来资金压力;其二,由于公司在境外,因此信息了解并不透彻,这无疑会增大购买到垃圾股票的风险。

假如你的公司已经满足上市要求,那么直接上市无疑是最好的选择。直接上市要求公司必须按照上市地区的监管法则和市场游戏规则来进行相关程

序，一些公司可能难以达到这些要求。比如，上市对公司的业绩有要求，一些公司的业绩可能处于长期负增长状态而无法满足这一要求。此外，上市还需要选择正确的时机，市场气氛不好的时候很难成功上市。阿里巴巴在纽约成功上市之所以影响巨大，有一部分原因就是马云对于上市时机的把握。

所以，境外买壳成为公司直接上市之外的后备方案。这种方法可以在最短时间内控制一家上市公司，然后等待最佳融资时机，不需要将大把时间花费在上市准备上。国美电器、盈科数码和华宝国际都是在香港买壳后等待融资时机，最后成功集资套现的。

而对于选择买壳上市的公司来说，找到一个合适的壳公司是成功上市关键。一个理想的壳公司应该有以下四个特点，内容如图14-4所示。

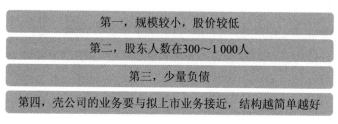

图14-4 理想的壳公司特点

第一，规模较小，股价较低。这可以降低购买壳公司的成本，有利于收购成功。

第二，股东人数在300～1 000人。300人以下的股东，无公开交易的必要；1 000人以上的股东，会增加联系、递交资料报告等成本，且会给收购制造更多的困难。

第三，少量负债。负债越多，收购成本就越高。另外，公司原股东因负债对公司的不满会因为新股东入驻而爆发出来。

第四，壳公司的业务要与拟上市业务接近，结构越简单越好。

总体来说，境外买壳上市更适合资金实力雄厚的股东，这可以先拿出一定资产再解决融资需求的公司。作为已经上市一段时间的壳公司，其股东基础可能比直接上市更广泛，股票更加活跃。关于境外买壳的成本，由低到高分别是美国、新加坡、中国香港。拟上市公司应根据自己的支付能力选择买壳地点。

14.3.2 境外造壳：海外注册中资控股公司

境外造壳上市是指境内公司在境外证券交易所所在地或其他允许的国家与地区开设一家公司，境内公司用外商控股公司的名义将相应比例的权益及利润输送至海外公司，以达到境外上市目的。境内企业在境外注册公司的地区一般包括香港、百慕大、开曼、库克、英属处女群岛等。

境外造壳上市具有以下四个优势，如图14-5所示。

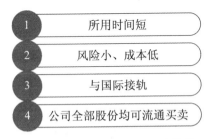

图14-5　境外造壳上市的四个优势

第一，所用时间短。造壳上市的实质是以境外未上市公司的名义在当地证券交易所申请挂牌上市。此举避免了直接境外上市过程中遇到的中国和境外上市地法律相互抵触的问题，有效节省了上市时间，如网易、新浪、联通等公司。

第二，风险小、成本低。境外造壳上市是直接在目的地设立壳公司，然后申请上市，这个过程中企业能够充分发挥主动性，上市的风险相对较小。此外，造壳成本比收购上市公司的成本低。

第三，与国际接轨。由于壳公司是在中国香港、百慕大、开曼、英属处女群岛等英美法系地区成立，股权转让、认股权证及公司管理等方面的法律规定都与国际接轨，这对上市公司的发起人、股东以及管理层人员是非常有利的。国际投资者对这类公司的认识及接受程度更高。

第四，公司全部股份均可流通买卖。由于造壳公司在中国香港、百慕大、开曼、库克、英属处女群岛等英美法系地区注册，所以没有发起人股限制，公司全部股份均可流通买卖。

当然，除了上述四个优点以外，造壳上市也存在两个不足之处：一是境内企业需要将一大笔资金注资到境外注册公司，很多中小型企业难以做到；二是境外证券管理部门对公司的营业时间有要求,所以从境外注册公司到最终上市需要经过数年时间。

14.3.3 香港买壳上市攻略附案例

1988年,国务院下达命令,对在港华资公司进行重整。在政策利好下,"中信香港"董事长荣智健开始寻找在香港证券交易所上市融资的方法。

由于法律法规的限制,中信香港无法取得造壳上市的资格,只能选择买壳上市这条捷径。中信香港对于泰富发展的买壳上市是依据"买壳→净壳→装壳"的步骤进行的。

1. 买壳

1990年1月,在香港首富李嘉诚和马来西亚首富郭鹤年的支持下,荣智健与泰富发展控股股东曹光彪集团的定向洽谈达成交易。双方约定,中信香港以1.2港币/股的定价购得曹光彪家族所拥有的泰富发展49%的股份,股份总价值为3.97亿港币。自此,中信香港顺利入主成为泰富发展的控股股东第一股东,完成了买壳操作。

2. 净壳

泰富发展成立于1985年,一年后上市,在被中信香港收购时泰富并无不良资产,所以净壳过程非常简单。中信香港只需依据原来与曹光彪集团的合同约定将富泰发展持有的永新集团8%的股权以1.5港币/股的价格转让给曹光彪,而泰富回收资金7 337.85万港币。

3. 装壳

1990年2月,中信香港将其持有的港龙航空38.3%的股权以及名下裕林工业中心、大角咀中心等资产注入泰富发展,使其在泰富发展的股权提升至85%左右。这种操作的直接结果是中信香港通过向泰富发展注入资产,而获得了5.5亿港币的现金流入。

1991年，中信香港将泰富发展改名为中信泰富。1991年下半年，中信泰富增发3亿多股新股给中信香港，用于收购中信香港持有的国泰航空股份；同时，又增发3亿多股新股出售给李嘉诚等香港富豪。由于李嘉诚等富豪的加盟，中信泰富的股价很快从每股5港币升到每股9港币左右。

就这样，中信泰富通过上市公司的身份不断获得国际市场的融资，然后反过来购买中信香港的其他资产，最后使得中信香港的资产完全注入中信泰富之中，成功实现了买壳上市。中信香港的买壳上市对于其本身的发展意义重大，总结起来可以概括为三个方面，如图14-6所示。

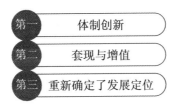

图14-6　中信泰富买壳上市对中信香港的意义

1. 体制创新

中信泰富是国有企业与香港股市的结合，挖掘了股份制与国企制相融合的潜力。虽然国有企业活力不足，但是国有企业在几十年的运行中，其人事约束机制以及员工的凝聚力等优势亦是上市公司需要学习的经验。

中信香港在买壳上市过程中既融合了国有企业按劳分配和奖惩分明的管理原则，又融合了香港上市公司的体制优越性，比如财务管理规范、信息披露透明、对股东和市场有责任要求等。

2. 套现与增值

中信香港收购泰富发展以后，通过配股、收购和置换等方式将中信香港下属资产注入了泰富发展。在资产注入过程中，中信香港通过资产转让实现了有形资产的增值；另外，借助中信泰富上市公司，中信香港实现了资金套现，为中信集团积累了丰富的现金。有了丰富的现金基础，中信集团开始进一步拓展集团业务。

3. 重新确定了发展定位

中信系集团借助香港证券市场优化资源配置、扩张资本、完善战略布局，实现了外部式增长。

过往国际企业发展史告诉我们，单纯的内部积累难以造就国际大型公司集团。中信系集团借助资金活跃的香港证券市场运营资本，实现外部式增长，拓展集团业务，是实现集团快速扩张的最有效方式。

第15章
IPO上市流程及红线

通过前一章的学习,我们已经大概了解了企业上市的基本形式。接下来,我们需要进一步学习IPO(即首次公开募股,是指一家企业第一次将它的股份向公众出售)上市的流程及红线。了解了IPO上市的流程以及不能触碰的红线,才能让企业在上市过程中少走弯路。

15.1 筹备期

筹备期中的公司需要做一些准备工作,包括组建上市工作小组、选定中介机构与尽职调查、制订上市工作方案、召开董事会、监事会会议,等等。

15.1.1 成立上市工作小组

企业确定了上市目标之后,首先需要做的就是组建上市工作小组。上市工作小组成员应当是企业内部懂专业而且有经验的人员,一般由董事长任组长,由董事会秘书、公司财务负责人、办公室主任、相关政府人员作为组员。

15.1.2 中介机构及尽职调查

企业上市寻找的中介机构有四种类型:证券公司(保荐机构/主承销商)、会计师事务所、律师事务所以及资产评估师事务所。企业选择中介机构必须符合以下5点原则。

1. 符合资质原则

目前,国内的中介机构必须具备相应的资质才能开展业务。对选择的证券公司而言,必须具备保荐资格的证券公司,因为中国证监会只受理具备保荐资格的证券公司提交的证券发行上市推荐文件。所以,企业与证券公司接触中,要仔细审查其营业执照等相关文件,判断其是否具有保荐、承销资格,以规避风险。

2. 实力原则

中介机构的实力体现在工作质量、服务态度和诚信情况,包含有无受到证监会处分、经验是否丰富等方面。企业选择中介机构之前,要对中介机构的这些方面进行了解,以保证中介机构的执业质量。此外,中介机构的声誉越好,反映了其整体实力越强大。

3. 合作原则

上市是公司以及各中介机构合作的结果,所以,各中介机构之间应该能够进行良好的合作,共同为公司上市努力。保荐机构与律师事务所、会计师事务所之间尤其需要协同合作。

4. 费用合理原则

上市的成本非常高,还有失败的可能,所以,在中介机构身上花费的费用是控制上市成本需要考虑的一大因素。具体收费标准可以参考业内平均标准,然后与中介机构协商确定。在参照整个业内市场行情确定费用时,需要结合企业自身情况。一般而言,规模越大、架构越复杂的企业需要支付的费用越多。

5. 任务明确原则

在选定中介机构时,尽可能确定工作内容、范围、时间及费用。一般来说,中介机构在应聘时非常慷慨,为了拿到项目甚至不惜主动削价、自愿提高工作标准并扩大工作范围,而随着项目的深入,它们往往会提出很多条件,有时甚至以退出或终止项目相要挟,企业会显得很被动。为此,有关费用和工作要求,企业首先自己心中要有数,同时在选聘时尽可能谈细、谈定。

中介机构进场后就可以展开尽职调查了。尽职调查是指拟上市公司在开展上市工作之前,由中介机构按照本行业公开的执业标准、职业谨慎、职业道

德等从法律、财务两方面对公司各个有关事项进行现场调查和资料审查的过程。

尽职调查有助于拟上市公司更加全面地了解自身的基本情况，并发现问题，找到与上市要求所存在的差距，为上市奠定基础。另外，尽职调查还可以帮助中介机构评估项目风险，提高公司业务的风险防范和风险管理水平。而且尽职调查要求公司真实、准确、完整地提供中介机构需要的材料。如果公司刻意隐藏，则不利于中介机构发现问题，最终的结构就是上市失败。

尽职调查的内容主要包括公司成立、组织和人事等基本信息；公司业务和产品状况；公司经营现状以及可持续发展状况；公司的财务状况；公司的资产状况；公司重要合同、知识产权、诉讼状况；公司纳税、社保、环保、安全状况；等等。

15.1.3 制订上市工作方案

完成尽职调查后，公司上市工作小组应当和保荐人、律师、注册会计师、评估师等对尽职调查的结果进行分析，找到拟上市公司当前存在的问题以及解决思路和解决方案，然后制订上市工作方案。

上市工作方案的主要内容包括公司目前现状分析、公司改制和重组的目标、股权结构的调整、资产重组的原则和内容、重组中应当注意的问题、公司上市操作的相关事宜、工作程序和时间安排，以及组织实施及职责划分等。

15.1.4 召开董事会、监事会会议

想要召开董事会与监事会会议，就需要公司先完成董事会与监事会的创建。一般来说，只有股份有限公司才能发行上市，所以有限责任公司在申请上市之前就必须改制为股份有限公司。而改制过程中，公司会召开创立大会，大会召开的过程中就会诞生董事会与监事会。

注资、验资完成后，发起人需要在 30 天内主持召开公司创立大会。创立大会的组成人员是参与公司设立并认购股份的人。发起人需要在创立大会召开

十五日前将会议日期通知各认股人或者予以公告。

我国 2015 年发布的《公司法》第 91 条规定:"创立大会行使下列职权:审议发起人关于公司筹办情况的报告;通过公司章程;选举董事会成员;选举监事会成员;对公司的设立费用进行审核;对发起人用于抵作股款的财产的作价进行审核;发生不可抗力或者经营条件发生重大变化直接影响公司设立的,可以作出不设立公司的决议。创立大会对前款所列事项作出决议,必须经出席会议的认股人所持表决权过半数通过。"

如果出席创立大会的发起人、认股人代表的股份总数少于 50%,那么创立大会则无法举行。

创立大会顺利结束意味着董事会、监事会成员的诞生。然后,发起人需要组织召开股份有限公司的第一届董事会会议、第一届监事会会议,并在会议上选举董事长、董事会秘书、监事会主席、公司总经理等高级管理人员。

15.1.5　申请登记注册

我国 2015 年发布的《公司法》第 93 条规定:"董事会应于创立大会结束后三十日内,向公司登记机关报送下列文件,申请设立登记:公司登记申请书;创立大会的会议记录;公司章程;验资证明;法定代表人、董事、监事的任职文件及其身份证明;发起人的法人资格证明或者自然人身份证明;公司住所证明。以募集方式设立股份有限公司公开发行股票的,还应当向公司登记机关报送国务院证券监督管理机构的核准文件。"

公司登记机关收到股份有限公司的设立登记申请文件后,便会对其进行审核,并在 30 天内做出是否予以登记的决定。如果登记申请文件符合《公司法》的各项规定条件,公司登记机关将予以登记,并给公司下发营业执照;如果登记申请文件不符合《公司法》相关规定,则不予登记。

股份有限公司的成立日期就是公司营业执照的签发日期。公司成立后,应当进行公告。拿到公司营业执照意味着公司改制顺利完成。

15.2 辅导期

依据中国证监会的有关规定，拟上市公司在向中国证监会提出上市申请前，均由具有主承销资格的证券公司进行辅导，辅导期限最低三个月。接下来，本节就对辅导期的程序、内容、申报材料、报批流程进行阐述。

15.2.1 上市辅导程序

2017年6月19日，北京派尔特医疗科技股份有限公司发布公告，公告显示："北京派尔特医疗科技股份有限公司准备拟首次公开发行A股并在深圳证券交易所创业板上市，目前正在接受中国国际金融股份有限公司的辅导。"

据相关媒体资讯信息披露，北京派尔特医疗科技股份有限公司主营吻合器、缝合器等产品的研发、生产、销售与服务，以及手术缝线等产品的代理进口等。财务数据显示，该公司2016年营业收入达到1.88亿元，比去年增长6.78%。

北京派尔特医疗科技股份有限公司提醒各位投资者注意，公司已进入上市辅导阶段，将来若公司向中国证券监督管理委员会提交有关上市的申请材料并获受理，公司将在股转系统申请暂停交易。

上市辅导是指相关机构对拟上市的股份有限公司进行的正规化培训、辅导与监督。下面一起看拟上市公司接受上市辅导的一般程序，内容如图15-1所示。

图15-1 拟上市公司接受上市辅导的一般程序

1. 聘请辅导机构

选择辅导机构时，拟上市公司需综合考察证券公司的资信状况、专业资格、研发力量、市场推广能力、承办人员的业务水平等因素。《证券经营机构股票承销业务管理办法》第 15 条规定："证券经营机构持有企业百分之七以上的股份，或是其前五名股东之一，不得成为该企业的主承销商或副主承销商。"一般而言，保荐机构为拟上市公司的主承销商，辅导机构可以与保荐机构合二为一，也可以另行聘请。

2. 辅导机构提前入场

选定辅导机构之后，应让辅导机构尽早介入拟上市公司的上市规划流程。

3. 签署辅导协议

股份有限公司成立后，公司需要和辅导机构签署正式的辅导协议。此外，公司与辅导机构需要在辅导协议签署后 5 个工作日内到企业所在地的证监会派出机构办理辅导备案登记手续。

4. 报送辅导工作备案报告

签署辅导协议后，辅导机构每隔 3 个月向证监会报送 1 次辅导工作备案报告。

5. 整改问题

在辅导过程中，辅导机构会针对拟上市公司的现存问题提出整改建议，然后由公司整改现存问题。如果公司遇到难以解决的问题，可以尝试征询权威部门的建议，尽快解决问题。

6. 公告发行股票等事宜

拟上市公司需要在辅导期内接受辅导、准备上市等事宜在媒体公告，接受社会监督。企业在辅导期满 6 个月后的 10 天内，就此次辅导过程，以及拟

发行股票上市等事宜在当地最少 2 种主要报纸渠道上连续公告 2 次以上。公告后，如果证监会收到关于企业的举报信，便可能会进行相关调查。此时，企业应积极配合，消除发行上市的风险隐患。

7. 辅导书面考试

在辅导期内，辅导机构会对接受辅导人员进行至少一次的书面考试，直到全体应试人员的成绩达到合格为止。

8. 提交辅导评估申请

辅导期结束后，辅导机构如果认为拟上市公司已符合上市标准，可向证监会派出机构报送"辅导工作总结报告"，提交辅导评估申请。如果辅导机构与拟上市公司认为还未达到计划目标，可向证监会派出机构申请适当延长辅导时间。

9. 辅导工作结束

证监会派出机构收到辅导机构提交的辅导评估申请后，将在 20 个工作日内完成对辅导工作评估。如果评定为合格，会向中国证监会出具"辅导监管报告"，发表对辅导效果的评估意见，这也意味着辅导结束。而假如证监会派出机构认为辅导评估申请不合格，会依据实际情况要求延长辅导时间。

15.2.2 上市辅导内容

在上市辅导过程中，辅导机构会在尽职调查的基础上根据上市相关法律法规确定辅导内容。辅导内容主要包括以下几个方面。

（1）组织企业董事、监事、高级管理人员（经理、董事会秘书、财务负责人等）、持有 5% 以上股份的股东参加有关拟上市的法律法规、上市公司规范运作、证券基础知识等方面的学习，并进行相应的考核，督促其增强法制观念与诚信意识。

（2）监督企业依据相关法律规定建立符合规范要求的治理结构、规范运作，完善内部决策及激励约束机制，健全企业财务会计制度，等等。

（3）审查股份有限公司的合法性与有效性：包括改制重组、股权转让、增资扩股、折股/验资等方面是否合法，产权关系是否明晰，商标、专利、土地、房屋等资产的法律权属处置是否妥善等。

（4）审查股份有限公司人事、财务、资产及供产销系统的独立完整性：督促公司实现独立运营，如人事、财务、供产销系统独立完整等，形成核心竞争力。

（5）监督建立健全公司的组织机构、财务会计制度、公司决策制度和内部控制制度，以及符合上市公司要求的信息披露制度，实现有效运作。

（6）规范股份有限公司与自身股东及其他关联方的关系，建立规范的关联交易决策制度。

（7）帮助拟上市公司制订未来的发展计划，制定有效可行的募股资金投向及其他投资项目规划。

（8）帮助拟上市公司开展首次公开发行股票的相关工作。在辅导前期，辅导机构应当协助公司进行摸底调查，制订全面、具体的辅导方案；在辅导中期，辅导机构应当协助企业集中进行学习和培训，发现问题并解决问题；在辅导后期，辅导机构应当对公司进行考核评估，完成辅导计划，做好上市申请文件的准备工作。

最后，辅导有效期为三年，有效期内，拟上市公司可向主承销商提出股票发行上市申请；超过三年，则须按本办法规定的程序和要求重新聘请辅导机构进行辅导。

15.3 申报与核准

拟上市公司顺利通过上市前的三个月辅导之后，就可以向中国证监会发出上市申请了。证监会受理后的核查是决定企业能够成功上市的关键阶段，企业需格外重视。

15.3.1 制作申报材料

在申报与核准阶段，拟上市公司首先要制作申报上市的材料。申报材料一般由各中介机构分工制作，然后由主承销商汇总并出具推荐函。主承销商核查通过后，将申报材料报送中国证监会审核。

依据中国证监会发布的《公开发行证券的公司信息披露内容与格式准则第9号——首次公开发行股票并上市申请文件》，拟上市公司需要制作的申报材料包括10类，内容如表15-1所示。

表15-1 拟上市公司需要制作的申报材料

序号	文件类别	具体文件名
1	招股说明书	招股说明书；招股说明书摘要
2	发行人关于本次发行的申请及授权文件	发行人关于本次发行的申请报告；发行人董事会有关本次发行的决议；发行人股东大会有关本次发行的决议
3	保荐人关于本次发行的文件	发行保荐书
4	会计师关于本次发行的文件	财务报表及审计报告；盈利预测报告及审核报告；内部控制鉴证报告；经注册会计师核验的非经常性损益明细表
5	发行人律师关于本次发行的文件	法律意见书；律师工作报告
6	发行人的设立文件	发行人的企业法人营业执照；发起人协议；发起人或主要股东的营业执照或有关身份证明文件；发行人公司章程（草案）
7	关于本次发行募集资金运用的文件	募集资金投资项目的审批、核准或备案文件；发行人拟收购资产（或股权）的财务报表、资产评估报告及审计报告；发行人拟收购资产（或股权）的合同或合同草案
8	发行人关于最近三年及一期的纳税情况的说明	发行人最近三年及一期所得税纳税申报表；有关发行人税收优惠、财政补贴的证明文件；主要税种纳税情况的说明及注册会计师出具的意见；主管税收征管机构出具的最近三年及一期发行人纳税情况的证明
9	成立不满三年的股份有限公司需报送的财务资料	最近三年原企业或股份公司的原始财务报表；原始财务报表与申报财务报表的差异比较表；注册会计师对差异情况出具的意见

续表

序号	文件类别	具体文件名
9	成立已满三年的股份有限公司需报送的财务资料	最近三年原始财务报表；原始财务报表与申报财务报表的差异比较表；注册会计师对差异情况出具的意见
10	与财务会计资料相关的其他文件	发行人设立时和最近三年及一期的资产评估报告（含土地评估报告）；发行人的历次验资报告；发行人大股东或控股股东最近一年及一期的原始财务报表及审计报告
	其他文件	发行人拥有或使用的商标、专利、计算机软件著作权等知识产权以及土地使用权、房屋所有权、采矿权等产权证书清单；特许经营权证书；有关消除或避免同业竞争的协议以及发行人的控股股东和实际控制人出具的相关承诺；国有资产管理部门出具的国有股权设置批复文件及商务部出具的外资股确认文件；发行人生产经营和募集资金投资项目符合环境保护要求的证明文件；重组协议；商标、专利、专有技术等知识产权许可使用协议；重大关联交易协议；其他重要商务合同；保荐协议和承销协议；发行人全体董事对发行申请文件真实性、准确性和完整性的承诺书；特定行业（或企业）的管理部门出具的相关意见
	定向募集公司还应提供的文件	1. 有关内部职工股发行和演变情况的文件：历次发行内部职工股的批准文件；内部职工股发行的证明文件；托管机构出具的历次托管证明；有关违规清理情况的文件；发行人律师对前述文件真实性的鉴证意见 2. 省级人民政府或国务院有关部门关于发行人内部职工股审批、发行、托管、清理以及是否存在潜在隐患等情况的确认文件 3. 中介机构的意见：发行人律师关于发行人内部职工股审批、发行、托管和清理情况的核查意见；保荐人关于发行人内部职工股审批、发行、托管和清理情况的核查意见

拟上市公司可依据上述表格准备申报材料，同时也可对比检测有无遗漏，若发现遗漏，应及时补充完成。

15.3.2 申请报批

2015年11月27日，证监会发布《关于进一步规范发行审核权力运行的若干意见》（以下简称《意见》），《意见》指出："在正常审核状态下，从受理到召开反馈会不超过45天，从发行人落实完毕反馈意见到召开初审会

不超过20天,从发出发审会告知函到召开发审会不超过10天。"这预示这申请报批流程的进一步简化。

中国证监会收到拟上市公司的上市申请文件后,将在5个工作日内做出是否受理的决定。如果同意受理,拟上市公司需要按照相关规定向中国证监会交纳审核费。

受理拟上市公司的上市申请后,中国证监会开始初审。初审时,中国证监会至少向拟上市公司反馈一次初审意见,主承销商与拟上市公司依据初审意见补充完善申请文件,然后第二次报至中国证监会;中国证监会对补充完善的申请文件进一步审核,并将初审报告和申请文件提交至发行审核委员会审核;中国证监会根据发行审核委员会的审核意见对拟上市公司的申请做出核准或不予核准的决定。

核准通过后,中国证监会会出具核准文件;反之,出具书面意见并说明不予核准的理由。上市申请不予核准的公司可以在接到中国证监会书面决定之日起两个月内提出复议申请。中国证监会在收到复议申请后两个月内重新做出决定。

15.4 发行上市

取得中国证监会核准上市的批文以后,公司就可刊登招股说明书,进行询价与路演,依照发行方案发行股票了。完成这些工作以后,企业就正式完成上市了。接下来就对发行上市的具体流程进行讲解。

15.4.1 刊登招股说明书

IPO上市交易之前需要刊登招股说明书。招股说明书包括五个部分:封面、目录、正文、附录、备查文件。

制作招股说明书时需要注意以下六个问题。

第一，说明风险因素与对策时，给出有效的应对之策，可以增强信服力。

第二，说明募集资金的运用时，具体给出资金流向了哪些项目。

第三，具体介绍公司上市后的股利分配政策，让投资人和股民了解可以得到的回报。

第四，给出过去至少三年来的经营业绩，说明公司经营的稳定性。

第五，说明公司的股权分配情况，重点介绍发起人、重要投资人的持股情况。

第六，预测盈利，精准预测公司未来的盈利状况直接关系到公司股票的发行情况。

发起人可以研读已上市公司的招股说明书，然后结合自身企业撰写招股说明书。一般情况下，在发出上市申请的时候，招股说明书的申报稿就已经完成。在发行上市之前，企业需要与证券交易所协商招股说明书的定稿版，然后在证券交易所官网刊登招股说明书。

15.4.2　进行询价与路演

刊登招股说明书以后，拟上市公司与其保荐机构需开展询价路演活动，通过向机构投资者询价的方式确定股票的最终发行价格。询价包括初步询价和累计投标询价两个步骤。

初步询价，即拟上市公司及其保荐机构向机构投资者推介和发出询价函，以反馈回来的有效报价上下限确定的区间为初步询价区间。

累计投标询价：如果投资人的有效申购总量大于本次股票发行量，但是超额认购倍数小于5，那么以询价下限为发行价；如果超额认购倍数大于5，那么从申购价格最高的有效申购开始逐笔向下累计计算，直至超额认购倍数首次超过5倍为止，以此时的价格为发行价。在中小板上市发行股票时，基本不需要累计投标询价。

在询价期间，拟上市公司会通过路演活动向社会对拟上市公司的股票进行推广。通俗来讲，路演是指公开发行股票的公司通过公开方式向社会推介自

己股票的说明会,目的是吸引投资人。路演分为三个阶段,内容如图11-5所示。

首先,一对一路演。顾名思义,一对一路演是指拟上市公司和券商的资本市场部,以及IPO项目组带着招股说明书、投资研究报告、企业宣传片、PPT及定制小礼物等到北上广深等一线城市拜会投资人,进行一对一的沟通和推介。

其次,三地公开路演。三地公开路演一般是指拟上市公司在北京、上海、深圳三地公开召开推介会议,邀请基金、券商、资产管理公司、私募等机构投资者参加。会议内容与一对一路演相似,两者没有本质区别,有所区别的是听众更多。

最后,网上路演。网上路演是指拟上市公司的管理层、保荐团队代表通过网上投资者互动平台回答股民针对公司上市提出的各种问题。在开展网上路演环节之前,公司股票的首日发行价已经定下来,对发行结果和网上认购数量没有多少影响。

15.4.3 刊登上市公告书并上市交易

询价与路演环节结束之后,公司就可以刊登上市公告书并上市交易了。上市公告书是拟上市公司在股票上市前按照《证券法》和证券交易所业务规则相关要求,向公众公告发行与上市有关事项的信息披露文件。

上市公告书的内容应当概括招股说明书的基本内容和公司近期的重要材料,主要包括以下几个部分:证券获准在证券交易所交易的日期和批准文号;企业概况;股票发行与承销情况;公司创立大会或股东大会同意公司证券在证券交易所交易的决议;公司董事、监事及高级管理人员简历和持股情况;公司近三年来或成立以来的经营业绩和财务状况以及下一年的溢利预测文件;主要事项揭示;上市推荐意见;备查文件目录等。

上市公司信息披露制度规定:"上市公司必须在股票挂牌交易日之前的3天内,在中国证监会指定的上市公司信息披露指定报刊上刊登上市公告书,并将公告书备置于公司所在地,以及挂牌交易的证券交易所、有关证券经营机构及其网点,就公司本身及股票上市的有关事项,向社会公众进行宣传和说明,以利于投资人在公司股票上市后，做出正确的买卖选择。"

撰写上市公告书需要注意的问题，内容如图 15-2 所示。

> 第一，数据可信、货币种类为人民币
> 第二，保证外文译本与中文译本的一致性
> 第三，使用事实描述性语言

图 15-2　撰写上市公告书需要注意的问题

第一，数据可信、货币种类为人民币。上市公告书中引用的数据应当有客观的依据，并给出权威的资料来源。表述数据的数字格式应采用阿拉伯数字，货币种类应为人民币，以元、千元或万元为单位。如果使用港元、美元等货币单位，要有特别说明。

第二，保证外文译本与中文译本的一致性。拟上市公司可以根据有关规定或其他需求编制上市公告书的外文译本，但必须保证中、外文文本的一致性。另外，还需要在外文译本上注明："本上市公告书分别以中、英（或日、法等）文编制，在对中外文本的理解上发生歧义时，以中文文本为准。"

第三，使用事实描述性语言。上市公告书使用的语言为事实描述性语言，风格为简单扼要、通俗易懂。广告性、祝贺性、恭维性或诋毁性的词句是禁止使用的。

IPO 红线及被否原因

一些企业为了成功上市，可能会采用一些非法手段对企业不满足上市要求之处进行掩饰修改，然而这不仅导致企业最终上市失败，还会损坏企业的名誉。2015 年全年首发企业上会数量共有 272 家，其中通过的有 251 家，15 家未通过，另有 6 家有其他情况，IPO 通过率为 92.28%。而从 2016 年 1 月 1 日

至 2016 年 4 月 6 日止，我国共有 68 家企业的 IPO 首发申请接受中国证监会发审委审核，其中 65 家获通过，两家未通过，1 家取消审核，IPO 通过率为 95.59%。相比之下，2016 年前三个月的过会率比 2015 年上涨了三个百分点。下面具体介绍企业需要警惕的 IPO 五大红线。

15.5.1 财务指标异常

IPO 第一大红线是财务指标异常。造成财务指标异常的操作手法有三种，内容如图 15-3 所示。

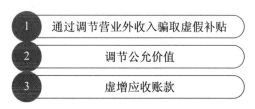

图 15-3 粉饰财务报表的操作手法

拟上市公司需要避免上述三种操作，避免在后续审核过程中出现问题，损害企业的名誉。有些企业通过粉饰财务报表通过了中国证监会的首发审核。然而，当中国证监会进行"财务打假"时，这些企业便站不住脚了。

一家拟上市公司或因粉饰财务报表，上市申请即将被否之前退出了 IPO 竞逐。它们说自己退出上市竞逐是因为常年来业绩持续下滑以及财务数据的重大变动。然而，若是在中国证监会宣布开展 IPO 再审企业财务报告专项检查工作的前一天退出，是不是太巧合了。

该企业在公告中特别突出"主动""为了公司长远发展"等原因退出 IPO，不过，更多业内人士认为该企业这么做可能是无奈之举。很多人的主要观点认为："他们可能考虑到中国证监会针对 IPO 再审企业的财务打假可能会伤到公司；另外，经历了长期的过而不发，公司在财务数据上可能真如公告所说存在很大的变动。"

对企业来说，上市是发展到一定规模水到渠成的事情。如果采取一些非法手段，即便通过了审核，可以上市，在后期发展过程中还会出现更多的问题。

15.5.2 信息披露不充分

IPO第二大红线是信息披露不充分。造成信息披露不充分的操作手法也有三种，内容如图15-4所示。

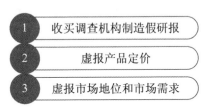

图15-4 信息披露不充分的操作手法

上述三种操作都有可能导致上市被否，企业需要警惕。绿城水务2011年11月上市被否的原因就是夸大募投项目前景。

根据中国证监会的公示，绿城水务因"募投项目盈利能力存疑"而上市被否。绿城水务募投项目投资总额为10.33亿元，其中8.77亿元用于污水处理项目。然而，公司的污水处理收入是根据自来水用水量及物价部门核定的污水处理费单价确定的，因此，中国证监会认为该部分募投项目的达产不仅不能增加利润，而且有可能会造成收入下降。

2012年9月，绿城水务再次申请上市，再一次失败。2014年4月，绿城水务第三次申请上市，有了前两次的经验，绿城水务这一次成功了。绿城水务于2015年6月12日在上海证券交易所正式挂牌上市，首日开盘价为7.72元/股。

15.5.3 独立性存在疑问

IPO第三大红线是独立性存在疑问。独立性存在疑问是指拟上市公司通过与关联公司进行关联交易，以不公允的价格买卖产品、调节收入或支出报表，故使得IPO出现独立性疑问的原因有三种，内容如图15-5所示。

第一种操作手法是关联交易非关联化。关联交易非关联化是拟上市公司试图财务造假时首先想到的方法，这种方法比较隐蔽。

图 15-5　IPO 出现独立性疑问的原因

具体来说，拟上市公司首先会把关联公司的股权转让给第三方，这样达到非关联化的表象。然后，拟上市公司会与转让后的公司展开隐蔽的大宗交易。

独立资深财务人员孙金山评论说："通过关联交易非关联化的处理，既可以增加收入，也可以提高毛利率，还可以变相冲减费用，具体的操作方法可以有很多种，比如原关联企业向拟上市公司低价提供原材料，或高价购买产品，或对企业财务费用进行报销等。"

中国证监会在审核过程中，一般会关注企业交易的程序以及交易价格。如果交易价格与公允价格相差较多，中国证监会就会认定拟上市公司存在关联交易非关联化问题，然后否决其上市申请。

第二种操作手法是隐蔽的非关联方利益输送。拟上市公司为了规避对重大关联交易进行详细披露的义务，可能会采取隐蔽的、灰色的非关联方交易方式以实现利润操纵。此类手法包括供应商减价供应、经销商加价拿货甚至囤货、员工减薪、股东通过非法业务为拟上市公司报销费用或虚增收入等。

在实际操作中，拟上市公司会向经销商、供应商或员工等关联利益方承诺，一旦企业成功上市就向他们进行利益补偿，因此双方往往可以达成一致从而进行隐蔽的利益输送。

对于此类操作手法，如果企业的进货或者销售价格不符合市场平均水平，中国证监会就会要求保荐机构以及企业做出核查和充分解释；如果企业存在明显的税务依赖问题，中国证监会也会拒绝其上市申请。

第三种操作手法是明显的关联方利益输送。一些拟上市公司虽然知道利用关联交易进行利益输送以达到上市财务要求是无法通过中国证监会审查的，但是存在侥幸心理，使用这种操作手法。

比如，拟上市公司多次与关联公司股东签订大额销售合同，多次向关联公司低价购买专利等。这是非常明显的关联方利益输送，最终会被中国证监会认定为"缺乏独立性且涉嫌不当的关联交易"。

15.5.4　虚假财务报表、瞒报内控事故

IPO第四大红线是虚假财务报表、瞒报内控事故。虚假财务报表、瞒报内控事故是指拟上市公司通过隐瞒内部控制混乱、管理问题以及安全事故等公司问题而获取上市资格。

一家拟上市公司因为无法向中国证监会证实自身对加盟店的管控能力，所以上市被否了。该公司在三年内的加盟店收入分别调减2亿多元，后来公司声称原因是部分加盟店没有使用公司品牌开展经营或者同时经营其他品牌导致的。然而，中国证监会发审委认为，经历如此重大的调整，公司对加盟店管控制度的有效性无法证实，故否决了其上市申请。

另外，有的拟上市公司发生重大安全事故，导致数名员工死亡，却通过瞒报信息获得了上市资格。中国证监会据此认为这种公司不具备上市资格，上市失败是注定的。

15.5.5　设置关联交易、隐藏实际控制人

IPO第五大红线是设置关联交易、隐藏实际控制人。隐藏实际控制人指的是通过复杂的股权转让操作、分散的股权设置和极度分权的董事会，达到让外界看不清实际控制人的目的。

对于这一问题，中国证监会会重点审查拟上市公司的主体资格。如果发现拟上市公司隐藏实际控制人，中国证监会就会以主体资格不符合上市要求为由否决拟上市公司的上市申请。

近年来，被否企业主体资格问题主要表现在四个方面，内容如图15-6所示。

图 15-6　被否企业主体资格问题的主要表现

除了上述四种表现，一些企业还因为股权结构复杂、分散让人看不清实际控制人，也导致了上市被否。

有的公司在上市申请报告期内发生管理层变化，不仅多名董事被替换，还涉嫌隐藏实际控制人，只有几个持股超过 10% 的股东。可想而知，这样的公司最终上市被否。对拟上市公司来说，管理层必须有一定的连续性和稳定性。

第16章
公司上市后的公司治理

　　我国为了推动上市公司建立完善的企业制度,规范经营运作,促进证券市场的健康发展,颁布了《公司法》《证券法》《上海证券交易所股票上市规则》《深圳证券交易所股票上市规则》《上市公司信息披露管理办法》等法律法规。本章将依据这些相关法律法规,对公司上市后的公司治理规则进行阐述。

16.1 公司治理规则

公司的治理规则包括董事会、股东大会、监事会的议事规则，内部控制管理，独立董事设置五个方面的内容。通过对这些规则的了解，有利于企业规范法人治理结构，提升企业管理水平，降低经营风险。

16.1.1 董事会议事规则

在上市公司中，董事会和管理层一起享有公司的经营权，董事会席位关系到公司的控制权。它由公司的董事组成，在公司内部，董事会主管公司的具体事务；在公司对外方面，董事会代表着公司的执行决策。

董事会的成员由股东会进行选举。但《公司法》中另有规定的除外，当两个以上的国有企业或者两个以上的其他国有投资主体投资设立的有限责任公司，其董事会成员中应当有公司职工代表；其他有限责任公司董事会成员中可以有公司职工代表。董事会中的职工代表由公司职工通过职工代表大会、职工大会或者其他形式民主选举产生。

董事会中会设董事长一人，一名副董事长，多名董事。其中董事长、副董事长是由董事会成员选举产生，每届任期不得超过三年。当任期满后，可以连选连任。

2018年11月23日，利达光电股份有限公司召开第四届董事会第十九次会议，该会议在南阳市的公司会议室以现场表决结合通信表决方式举行。此次董事会召开的主要原因是审议《关于向控股子公司提供借款的议案》,在会上,公司的董事会对上述议案进行投票表决。

董事会在公司中充当执行机关,对公司的事务进行执行与落实。下面摘录 2015 年《公司法》中关于董事会职权的相关规定,帮助各位进一步明确董事会议事的内容与规则。

《公司法》第 47 条 董事会对股东会负责,行使下列职权:

(一)召集股东会会议,并向股东会报告工作;

(二)执行股东会的决议;

(三)决定公司的经营计划和投资方案;

(四)制订公司的年度财务预算方案、决算方案;

(五)制订公司的利润分配方案和弥补亏损方案;

(六)制订公司增加或者减少注册资本以及发行公司债券的方案;

(七)制订公司合并、分立、解散或者变更公司形式的方案;

(八)决定公司内部管理机构的设置;

(九)决定聘任或者解聘公司经理及其报酬事项,并根据经理的提名决定聘任或者解聘公司副经理、财务负责人及其报酬事项;

(十)制定公司的基本管理制度;

(十一)公司章程规定的其他职权。

16.1.2 股东大会议事规则

股东会是股份公司依照相关法律组织建立的公司决策机构,它是上市公司必备的机构之一。

我国 2015 年发布的《公司法》第 40 条规定,股东会会议有两种,它们分别是定期会议和临时会议。定期会议需要依照公司章程的规定按时召开。而如果 10% 以上表决权的股东,1/3 以上的董事,监事会提议召开临时会议,则需要召开临时会议。

股东会会议由董事会召集,董事长主持;董事长如果无法履行职务或不履行职务时,由副董事长主持;如果副董事长无法履行职务或不履行职务时,

由半数以上董事共同推举一名董事主持。若以上人员都不履行职务或无法履行职务时，代表10%以上表决权的股东可以自行召集和主持。

股东大会的召开时间频率相对固定。一般而言，股东大会每年召开一次，其时间常常定在每个会计年度终结后的一年期限内。股东大会召开时，股东听取公司过去一年的业绩情况，并对公司未来的发展提出意见。

而召开股东会会议时，应提前十五日前通知全体股东，公司章程另有规定除外。股东大会召开时，应对所议内容进行记录，出席会议的股东需要在会议记录上签名。

股东会会议由股东按持股比例行使表决权，除非公司章程另有规定。当股东会会议提出修改公司章程、增加或注册资本、公司合并、公司分立、公司解散或变更公司形式等决议时，必须经代表2/3以上表决权的股东通过。

《公司法》第38条规定，股东会行使下列职权：

（一）决定公司的经营方针和投资计划；

（二）选举和更换非由职工代表担任的董事、监事，决定有关董事、监事的报酬事项；

（三）审议批准董事会的报告；

（四）审议批准监事会或者监事的报告；

（五）审议批准公司的年度财务预算方案、决算方案；

（六）审议批准公司的利润分配方案和弥补亏损方案；

（七）对公司增加或者减少注册资本作出决议；

（八）对发行公司债券作出决议；

（九）对公司合并、分立、解散、清算或者变更公司形式作出决议；

（十）修改公司章程；

（十一）公司章程规定的其他职权。

对前款所列事项股东以书面形式一致表示同意的，可以不召开股东会会议，直接作出决定，并由全体股东在决定文件上签名、盖章。

上市公司的股东大会议事规则需要遵守《公司法》第38条、第40条。如果公司章程有特殊规定，则以公司章程为先。

16.1.3 监事会议事规则

监事会是由股东会选举的监事以及由公司职工民主选举的监事组成的，与董事会并列设置，对董事会和总经理行政管理系统行使监督的内部组织。

我国 2015 年发布的《公司法》第 52 条规定："有限责任公司设监事会，其成员不得少于三人。股东人数较少或者规模较小的有限责任公司，可以设一至二名监事，不设监事会。监事会应当包括股东代表和适当比例的公司职工代表，其中职工代表的比例不得低于三分之一，具体比例由公司章程规定。监事会中的职工代表由公司职工通过职工代表大会、职工大会或者其他形式民主选举产生。监事会设主席一人，由全体监事过半数选举产生。监事会主席召集和主持监事会会议；监事会主席不能履行职务或者不履行职务的，由半数以上监事共同推举一名监事召集和主持监事会会议。董事、高级管理人员不得兼任监事。"

监事的任期为三年。监事任期届满，连选可以连任。监事任期届满未及时改选，或监事会成员低于法定人数时，在选出新监事就任前，原监事仍履行监事职务。

监事会应当每年至少召开一次会议，监事可提议召开临时监事会会议。监事会决议应经半数以上监事通过，且监事会的决定需制成会议记录，出席会议的监事需在会议记录上签名。

最后，附上一份监事会的决议范本，其内容包括时间、地点、事项、出席人员等内容，供各位参考。

××公司监事会决议

监事会会议时间：201×年××月××日

监事会会议地点：在××市××区××路××号（××会议室）

监事会会议性质：首届监事会会议

监事会出席会议人员：（三分之二以上的监事）

根据《中华人民共和国公司法》规定，××××股份有限公司召开首届监事会会议。首次股东会选举产生的监事×××、×××、×××和职工民主选举产生的监事×××、×××出席本次监事会会议，会议由×××召集和主持，一致通过如下决议：

选举×××为首届监事会主席。

××××股份有限公司全体监事：×××、×××、×××

201×年××月××日

16.1.4 内部控制管理

内部控制是指上市公司为了确保公司战略目标的实现，对公司经营活动过程中的风险制定相应的制度安排。因此，上市公司内部控制风险受到市场各方的关注。如表 16-1、表 16-2 所示，它们分别是国内目前与内部控制有关的法规体系与内部控制的相关定义，通过对它们的了解，有助于各位进一步加深对内部控制管理的理解。

表 16-1　内部控制的相关法规体系

法律法规	文　号	适用范围及实施日期
《中华人民共和国公司法》	中华人民共和国主席令［2005］第四十二号	适用于中华人民共和国境内设立的公司制企业，2006 年 1 月 1 日起施行
《企业内部控制基本规范》	财会［2008］7 号	适用于中华人民共和国境内设立的大中型企业，自 2009 年 7 月 1 日起在上市公司范围内施行，鼓励非上市的大中型企业执行
《企业内部控制应用指引》《内部控制评价指引》《内部控制审计指引》	财会［2010］11 号	自 2012 年 1 月 1 日起在上海证券交易所、深圳证券交易所主板上市公司施行；在此基础上，择机在中小板和创业板上市公司施行，鼓励非上市大中型企业提前执行
《上海证券交易所上市公司内部控制指引》	上证上［2006］460 号	2006 年 7 月 1 日起施行
《深圳证券交易所上市公司内部控制指引》		2007 年 7 月 1 日起施行
《小企业内部控制规范（试行）》	财会［2017］21 号	适用于在中华人民共和国境内依法设立、尚未具备执行《企业内部控制基本规范》及其配套指引条件的小企业，自 2018 年 1 月 1 日起施行

表 16-2 内部控制的相关定义

法律法规	法律法规中有关内容控制的定义
《企业内部控制基本规范》	本规范中的内部控制,是指由企业董事会、监事会、经理层及全体员工实施的,旨在实现控制目标的过程
《上海证券交易所上市公司内部控制指引》	内部控制是指上市公司为了确保公司战略目标的实现,而对公司战略规划与经营活动中出现的风险管理采取相应的预防措施。它是由公司董事会、管理层及全体员工共同参与的一项活动
《深圳证券交易所上市公司内部控制指引》	本指引所称内部控制是指上市公司董事会、监事会及其他相关人员为实现下列目标而提供合理保证的过程: (一)遵守国家法律、法规及其他相关规定; (二)提高公司经营的效益及效率; (三)保障公司资产的安全; (四)确保公司信息披露的真实、准确、完整和公平
《小企业内部控制规范(试行)》	本规范中的内部控制,是指由小企业负责人及所有员工共同实施的,旨在实现控制目标的过程

由上述两个表格中可以看出,企业实施内部控制管理,应当遵循以下原则。

(1)全面性原则。内部控制需贯穿决策、执行和监督全过程,囊括企业及其所属单位的所有业务和事项。

(2)重要性原则。内部控制需关注重要业务事项和高风险领域。

(3)制衡性原则。内部控制应在治理结构、权责分配、业务流程等方面相互监督,同时兼顾运营效率。

(4)适应性原则。内部控制应与企业自身规模、业务范围、竞争状况等相适应,并随着外界情况的变化加以调整。

最后,列举上市企业内部控制中存在的9条典型问题。

(1)财务基础制度规范缺失,致使公司财务规范性管理无法落实。如会计工作规范、税务管理(发票开具、纳税缴纳、所得税汇算等)、资金管理、项目预决算管理(工程预算、工程竣工决算等文件管理)、固定资产管理(调拨、清查、盘点)、费用报销管理等相关制度未执行。

(2)企业固定资产入账与后续核算的问题。

(3)企业税务管理中的问题。例如,发票开具与实际业务主体不对应的情况、营业外收入的认定及其发票开具问题、税务筹划中存在的问题、开票主体与合同主体不对应情况等。

（4）企业账实相符的问题。例如，公司的原始报表中有关公司固定资产、成本与费用的状况与实际业务情况不尽相符，这是由于企业缺乏定期核查及原始资料的不齐全等方面造成的原因。

（5）费用管理中存在的问题。例如，支出的发票及时清收问题、员工报销的范围等。

（6）跨区域经营财务管理中存在的问题。例如，公司跨区域的财务监管体系不健全，导致一人兼任多处地区的财务管理职责，由此导致账务处理无复核、税务申报与缴纳控制不强、催收管理、单据管理不到位等情况。

（7）单据留存存在问题。这可能是由于业务流转未要求形成相关单据，或未得到妥善执行和管理而造成的结果。

（8）财务部门的独立性和职责的不相容问题。

（9）借款与资金往来的问题。例如，子公司之间的资金调拨、代收都较为随意等问题。

16.1.5　独立董事设置

独立董事是指独立于公司的股东，其虽然在公司中任职，但与公司或公司经营管理者无业务联系。同时，独立董事还能对公司事务做出独立判断。

1940 年美国颁布的《投资公司法》标志着独立董事制度的诞生。这项法律中规定，投资公司的董事会成员中不得少于 40% 的独立人士。1950 年以后，西方国家尤其是美国各大股份公司的股权越来越分散，董事会渐渐被以 CEO 为首的管理人员所把控，以至于董事会难以对以 CEO 为首的管理人员进行监督，公司内部人员把控公司的问题日益严重，人们开始怀疑现有制度下董事会的独立性、公正性、客观性，继而引发人们对董事会的结构与职权的深入研究。

1976 年美国证监会通过了一条新的法律，该法律要求美国的所有上市公司在 1978 年 6 月 30 日以前，设立一个由独立董事组成的审计委员会。此后，各国也纷纷建立独立董事制度。

中国证券监督管理委员会发布的《关于在上市公司建立独立董事制度的指导意见》（以下简称《指导意见》）中对于独立董事会的权利与义务做出以

下指示。

（一）上市公司独立董事是指不在公司担任除董事外的其他职务，并与其所受聘的上市公司及其主要股东不存在可能妨碍其进行独立客观判断的关系的董事。

（二）独立董事对上市公司负有诚信义务，原则上最多在5家上市公司兼任独立董事。

（三）各境内上市公司应当按照该指导意见的要求修改公司章程，聘任适当人员担任独立董事，其中至少包括一名会计专业人士（会计专业人士是指具有高级职称或注册会计师资格的人士）。在2002年6月30日前，董事会成员中应当至少包括2名独立董事；在2003年6月30日前，上市公司董事会成员中应当至少包括三分之一独立董事。

（四）独立董事出现不符合独立性条件或其他不适宜履行独立董事职责的情形，由此造成上市公司独立董事达不到证监会的《指导意见》要求的人数时，上市公司应按规定补足独立董事人数。

（五）独立董事及拟担任独立董事的人士应当按照证监会的要求，参加证监会及其授权机构所组织的培训。

依据《指导意见》的规定，担任独立董事需要具备以下条件。

（一）根据法律、行政法规及其他有关规定，具备担任上市公司董事的资格。

（二）具有证监会的《指导意见》所要求的独立性。

（三）具备上市公司运作的基本知识，熟悉相关法律、行政法规、规章及规则。

（四）具有五年以上法律、经济或者其他履行独立董事职责所必需的工作经验。

（五）公司章程规定的其他条件。

一般来说，具备以上五点条件，并担任上市公司的独立董事的多为专家学者、离任总裁等人物。他们眼界开阔，经验丰富，可以为企业提出实用的建议，以便企业能审时度势，有效利用好市场环境。

企业融资 Ⅱ
股权债权＋并购重组＋IPO 上市

16.2 上市公司再融资方案

再融资是指上市公司通过发行新股、发行可转换债券、金融债券、公司债券等方式在市场上进行的直接融资。上市公司通过再融资可以实现推动企业的发展。

16.2.1 发行新股

在我国《证券法》（2014 修正）中对新股发行有着相应的规定。其第 13 条规定，公司公开发行新股，应当符合下列条件：具备健全且运行良好的组织机构；具有持续盈利能力，财务状况良好；最近三年财务会计文件无虚假记载，无其他重大违法行为；经国务院批准的国务院证券监督管理机构规定的其他条件。上市公司非公开发行新股，应当符合经国务院批准的国务院证券监督管理机构规定的条件，并报国务院证券监督管理机构核准。

同时，公司发行新股时，应当向国务院证券监督管理机构报送募股申请和下列文件：公司营业执照；公司章程；股东大会决议；招股说明书；财务会计报告；代收股款银行的名称及地址；承销机构名称及有关的协议。依照证券法规定聘请保荐人的，还应当报送保荐人出具的发行保荐书。

此外，上市公司发行的新股分为三个种类，非增资发行与增资发行，公开发行与不公开发行，通常发行与特别发行。

1. 非增资发行与增资发行

非增资发行是指公司成立后为募足资本而发行股份，这种股份发行并未增加公司资本。增资发行是指公以增加资本为目的而发行股份。

2. 公开发行与不公开发行

公开发行是指公司面向社会大众发行股份；不公开发行是指公司面向特定主体发行股份。公开发行的程序比非公开发行的程序更加严格。

3. 通常发行与特别发行

通常发行是指以增资为目的而发行的新股；特别发行则是指为了将公积金转化为资本或将可转换公司债转化为股份所发行的新股。

16.2.2 发行可转换公司债券

可转换公司债券是指债券持有人依据与公司定好的价格将其转化成公司普通股票的债券。假如债券持有人并没有转化的打算，可继续持有债券，直至偿还期满时公司返还本金和利息，或在流通市场出售变现。

可转换公司债券利率一般低于公司债券利率，但这种债券可降低筹资成本。此外，债券持有人在一定条件下可将债券回售给发行人，而发行人在一定条件下可强制赎回该债券。

也正因为如此，可转换债券兼有债券与股票的特点，对企业与投资者都具有吸引力。其优点为普通股所无法具备的固定收益与一般债券无法具备的升值潜力。

依据《上市公司证券发行管理办法》《可转换公司债券管理暂行办法》《上市公司发行可转换公司债券实施办法》等相关法规的规定上市公司发行可转换公司债券，需符合下列条件。

（1）最近3年连续盈利，近3年的平均净资产利润率超过10%，属于能源、原材料、基础设施类的公司不得低于7%。

（2）可转换公司债券发行后，资产负债率不超过70%。

（3）累计债券余额不超过公司净资产额的40%。

（4）符合国家产业政策。

（5）公司债券的利率不超过银行同期存款的利率水平。

（6）可转换公司债券发行额不低于人民币 1 亿元。

（7）国务院证券监督管理委员会规定的其他条件。

16.2.3　公司债券发行

公司债券是指公司在一定时期内为增加资本而发行的借款凭证。债券持有人虽无权参与公司的管理活动，但每年可依据票面规定向公司收取固定的利息，且收息先于股东分红，即便股份公司破产清理时亦可优先收回本金。

我国《证券法》（2014 修正）第 16 条规定，公开发行公司债券，应当符合下列条件。

（1）股份有限公司的净资产不低于人民币 3 000 万元，有限责任公司的净资产不低于人民币 6 000 万元。

（2）累计债券余额不超过公司净资产的 40%。

（3）最近三年平均可分配利润足以支付公司债券一年的利息。

（4）筹集的资金投向符合国家产业政策。

（5）债券的利率不超过国务院限定的利率水平。

（6）国务院规定的其他条件。

公开发行公司债券筹集的资金，必须用于核准的用途，不得用于弥补亏损和非生产性支出。上市公司发行可转换为股票的公司债券，除应当符合第一款规定的条件外，还应当符合证券法关于公开发行股票的条件，并报国务院证券监督管理机构核准。

此外，发行债券的公司还需向国务院授权的部门或国务院证券监督管理机构提交下列文件：公司营业执照；公司章程；公司债券募集办法；资产评估报告与验资报告；国务院授权的部门或国务院证券监督管理机构规定的其他文件。聘请保荐人，还需报送保荐人出具的发行保荐书。

16.2.4　金融债券的发行

金融债券是指银行等金融机构所发行的债券。在英、美等欧美国家，这种债券归类于公司债券。但在中国、日本等国家,它称为金融债券。

金融债券可以有效地解决银行等金融机构的资金不足、期限不匹配等问题。一般而言,银行等金融机构的资金来源有三种:存款资金、向其他机构借款和发行金融债券。

存款资金在经济发生动荡的时候,可能会产生储户争相提款的现象,易导致资金来源不稳定;向其他机构借款所得的是短期资金,而银行等金融机构常常需要进行一些长期限的投融资,这样会造成资金来源与资金运用在期限上的冲突,发行金融债券则能够较为有效地解决这个冲突。

金融债券的划分方式有很多种,最常见的分类有以下两种。

(1)依据利息支付方式,金融债券分为付息金融债券与贴现金融债券。假如金融债券附有利息,发行人定期支付利息,称为付息金融债券;假如金融债券以低于面值的价格贴现发行,到期按面值支付,利息为发行价与面值的差额,称为贴现债券。如某企业发行贴现债券,该债券的票面价值为100元,期限为1年,发行价格为90元,到期后该企业需支付给投资者100元,投资者收入为10元,其实际年利率便是11.11%。

(2)依据发行条件,金融债券分为普通金融债券与累进利息金融债券。普通金融债券按面值发行,到期一次还本付息,这种债券类似于银行的定期存款,只是利率更高一点。累进利息金融债券的利率随着时间变化,并且一年比一年高,比如面值100元、期限为4年的金融债券,第1年利率为8%,第2年利率为10%,第3年为12%,第4年为14%。投资者可在第1年至第4年之间随时去银行兑付,并依据规定利率获得利息。

除了上述两种方式之外,金融债券可以依据期限的长短分为短期债券、中期债券和长期债券;依据是否记名划分为记名债券与不记名债券;依据担保情况分为信用债券与担保债券;依据可否提前赎回分为可提前赎回债券与不可提前赎回债券;依据债券票面利率是否变动分为固定利率债券、浮动利率债券与累进利率债券;依据发行人是否给予投资者选择权分为附有选择权的债券与不附有选择权的债券等。

16.2.5 企业短期融资券发行

企业短期融资券指企业面向各金融机构发行的债券，该债券不向社会发行，这种债券是需约定在一定期限内还本付息的有价证券。按发行方式分类，它可分为经纪人代销的融资券与直接销售的融资券；按发行人的不同分类，它分为金融企业的融资券与非金融企业的融资券；按融资券的发行与流通范围分类，它可分为国内融资券和国际融资券。

依据《银行间债券市场非金融企业债务融资工具管理办法》《银行间债券市场非金融企业短期融资券业务指引》等法规规定，企业短期融资券的申请条件如下所示。

（1）中华人民共和国境内依法设立的企业法人。

（2）偿债资金来源稳定，最近一个会计年度盈利。

（3）流动性良好，具有较强的到期偿债能力。

（4）发行融资券募集的资金用于该企业生产经营。

（5）近三年没有违法和重大违规行为。

（6）近三年发行的融资券无延迟支付本息的情况发生。

（7）具有健全的内部管理体系与募集资金的使用偿付管理制度。

（8）中国人民银行规定的其他条件。

企业短期融资券的发行条件如下所示。

（1）发行人为非金融企业或金融行业，发行企业需在中国境内工商注册且由具备债券评级能力的评级机构完成信用评级，并将评级结果向银行间债券市场公示。

（2）发行和交易的对象为银行间债券市场的机构投资者，不对社会公众发行和交易。

（3）融资券的发行由符合条件的金融机构承销，企业不得自行销售融资券，发行融资券募集的资金用于本企业的生产经营。

（4）对企业发行融资券实行余额管理，待偿还融资券余额不超过企业净资产的40%。

（5）融资券采用实名记账方式在中央国债登记结算有限责任公司登记托管，中央结算公司负责提供有关服务。2013年5月后，融资券的登记托管机构改为上海清算交易所。

（6）融资券在债权债务登记日的次一工作日，便可在债券市场的机构投资人间流通转让。

16.2.6 证券公司债券发行

证券公司债券是指证券公司依法发行的有价证券。这种有价证券需提前约定好还本付息的期限，它不包括可转换债券与次级债券。证监会依法对证券公司债券的发行和转让行为进行监督。证券公司债券发行需在中国证券登记结算有限责任公司登记、托管及结算。

证券公司公开发行债券，除满足《证券法》（2014修正）第16条规定以外，还需应满足以下几点。

（1）发行人近一期末经审计的净资产不低于10亿元。

（2）各项风险监控指标满足中国证监会的相关规定。

（3）近两年内未发生重大违法违规行为。

（4）股东会、董事会运作机制及内部管理制度完整有效。

（5）资产未被拥有实际控制权的自然人、其他组织及其关联人占用。

（6）证监会规定的其他条件。

证券公司定向发行债券，除满足《证券法》（2014修正）规定的条件外，还需满足前述条所规定的第2点至第6点，且最近一期末经审计的净资产不低于5亿元。

其申请上市的条件有以下4点。

（1）债券发行申请已获批准并发行完毕。

（2）实际发行债券的面值总额不少于5 000万元。

（3）符合公开发行的条件。

（4）证监会规定的其他条件。

16.2.7　互联网金融

互联网金融是指金融机构和互联网企业通过互联网、信息通信等技术完成融资、支付、投资和信息中介服务的业务模式。

中国互联网金融发展历程到目前为止不过几十年的时间，它大致可以分为三个阶段：1990—2005 年的金融行业互联网化阶段；2005—2011 年的第三方支付发展阶段；2011 年以后的互联网实质性金融业务发展阶段。这一过程中，中国的互联网金融发展出多种业务模式和运行机制，具体有以下 4 种模式，如图 16-1 所示。

图 16-1　互联网金融的 4 种模式

1. 众筹

众筹是指以团购预购的形式，向网友募集项目资金的模式。与传统创业融资环境中单一、门槛高的融资选择不同，股权众筹为很多有创意、无资金的创业者们提供了一种低门槛的融资方式。随着股权众筹的迅速走红，目前的互联网众筹平台成为互联网金融领域的大热风口。

罗辑思维是一个大型互联网知识社群，互动形式包括微信公众订阅号、知识类脱口秀视频及音频、微商城、贴吧等，由自媒体人罗振宇运营。罗辑思维主要服务于"80 后""90 后"有"爱智求真"强烈需求的年轻群体，以"有趣、有料、有种"为口号，倡导以独立、理性的思维方式思考问题，推崇以自由主义和互联网结合的思维，凝集阳光向上、爱智求真、人格健全、拼搏上进的年轻人。

2015 年 10 月，罗辑思维完成 B 轮融资、股权众筹融资。其中，B 轮融资的领投人为中国文化产业基金，领投人为启明创投；柳传志、柳青、柳林、俞敏洪、李善友、包凡等行业大佬参与了罗辑思维的股权众筹。华兴资本担任此次融资的独家财务顾问。

罗辑思维在此轮融资通稿中称："罗辑思维现有产品包括微信公众订阅号、知识类脱口秀视频及音频产品等。目前罗辑思维视频节目播放量超过2.9亿人次，微信订阅号用户也已突破530万人。"截至2016年3月，罗辑思维微信订阅号用户已经突破666万人。

罗辑思维CEO李天田表示："对于一家从第一天就实现盈利的创业公司来说，融资不是目的，而是基因杂交的手段。"即便是参与人数众多的股权众筹，罗辑思维也能获得众多行业大佬的青睐。原因是什么呢？

首先，罗辑思维的内容生产和导流能力好。内容是移动互联网时代最大的流量来源。众所周知，罗辑思维是个老牌的内容社群，粉丝量一直持续稳定增长。而这些忠诚的粉丝都是依靠罗辑思维生产的原创内容维系的。

作为新的投资人，中国文化产业基金合伙人陈杭表示："内容消费、社群经济和中产阶级消费升级是未来经济的主要增长点，这些增长点正是罗辑思维的强项，罗辑思维的内容生产能力和社群聚集力都已证明罗辑思维的领先地位，并会继续领先，还会衍生出更丰富、有趣的经营模式，我们非常看好罗辑思维未来的发展。"

华兴资本董事总经理杜永波也对罗辑思维表示看好："从成立到现在，罗辑思维作为互联网知识社区，在内容生产和社群电商方向也具有拓展能力和想象空间。我们很高兴看到罗辑思维在这么短的时间内发展成为中国最大的知识传播平台，相信公司未来能够在管理层的带领下获得更大的成功。"

2. 第三方支付

第三方支付狭义上是指具备一定实力与信誉的非银行机构，通过通信、计算机与信息安全技术，以与各大银行签约的方式，将用户与银行支付结算系统连接起来的电子支付模式。

央行2010年在《非金融机构支付服务管理办法》中从广义上对第三方支付进行定义，它是指非金融机构作为支付中介，为收、付款方提供网络支付、预付卡以及中国人民银行规定的其他支付服务。

如今的第三方支付已不仅局限于互联网支付,而且是发展成覆盖线上线下,应用场景更加丰富的综合支付工具。

3. 数字货币

除去蓬勃发展的第三方支付、众筹融资等形式,数字货币也在互联网金融中逐渐展现自己的獠牙。

以比特币为代表的数字货币从某种意义上来讲,比其他的互联网金融模式都更具颠覆性。2013年8月19日,德国政府承认比特币作为合法"货币"的地位,德国也成为全球首个认可比特币的国家。

4. 大数据金融

大数据金融是指通过对海量数据进行实时分析,从而为互联网金融机构提供用户的全方位信息。同时,通过对用户消费信息的挖掘掌握客户的消费习惯,并对客户的行为进行预测,使金融机构与金融服务平台可以实现风险控制。

16.3 信息披露

信息披露是指上市公司以定期报告、临时报告等形式,将公司及与公司相关的信息公开披露的行为。它是投资者与社会公众了解上市公司的桥梁。本节将从首次公开发行股票信息披露,关于对未履行信息披露义务的处罚,应当重点披露的事项及提交的文件三个方面对信息披露的有关内容进行阐述。

16.3.1　关于首次公开发行股票信息披露

依据《证券法》(2014修正)、《上市公司信息披露管理办法》及《上海证券交易所股票上市规则》规定，上市公司公开发行股票，必须向证券监督管理机构报送报告及传递公开信息。如果同一家企业涉及两地上市公司，则要求两地同时披露、报告，且内容要保持一致。

《证券法》（2014修正）第14条规定了首次公开发行股票的主要信息披露文件。

（1）公司营业执照。

（2）公司章程。

（3）股东大会决议。

（4）招股说明书。

（5）财务会计报告。

（6）代收股款银行的名称及地址。

（7）承销机构名称及有关的协议。

依照本法规定聘请保荐人的，还应当报送保荐人出具的发行保荐书。

16.3.2　关于对未履行信息披露义务的处罚

依据上一小节所列的相关法律法规，对未履行信息披露义务的处罚分为三个层次，如图16-2所示。

图16-2　对未履行信息披露义务处罚的三个层次

1. 轻度处罚

（1）上市公司临时报告披露不够充分、或其中存在可能误导公众，且不按照证券交易所提出的要求修改的，证券交易所可对该公司股票及其衍生品品种停牌，直到上市公司做出补充或更正公告时，证券交易所才会于当日下午让上市公司复牌。

（2）证券交易所审核上市公司定期报告时，要求上市公司对有关内容进行解释或补充说明，公司不依据要求办理的，证券交易所视具体情况对其股票及其衍生品品种停牌。

（3）上市公司并未按照《证券法》规定的法定期限披露定期报告时，证券交易所可以对其股票及衍生品种停牌，直到定期报告披露的当日下午开市时复牌。

2. 中度处罚

（1）上市公司在信息披露方法涉嫌违反法律、法规及证券交易所规则，其在被有关部门调查期间，经中国证券会批准，证券交易所可以对其股票及衍生品种停牌，待处理结果公告后，另行决定复牌时间。

（2）证券公司失去对上市公司的有效信息来源时，证券交易所可以对其股票及衍生品种停牌，直到证券交易所恢复上市公司的有效信息后复牌。

（3）上市公司不依据规定公开其财政状况或财务报告作假的，证券交易所依据中国证监会的决定暂时停止其股票上市。

3. 重度处罚

（1）上市公司出现上述情形且经相关部门查实后果严重的，证券交易所依据中国证监会的决定终止其上市的决定，终止其股票上市。

（2）连续两年亏损的上市公司，未公布第三年度报告的，自法定期限到期之日起，证券交易所对其股票进行停牌，并在停牌5个工作日内，就其股票暂停上市做出决定。如果证券交易所决定停止公司上市，则需通知该公司并公告，并报中国证监会备案。

（3）上市公司违反上海、深圳证券交易所股票上市规则的，证券交易所视情节严重程度给予以下三种处罚：责令改正；内部通报批评；在指定报纸网站公开谴责，并要求上市公司相关负责人支付一定数额的惩罚性违约金。

16.3.3 应当重点披露的事项及提交的文件

依据《上海证券交易所股票上市规则》《深圳证券交易所股票上市规则》规定,应当重点披露的交易如下所示。

(1) 购买或者出售资产。

(2) 对外投资(含委托理财、委托贷款等)。

(3) 提供财务资助。

(4) 提供担保。

(5) 租入或者租出资产。

(6) 委托或者受托管理资产和业务。

(7) 赠与或者受赠资产。

(8) 债权、债务重组。

(9) 签订许可使用协议。

(10) 转让或者受让研究与开发项目。

(11) 本所认定的其他交易。

上述购买或者出售资产,不包括购买原材料、燃料和动力,以及出售产品、商品等与日常经营相关的资产购买或者出售行为,但资产置换中涉及的此类资产购买或者出售行为,仍包括在内。

16.4 年报解读与编制

上市公司的年度报告是其过去一年的生产经营、投资融资、内部控制及将来发展计划的总结。投资者通过它可以评估公司价值,以及规避投资风险;股东通过年报,则可以获取公司的信息,方便管理决策并行使股东权利。所以,企业上市后对于年报的编制要格外重视。

16.4.1 年报的基本要素与披露规则

年报是上市公司每年发布一次的定期刊物。依据证券监督管理委员会规定,年报中必须包含公司的年度财务报表。财务报表包括利润表、资产负债表和现金流量表。它们分别描述公司的经营状况、资产负债以及收入状况。

打个比方,年报如同是上市公司的体检报告,投资者与社会大众通过这份体检报告了解上市公司的这一年来的经营、资产负债、收入状况等内容。

我国《上市公司信息披露管理办法》第19条对上市公司应当披露的年度报告做出如下规定:"凡是对投资者作出投资决策有重大影响的信息,均应当披露。年度报告中的财务会计报告应当经具有证券、期货相关业务资格的会计师事务所审计。"

第21条对年度报告应当记载的内容做出如下规定。

(1)公司基本情况。

(2)主要会计数据和财务指标。

(3)公司股票、债券发行及变动情况,报告期末股票、债券总额、股东总数,公司前10大股东持股情况。

(4)持股5%以上股东、控股股东及实际控制人情况。

(5)董事、监事、高级管理人员的任职情况、持股变动情况、年度报酬情况。

(6)董事会报告。

(7)管理层讨论与分析。

(8)报告期内重大事件及对公司的影响。

(9)财务会计报告和审计报告全文。

(10)中国证监会规定的其他事项。

16.4.2 财务报表及案例分析

资产负债表、现金流量表、损益表是企业的三大财务报表。

1. 资产负债表

资产负债表反映了企业在特定时间下的全部资产、负债和所有者权益情况。"资产=负债+所有者权益"是其基本结构。无论企业经营状态是亏损还是盈利，这一等式永远都成立。资产反映的是企业拥有的资源，负债+所有者权益反映的是企业内部不同权利人对企业资源的要求。债权人享有企业全部资源的要求权，公司以全部资产对不同债权人承担偿付责任。负债偿清之后，余下的才是所有者权益，即公司的净资产。下面我们来看资产负债表的各个项目及其含义。

资产负债表的数据资料表现了企业资产的分布状态、负债和所有者权益的构成情况。分析各项数据有助于评价公司资金营运、财务结构是否正常合理，公司承担风险的能力是否够高，公司的经营绩效好不好。

2. 现金流量表

现金流量表是反映一定时期内（月度、季度或年度）企业经营活动、投资活动和筹资活动对其现金及现金等价物所产生影响的财务报表。在市场经济条件下，现金流的多少直接影响着企业的生存和发展。即便企业的盈利能力好，但如果现金流断裂，也会对企业的生产经营造成重大影响，严重时还会造成企业倒闭。现金流的重要性引起了企业内外各方人士的关注，现金流量表在企业经营和管理中的地位也日益重要。

通过现金流量表可以计算出八大比率，下面我们看这八大比率的计算方法。

（1）自身创造现金能力比率＝经营活动的现金流量／现金流量总额。

（2）偿付全部债务能力比率＝经营活动的净现金流量／债务总额。

（3）短期偿债能力比率＝经营活动的净现金流量／流动负债。

（4）每股流通股的现金流量比率＝经营活动的净现金流量／流通在外的普通股股数。

（5）支付现金股利比率＝经营活动的净现金流量／现金股利。

（6）现金流量资本支出比率＝经营活动的净现金流量／资本支出总额。

（7）现金流入对现金流出比率＝经营活动产生的现金流入总额／经营活

动引起的现金流出总额。

（8）净现金流量偏离标准比率＝经营活动的净现金流量/（净收益＋折旧或摊销额）。

审计人员对企业现金流量表的核查不仅有助于企业对自身的支付能力、偿债能力、盈利能力等财务状况做出精准评价，而且能够通过各项现金流量多少和比重变化发现企业在各种经济活动中存在的问题，帮助企业及时采取改正措施。

3. 损益表

损益表是反映企业收入、成本、费用、税收情况的财务报表，表现了企业利润的构成和实现过程。企业内外部相关利益者主要通过损益表了解企业的经营业绩，预测企业未来利润情况。另外，损益表为企业分配利润和评价企业管理水平提供了重要依据。

具体到一个损益表，审计人员需要检查以下 5 项内容。

（1）损益表内的各个项目数据填列是否完整，有没有明显的漏填、错填现象。对于数据之间的勾稽关系（相互间可检查验证的关系），可以一项项核查。

（2）检查损益表与其他附表之间的勾稽关系。一般情况下，损益表所列产品销售收入、产品销售成本、产品销售费用和缴纳的各项税金及附加的本年发生数应当与附表数据一致；损益表所列净利润应当与利润分配表的数据一致。

（3）核对损益表中各项目数据的明细账与总账是否相符。如果在分析核对中发现某些数据变化异常，则需要对疑点做进一步检查。

（4）结合原始凭证检查成本费用、销售收入、利润分配等各项数据是否准确。

（5）结合纳税调整检查企业所得税的计算是否正确，结合明细账和原始凭证详查各扣除项目，注意有无多列扣除项目或扣除金额超过标准等问题。

案例 创龙股份有限公司在 2018 年实现 385 256 702.4 元的营业收入，比去年有大幅度提高，利润也实现了高速增长。

通过对创龙股份有限公司的资产负债表进行分析可以得出如下结论:

公司本期的资产比去年同期增长37.7%,资产的变化中以固定资产居多,为15 523 563.0元,流动资产中,存货资产增长了38.45%。在流动资产的各项目变化中,货币类资产的增长幅度最低,这说明企业应对市场变化的能力有所下降;信用类资产的增长幅度高于流动资产的增长幅度,这说明企业的贷款回收并不顺利,这会导致企业容易受到第三方的制约,因此企业应该加强贷款的回收;存货类资产增长幅度是流动资产中最高的,这说明企业存货过多,市场风险增大,企业应该加强存货与管理的工作。总结,企业的支付能力与应对市场变化的能力属于中等偏下。

企业负债中,企业的流动负债率为1.56,长期负债与所有者权益比率为0.063,这说明企业的资金结构处于较为健康的状态;公司本期的长期负债与结构性负债比例为11.75%,比去年同期下降11%,这说明企业的盈余公积比例提高,企业具有增强经营实力的念头;为分配的利润所占结构性负债与去年同期相比有所提高,这说明企业的筹资能力有所提高。总体来说,企业的长短期融资活动比去年都有所下降,企业将所有者权益资金作为经营性活动的主要资金来源,因此资金的成本较低。

16.4.3 合并会计报表及案例分析

会计报表也称财务报表。会计报表是指综合反映企业某段期限内,资产、负债、所有者权益、结构情况、经营成果、分配情况、现金流入、现金流出及净增长情况的书面文件。

它由主表与相关附表组成,主表包含资产负债表、利润表和现金流量表,附表包含资产减值准备明细表、利润分配表等。附表属于主表的进一步补充,两者间存在着密切联系,它们从不同的角度反映企业的财务状况、经营成果和现金流量情况。

《企业会计准则》中对合并会计报表做出如下规定,"企业对外投资如占被投资企业资本总额半数以上,或者实质上拥有被投资企业控制权的,应当编制合并会计报表。特殊行业的企业不宜合并的,可不予合并,但应当将其会计报表一并报送"。

合并会计报表实际上是指反映母公司与其全部子公司的整体财务状况、经营成果和现金流量的财务报表。

依据《企业会计准则》中的相关规定，母公司编制会计报表时，需要纳入合并会计报表范围的子公司如下所示。

1. 母公司拥有其过半数以上权益性资本的被投资企业，包含直接（母公司拥有被投资企业半数以上权益性资本）、间接（子公司拥有被投资企业半数以上权益性资本）、直接与间接（母公司与子公司共同拥有被投资企业半数以上权益性资本）等方式。

2. 母公司与被投资企业之间有下列情况之一的，可将该被投资企业视为母公司的子公司，并纳入合并范围。

（1）通过与该被投资企业的投资者签订协议，从而持有该被投资公司半数以上表决权。

（2）依据章程或协议，有权控制企业的财务和经营政策。

（3）有权任免董事会等权力机构的多数成员。

（4）在董事会或权力机构会议上有半数以上投票权。

在母公司编制合并会计报表时，下列子公司不包含在合并会计报表的范围之内。

（1）已关停并转让的子公司。

（2）已宣告被清理整顿的子公司。

（3）已宣告破产的子公司。

（4）准备近期出售而短期持有其半数以上的权益性资本的子公司。

（5）非持续经营的所有者权益为负数的子公司。

（6）受所在国外汇管制，资金调度受到限制的境外子公司。

案例 外贸企业 A 公司主营业务为服装出口，但近几年由于国内宏观政策调整，效益不佳，为扭转现有局面，A 公司开始进军汽车行业，与其他企业合作新设了一家汽车配件与服务 B 公司，注资 1 个亿，其中 A 公司是 B 公司的参股公司，拥有股份 30%，但不具有实质的控制权。

A 公司并未直接持有 B 公司的股权，而是通过另一参股 30%C 公司的全资子公司 D 公司持有 B 公司的股权。而且 A 公司对 C 公司有实质的控制权，因此，实际上 C、D 公司属于 A 公司的子公司。在 2017 年年末财务决算时，A 公司并未合并 C 公司的报表，A 公司将 C 公司作为长期股权投资来反映。而 C 公司也未将 D 公司纳入合并报表范围，C 公司对 D 公司，D 公司对 B 公司均作为长期股权投资来反映。

根据《企业会计准则》规定，2017 年合并财务报表时，正确处理如下所示。
（1）A 公司应当将 C 公司纳入合并范围。
（2）C 公司应当合并 D 公司报表，因为 D 公司即是 C 公司的全资子公司。

16.4.4　审计报告及案例分析

审计报告是审计人员对公司财务进行审计和调查后撰写的一种审计文书，作用是反映企业经营现状、揭露问题、提出建议。审计报告没有固定的书写格式，各企业的审计人员可以根据实际情况自由决定写作方式。以下是审计报告的一种写作思路，内容如图 16-3 所示。

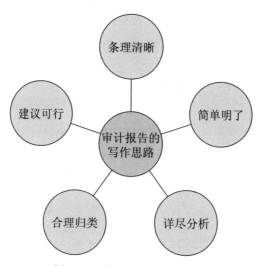

图 16-3　审计报告的写作思路

1. 条理清晰

审计报告的内容撰写顺序一般是按照重要性排列。一般审计报告描述问题时的顺序为"为了审计……抽查了……，发现……，金额数量……，违反……。当事人解释……。我们建议……"这样的写作顺序显得条理清楚。

2. 简洁明了

审计报告应当尽可能多用图形或表格。图表的优势在于能把复杂的数据及文档直观展示给阅读者。

3. 详尽分析

审计报表必须用事实说话，切忌主观臆测。因此，分析揭示问题时需要注意以下三点。

第一点是收集具体的数据。比如注明抽查的项目是什么，发现的问题数据是什么，汇总的误差金额是多少，等等。数据越具体，结论就越准确，说服力越强。

第二点是分析思路要开阔。分析思路不能局限在公司内，可以把数据放到全市全省甚至全国范围来看，市场信息可以与网上信息对比来看。通过更广、更深的分析，情况会更加清晰，尤其是价格数据变更。

第三点是了解原因要深入。审计的最终目的是针对发现的问题采取必要的解决措施，而找到问题发生的原因则是审计人员需要做的。因此，审计人员需要在分析数据后对问题做出比较合理的原因与解释。

4. 合理归类

由于审计工作烦琐复杂，参与人员众多，所以，在总结审计报告时容易产生各类交叉罗列、杂乱无章的问题。比如第一点讲工作流程的问题，第四点又提到工作流程的问题。这样掺杂的内容无法集中深入地揭示问题，不利于剖析问题形成的原因，自然也就找不到相应的对策和建议。所以，总结审计报告时，撰写者需要按照一定的顺序将问题合理归类，让阅读者轻松归纳出问题的要点，执行相关的解决措施。

5. 建议可行

分析问题和原因后，审计报告便初步形成，只剩下提建议的部分。审计不仅是为了发现问题，还是为解决问题而出谋划策。建议与问题部分应当有针对性，给出明确的方案与做法。常见的"建议加强会计法合同法的学习，提高自觉遵守国家法律法规的意识""建议进一步完善公司管理制度，加强内控管理"等是不具备操作性的建议，也不会有任何效果。

下面是辉腾股份有限公司审计报告的建议部分：

"关于装修验收的问题，因为工程预算（总包价）与实际验收时数量相关较大，由于验收人员责任心不强，验收流于形式等，所以我们针对所发现的问题提出建议：

（1）财务部按重新核准的装修工程款及相关审批手续，调整工程项目费用，对于未付的工程款，在支付时予以扣除；对于已付完工程款的项目，建议在质保金中扣除；

（2）建议集团总部制订或修改验收制度，对所属公司在进行工程验收时实行交叉验收制度，即 A 公司的验收人员对 B 公司完工项目进行验收，B 公司的验收人员对 A 公司完工项目进行验收。"

第一点针对问题对财务部提出具体建议，提醒财务部在支付款项时要扣除剔减的工程款；第二点则是对公司管理漏洞提出一个解决方案，防止以后出现类似的情况。以上两个建议既治标又治本，对完善公司的管理制度非常有利。

16.5 风险警示、停牌和复牌、终止和重新上市

本节根据《上海证券交易所股票上市规则》《深圳证券交易所股票上市

规则》中的相关规定,对风险警示,停牌和复牌及暂停、恢复、终止和重新上市的概念进行阐述。

16.5.1 风险警示

上市公司出现财务状况或者其他状况异常,导致其股票存在终止上市风险,或者投资者难以判断公司前景,其投资权益可能受到损害的,深圳证券交易所、上海证券交易所有权对该公司的股票交易实行风险警示。

上市公司出现以下情形之一的,上海证券交易所、深圳证券交易所有权对其股票实施退市风险警示。

(1)近两个会计年度经审计的净利润连续为负值。

(2)近一个会计年度经审计的期末净资产为负值。

(3)近一个会计年度经审计的营业收入低于1 000万元。

(4)会计师事务所对上市公司近一个会计年度的财务会计报告出具无法表示意见或者否定意见的审计报告。

(5)因财务会计报告中出现重大会计差错或虚假记载,被中国证监会责令改正但未在规定期限内改正,且公司股票已停牌两个月。

(6)未在法定期限内披露年度报告或中期报告,且公司股票已停牌两个月。

(7)股权分布不具备上市条件,公司在规定的一个月内向本所提交解决股权分布问题的方案,并获得证券交易所同意。

(8)因欺诈发行、重大信息披露违法或者其他涉及国家安全、公共安全、生产安全和公众健康安全等领域的重大违法行为。

(9)公司可能被依法强制解散。

(10)法院依法受理公司重整、和解或者破产清算申请。

(11)证券交易所认定的其他情形。

注 本小节主要规则来源于《上海证券交易所股票上市规则》《深圳证券交易所股票上市规则》第13章的相关规定。

16.5.2 停牌和复牌

停牌是指股票由于某种原因导致有价证券的连续上涨或下跌,上市公司所在的证券交易所决定暂停其在证券市场上的交易。待情况调查清楚或企业恢复正常后,证券交易所视情况恢复被停牌的证券交易,这也就是所谓的复牌。

停牌的原因有很多,当上市公司需要公布重要信息,如年报、中期业绩报告,召开股东会时,由于消息可能或已对公司股票及其衍生品种的交易价格产生影响的,上市公司可向证券交易所申请对其股票及其衍生品种停牌;或者当上市公司进行重大资产重组时,可以依据中国证监会和证券交易所相关规定向证券交易所申请停牌的。或者上市公司涉嫌违规被相关机构调查时,证券交易所有权对上市公司实施停牌。

上市公司复牌的原因主要有两点:第一点,当公共传媒中传播上市公司尚未披露的信息,可能对公司股票产生较大影响时,证券交易所可对该股票实施停牌,上市公司对这则消息做出公告后,该股票于当日下午开市时复牌;第二点,当股票交易出现异常,证券交易所可对其实施停牌,直至当事人做出公告后,该股票于当日下午开市时复牌。

停牌与复牌,是证券交易所为维护投资者的利益与市场信息披露的公平及对上市公司行为实施监管约束而采取的必要措施。上市公司可以依据证券交易所的相关规定向交易所申请停牌与复牌;而证券交易所可依据实际情况,决定股票及其衍生品种的停牌与复牌。

16.5.3 暂停、恢复、终止和重新上市

许多上市公司在经营过程中可能会遇到股票暂停上市、恢复上市、终止上市和重新上市的情况,所以对于这四种情况的了解有利于上市公司的治理与发展。

1. 暂停上市

当上市公司在接到证券交易所的风险警示后,若拒不改正,则证券交

所可以决定暂停其股票上市。证券交易所暂停上市公司上市的情形有很多种，下面列举其中4种。

（1）因最近两个会计年度的净利润连续为负值，其股票被实施退市风险警示后，公司披露的首一个会计年度经审计的净利润继续为负值。

（2）因最近一个会计年度的净资产为负值，其股票被实施退市风险警示后，公司披露的首个会计年度经审计的期末净资产继续为负值。

（3）因最近一个会计年度的营业收入低于1 000万元或者被追溯重述后低于1 000万元，其股票被实施退市风险警示后，公司披露的首个会计年度经审计的营业收入继续低于1 000万元。

（4）因最近一个会计年度的审计意见被会计师事务所出具无法表示意见或者否定意见的审计报告，其股票被实施退市风险警示后，公司披露的首个会计年度的财务会计报告被会计师事务所出具无法表示意见或者否定意见的审计报告。

2. 恢复上市

暂停上市后，上市公司面临的只有两种情形，其中一种就是恢复上市。而恢复上市则需依据上市公司暂停上市所违反的规定。下面以本小节所列举的暂停上市的4种情形为依据，其股票被暂停上市后，上市公司向证券交易所提出恢复上市申请的，应同时符合下列条件。

（1）在法定期限内披露了首个年度报告。

（2）最近一个会计年度经审计的扣除非经常性损益前后的净利润与期末净资产均为正值。

（3）最近一个会计年度经审计的营业收入不低于1 000万元。

（4）最近一个会计年度的财务会计报告未被会计师事务所出具保留意见、无法表示意见或者否定意见的审计报告。

（5）具备持续经营能力（上海证券交易所需经过保荐机构经核查后发表明确意见）。

（6）具备健全的公司治理结构、运作规范、无重大内控缺陷（上海证券交易所需经过保荐机构核查后发表明确意见）。

（7）不存在本规定的其他暂停上市或者终止上市情形。

（8）证券交易所认为需具备的其他条件。

符合上述规定条件的上市公司可以在公司披露年度报告后的5个交易日内，以书面形式向证券交易所提出恢复上市的申请。

3. 终止上市

暂停上市后，上市公司面临另一种情形就是终止上市。而终止上市则需依据上市公司暂停上市所违反的规定。终止上市又分为强制终止上市与主动终止上市。

下面是本小节所列举的暂停上市的两种情形，某股票被暂停上市后，出现以下情况时，证券交易所有权对上市公司做出强制终止上市的处罚。

（1）因净利润、净资产、营业收入或者审计意见类型不符合暂停上市中的规定。

（2）因净利润、净资产、营业收入或者审计意见类型触及规定的标准，其股票被暂停上市后，公司未能在法定期限内披露最近一年的年度报告；上市公司因多项情形触及暂停上市的，本所按照最先触及终止上市的时间决定终止其股票上市。

当上市公司主要符合以下情形之一时，可主动向本公司所在的证券交易所申请主动终止上市。

（1）上市公司股东大会决议主动撤回其股票在本所的交易，并决定不再在交易所交易。

（2）上市公司股东大会决议主动撤回其股票在本所的交易，并转而申请在其他交易场所交易或转让。

（3）上市公司向所有股东发出回购全部股份或部分股份的要约，导致公司股本总额、股权分布等发生变化不再具备上市条件。

（4）股东向其他股东发出收购要约，导致公司股本总额、股权分布等发生变化不再具备上市条件。

（5）其他收购人向公司股东发出收购要约，导致公司股本总额、股权分布等发生变化不再具备上市条件。

（6）上市公司因新设合并或者吸收合并，不再具有独立主体资格并被注销。

（7）上市公司股东大会决议公司解散。

（8）中国证监会和本所认可的其他主动终止上市情形。

已在证券交易所发行 A 股和 B 股股票的上市公司，根据前款规定申请主动终止上市的，除特殊情况外，应申请其 A、B 股股票同时终止上市。

4. 重新上市

证券交易所上市公司的股票被终止上市后，其终止上市情形已消除，且同时符合下列条件的，可以向本所申请重新上市。

（1）公司股本总额不少于人民币 5 000 万元。

（2）社会公众股持有的股份占公司股份总数的比例为 25% 以上；公司股本总额超过人民币 4 亿元的，社会公众股持有的股份占公司股份总数的比例为 10% 以上。

（3）近 3 年公司未出现重大违法行为，财务会计报告无虚假记载。

（4）最近 3 个会计年度净利润均为正数且累计超过人民币 3 000 万元，净利润以扣除非经常性损益前后较低者为计算依据。

（5）最近 3 个会计年度经营活动产生的现金流量净额累计超过人民币 5 000 万元；或者最近 3 个会计年度营业收入累计超过人民币 3 亿元。

（6）最近一个会计年度经审计的期末净资产为正值。

（7）最近 3 个会计年度的财务会计报告均被会计师事务所出具标准无保留意见的审计报告。

（8）最近 3 年主营业务没有发生重大变化，董事、高级管理人员没有发生重大变化，实际控制人没有发生变更。

（9）公司具备持续经营能力（上海证券交易所需经过保荐机构核查后发表明确意见）。

（10）公司具备健全的公司治理结构、运作规范、无重大内控缺陷（上海证券交易所需经过保荐机构核查后发表明确意见）。

（11）证券交易所规定的其他条件。

公司股票被强制终止上市后，公司不配合退市相关工作的，证券交易所自其股票进入全国中小企业股份转让系统挂牌转让之日起36个月内不受理其重新上市的申请。

注 本小节主要规则来源于《上海证券交易所股票上市规则》《深圳证券交易所股票上市规则》第14章的相关规定。

16.5.4　申请复核

发行人、上市公司或申请重新上市的公司（以下简称申请人）对上海证券交易所、深圳证券交易所做出的决定不服的，可以在收到相关决定或公告有关决定之日后的5个交易日内，向证券交易所提出申请复核。

申请人向证券交易所申请复核，应当提交下列文件。

（1）复核申请书。

（2）保荐人就申请复核事项出具的意见书。

（3）律师事务所就申请复核事项出具的法律意见书。

（4）证券交易所要求的其他文件。

证券交易所在收到申请人提交的复核申请文件之日后的5个交易日内，做出是否受理的决定并通知申请人。未能按照前条规定提交复核申请文件的，证券交易所不受理其复核申请。申请人应当在收到证券交易所是否受理其复核申请的决定后，及时披露决定的有关内容并提示相关风险。

证券交易所将在受理复核申请之日后的30个交易日内，依据复核委员会的审核意见做出是否维持不予上市、暂停上市、终止上市的决定。该决定为最终决定。

在此期间，证券交易所要求申请人提供补充材料的，申请人应当按要求予以提供。申请人提供补充材料期间不计入证券交易所做出有关决定的期限内。

注 本小节主要规则来源于《上海证券交易所股票上市规则》《深圳证券交易所股票上市规则》第15章的相关规定。

16.5.5　日常监管和违规处理

证券交易所依据法律、行政法规、部门规章、其他规范性文件上市协议、

声明与承诺及其他法律文件与法规，对上市公司及其董事、监事、高级管理人员、股东、实际控制人、收购人、重大资产重组交易对方等机构及其相关人员，以及保荐人及其保荐代表人、证券服务机构及其相关人员进行监管。

证券交易所对监管对象实施的日常监管措施包括以下几种。

（1）要求发行人、公司及相关信息披露义务人或者其董事（会）、监事（会）、高级管理人员对有关问题做出解释和说明。

（2）要求公司聘请相关证券服务机构对所存在的问题进行核查并发表意见。

（3）发出各种通知和函件等。

（4）约见有关人员。

（5）暂不受理保荐人、证券服务机构及相关人员出具的文件。

（6）向中国证监会报告有关违法违规行为。

（7）向相关部门出具监管建议函。

（8）其他监管措施。

公司、相关信息披露义务人等机构及其相关人员应当接受并积极配合，在规定期限内如实回答证券交易所的问询，并按要求提交说明，或者披露相应的更正或补充公告。

发行人、上市公司、相关信息披露义务人和其他责任人违反本规则或者向证券交易所做出的承诺，证券交易所可视情节轻重给予以下惩戒：通报批评；公开谴责。

上市公司董事、监事、高级管理人员违反本规则或者向证券交易所做出的承诺，证券交易所可以视情节轻重给予以下惩戒：通报批评，公开谴责，公开认定其3年以上不适合担任上市公司董事、监事、高级管理人员。后两项可一并处罚。

上市公司董事会秘书违反本规则，证券交易所可以视情节轻重给予以下惩戒：通报批评，公开谴责，公开认定其不适合担任上市公司董事会秘书。后两项可一并处罚。

保荐人和保荐代表人、证券服务机构及相关人员违反本规则，证券交易所可以视情节轻重给予以下惩戒：通报批评，公开谴责，情节严重的证券交易所依法报中国证监会查处。

管理人和管理人成员违反本规则规定，证券交易所可以视情节轻重给予以下惩戒：通报批评，公开谴责，建议法院更换管理人或管理人成员。后两项可一并处罚。

证券交易所设立纪律处分委员会对违反本规则的纪律处分事项进行审核，做出独立的专业判断并形成审核意见。证券交易所根据纪律处分委员会的审核意见，做出是否给予纪律处分的决定。

此外，《上海证券交易所股票上市规则》[①]中对发行人、上市公司、相关信息披露义务人和其他责任人违反本规则或者向证券交易所做出的承诺，证券交易所可以视情节轻重收取惩罚性违约金。

---

① 本小节主要规则来源于《上海证券交易所股票上市规则》《深圳证券交易所股票上市规则》第17章的相关规定。